何 岩 谭海龙◎编著

抖音电商

拍摄剪辑 + 视频带货 + 直播卖货 + 知识付费

中国铁道出版社有限公司
CHINA RAILWAY PUBLISHING HOUSE CO., LTD.

内 容 简 介

本书是作者深耕抖音电商一线多年，对抖音电商运营实战经验的高度提炼。全书共 4 篇 9 章专题内容，从账号运营、拍摄剪辑、带货技巧、主播培养、直播运营、卖货技巧、知识产品、知识转化获利、粉丝运营等角度进行讲解，帮助大家从新手快速成长为抖音电商运营高手。

书中对视频剪辑、开通电商功能、开直播和使用直播优惠券的操作步骤进行了全面解读，帮助运营者轻松玩转抖音电商运营。

本书适合想通过视频带货、直播卖货、知识付费来获利的读者，可以帮助抖音电商运营者快速提高转化获利能力。

图书在版编目（CIP）数据

抖音电商：拍摄剪辑+视频带货+直播卖货+知识付费/何岩，谭海龙编著. —北京：中国铁道出版社有限公司，2022.5

ISBN 978-7-113-28931-7

Ⅰ. ①抖… Ⅱ. ①何… ②谭… Ⅲ. ①网络营销 Ⅳ. ①F713.365.2

中国版本图书馆CIP数据核字（2022）第039793号

书　　名：抖音电商：拍摄剪辑 + 视频带货 + 直播卖货 + 知识付费
DOUYIN DIANSHANG：PAISHE JIANJI+SHIPIN DAIHUO+ZHIBO MAIHUO+ZHISHI FUFEI
作　　者： 何　岩　谭海龙

责任编辑： 张亚慧　　**编辑部电话：**（010）51873035　　**邮箱：** lampard@vip. 163. com
编辑助理： 张秀文
封面设计： 宿　萌
责任校对： 孙　玫
责任印制： 赵星辰

出版发行： 中国铁道出版社有限公司（100054，北京市西城区右安门西街 8 号）
印　　刷： 北京柏力行彩印有限公司
版　　次： 2022 年 5 月第 1 版　2022 年 5 月第 1 次印刷
开　　本： 700 mm×1 000 mm 1/16　**印张：** 14.25　**字数：** 240 千
书　　号： ISBN 978-7-113-28931-7
定　　价： 69.00 元

联合推荐

倪林峰 ｜ 汇学教育创始人兼投资人，汇思达投资创始人

我曾经帮助过 1 000 多人成功实现互联网创业，培训人数达到几万人。这本书由广州汇学电商教育的两位导师编写，作者把直播和短视频各个环节的核心都打通揉碎讲解清楚，内容信得过，值得一读。

罗琼 ｜ 汇学教育深圳宝安校区校长，直播短视频资深课程顾问，电商财务顾问

这本书言简意赅，我也看了好多本直播带货的书，这本书给我的收获很大，是两位老师的力作，而且其中很多窍门，不仅仅是专业的介绍。现阶段直播带货拼的可能更多的是智慧。非常感谢作者的付出，非常受益。

欧灵桑 ｜ 汇淘流量研究院院长，汇学教育企业导师，流量运营专家

抖音直播作为一种新兴的流量渠道，引起越来越多商家的注意。在流量价格居高不下的当下，商家越早进入直播领域，越容易获得更多流量。本书讲述了直播带货的核心，并分析了大量的教学过程，从零基础实战到带货成功的经典案例。所谓“直播知识是前提，视频制作是后期，直播运营是重点，直播带货是终点”。

李洲 ｜ 汇淘流量研究院副院长，汇学教育企业导师，流量运营专家

随着社会的发展，直播越来越渗透到我们生活中的方方面面，也有越来越多的人进入直播行业中，尤其是电商直播。这本书对于直播的讲解十分全面，通过大量的案例进行全面解析，看完能学到很多。

赖云 | 汇学电商教育企业导师，汇淘流量研究院特聘专家，YY 学车前运营总监

短视频直播是未来的大趋势，早入局跟晚入局不一样，无可辩驳的是，这个赛道中的竞争会越来越激烈，短视频直播行业的从业者也需要不断学习才能提升自己的职业化素养。本书从抖音电商的视角，为大家提供了转化获利的好办法。

何润参 | 汇学教育广州白云校区校长，汇学教育企业导师

5G 互联网时代，网络直播迅猛发展，直播行业成为互联网时代的创业新风口，各行各业都争相入驻直播领域，试图借助直播的影响力在激烈的市场竞争中分一杯羹。网络主播凭借直播的东风也是身价倍增，年薪百万、千万元早已成为部分当红主播的薪资常态，直播越来越受到大众关注，不少人纷纷进行直播尝试，进军网络主播行业。本书系统地介绍了抖音短视频带货和直播带货的核心逻辑，鲜明地展现了两者的关联性与差异性。

刘朝林 | 汇学教育企业导师，拼多多官方特邀讲师

直播带货需要方法与技巧，如何吸引粉丝关注？如何留存粉丝？如何提高销量？本书从直播宣传预热、直播内容设计、产品的展示与营销推广等方面进行分析，并给出了具体的建议，的确是电商直播“阵地”一本不容错过的参考书。

陈黎 | 汇学教育特聘导师，国家新媒体运营师（高级），广东省技工院校直播培训指定导师

网络内容的爆火、视频直播的井喷、IP 的横飞，大量原生内容正在通过视频和直播的表现形式，展现其巨大的经济价值，“直播 + 电商”被推到风口浪尖上。直播平台为传统产业搭建了全新的供应链渠道，为实体经济向数字化转型提供了平台。“直播 + 电商”“直播 + 扶贫”“直播 + 文旅”等“直播 + ”新商业的模式实现了快速发展。学习本书，可以让大家快速掌握短视频和直播电商技巧，通过抖音掘取自己的第一桶金。

序言 1

抖音直播是美丽的泡沫，还是未来的趋势，笔者将通过个人的实践经验带领大家寻找答案。近两年，随着一大批商家在抖音直播，特别是广州被定位为直播之都，“直播经济”被大众及资本认可，加上强大的转化获利能力，抖音直播逐渐衍生成为产业，成为继传统电商之后最具代表性的商业现象。不过，对此很多人也在疑惑，抖音直播对于经济发展和社会文化生态而言，究竟是一个美丽的泡沫还是代表未来的趋势呢？

1. 抖音直播的影响力为什么越来越大

每隔一段时间就会出现一个对社会产生或大或小影响的带货主播，但是仅靠产品的价格或激情的表演，保持长期的热度并不容易，抖音直播需要有持续不断的特色内容，并紧跟传播方式的变化而改变。

新晋的抖音直播不需要有太多专业的知识，他们只是把自己的真实状态分享给粉丝，就跟分享给朋友一样。粉丝在抖音直播的生活中找到自己向往的影子，并且觉得抖音直播比电商平台购物更加真实。

2. “95 后”成为社会主流，形成新的社交消费习惯

抖音直播能通过更个性化的方式为本来很普通的产品增加情感的溢价。而这背后也体现出新消费群体的兴起。“95 后”是随着互联网成长起来的，互联网对他们来说不只是生活的基本工具，更是帮助他们提升生活品质及增强个人综合竞争力的贴身用品。

“95 后”每天花费在互联网上的时间远超过其他群体，而“95 后”区别于其他群体的一个最大特点就是他们欣赏的角度十分多元化，各种类型的内容只要有趣、有个性，他们就会去欣赏。

“95 后”追求更极致的内容，比如本来可能非常沉闷的央视纪录片《我在故宫修文物》，由于对故宫的诸多文物及文物修缮工作者的日常工作进行了非常细致的刻画。这类原本可能只有专业人士会看的内容，在抖音也很受“95 后”的追捧。和“90 后”不同，“95 后”更喜欢利用社交网络展示独立的个体、思索自我，探索世界。这就是抖音直播为什么会形成一种趋势，受到“95 后”热捧的最大原因。

3. 抖音直播是一个迅速扩展的新业态

早在 10 年前的电视购物时代，直播就已初具雏形。此后随着短视频、直播平台特别是抖音的出现，越来越多的人出现在抖音直播间，围绕抖音直播运营衍生出来的产业链越来越庞大。抖音运营孵化公司、抖音运营培训班等机构也慢慢出现，抖音直播陪跑、抖音直播代运营公司成为他们背后的强大团队。

现在，越来越多的人开始加入抖音直播行业。很多人都在质疑，抖音直播的太过激进，只能造成短时期的繁华。但是就目前而言，抖音直播经济确实形成了一个庞大的新业态，其生命力也越来越持久。所以，抖音直播经济是美丽的泡沫，还是未来的趋势，或许市场早已经给了我们答案。

何　岩

2022 年 2 月

序言 2

我从事互联网行业已经十多年了，在汇学教育一线见证了电商行业的更新迭代，从以淘宝为首的传统电商，到后来以微信为依托兴起的社交电商，到现在以抖音为代表的兴趣电商。

每一次电商平台的更新或新平台的诞生，带来的是流量的重新分配，由此造就了一批批优秀的电商人。当然，每个人的成功，除了机遇外，还离不开个人的努力，这期间他们遇到多少困惑，解决了多少难题，只有当事人才能深刻体会。

我作为汇学教育一线的导师，见过太多电商人的不容易。所以，希望通过自己的努力帮助更多的卖家少走弯路。因此，我和汇学电商教育的何岩导师一起策划了这本书，将众多卖家在经营过程中遇到的运营问题及经验，分享给更多的在抖音创业及运营的朋友。

众多卖家在抖音上遇到过的运营难题，在本书中都做出了细致的解答。在抖音生态圈中，有多种多样的转化获利路径和渠道。那么，个体或团队如何在抖音平台上创业？如何进行个人 / 品牌塑造？如何进行内容创作？如何搭建直播团队？如何培养主播？如何设置转化获利路径呢？这些在抖音运营中经常会遇到的问题，在本书中都能找到答案。

本书针对这些疑惑和问题，结合一些优秀店铺案例充分地进行分析和讲解。具体来说，本书主要有以下几个特点：

① 以运营思路为主线，结合爆款内容创作、直播运营规划、团队筹建及主播孵化，详解运营的细节。

② 以抖音平台为基础，全书通过 9 个专题助你杀出重围，140 多个技巧让你销量倍增。

③ 内容全面，涵盖抖音运营的多个环节。从账号打造开始切入，到内容创作、直播带货和活动策划，再到之后的营销方式选择和使用，便于读者理解和阅读。

④ 操作性强，有大量的营销案例。书中的很多营销方法都有具体的操作步骤。读者一看就懂、一学就会。

虽然抖音不是改变生活的唯一选择，但抖音是一个能够改变无数人生活的路径。所以，大家在实现梦想的征途中，要脚踏实地地学习相关知识，借助抖音运营来实现自己的目标。

为帮助广大电商从业者及创业者更好地做好抖音运营，本书以卖家的视角来书写，这样更便于读者接受。希望你能通过本书，提升思维，强化技能。最后预祝你成为下一个抖音头部 IP。

在本书的创作过程中，特别感谢汇学教育创始人倪林峰的指导和支持。

谭海龙

2022 年 2 月

目　录

第1章

账号运营：打造垂直类视频达人 IP

许多人运营抖音账号的目的，是通过短视频带货获得收益。而要想获得更好的带货效果，就需要通过账号运营打造垂直类视频达人 IP，吸引更多具有购买力的忠实粉丝。本章重点讲解抖音账号运营的相关知识，帮助大家更好地打造垂直类视频达人 IP。

1.1 了解抖音：认识抖音电商的发展趋势

虽然许多人会在闲暇时间刷抖音短视频，但是有的人对抖音的了解却是十分有限的，以至于很多人还在犹豫要不要做抖音带货。本节带大家认识抖音电商的发展趋势，让大家更好地判断要不要做抖音带货、打造垂直类视频达人 IP。（本节中的图片均来自“抖音电商学习中心”）

1.1.1 现在做抖音短视频和直播带货还不晚

截至 2021 年年末，抖音短视频 App 的上线时间已经超过 5 年，这 5 年许多人从零开始在抖音做大做强，也有部分做大做强的抖音用户因为种种原因慢慢走上了下坡路。似乎抖音短视频 App 中的电商市场已经趋于饱和，很难再做出抖音带货的头部用户了。于是，许多人觉得，现在才做抖音短视频和直播带货有些为时已晚了。

其实不然，目前抖音短视频 App 的发展态势良好，这一点从抖音用户规模的变化情况可以看得出来。图 1-1 所示为抖音的用户规模，可以看到，抖音的短视频用户规模和直播用户规模仍是非常庞大的，而且它的规模还在不断扩大。

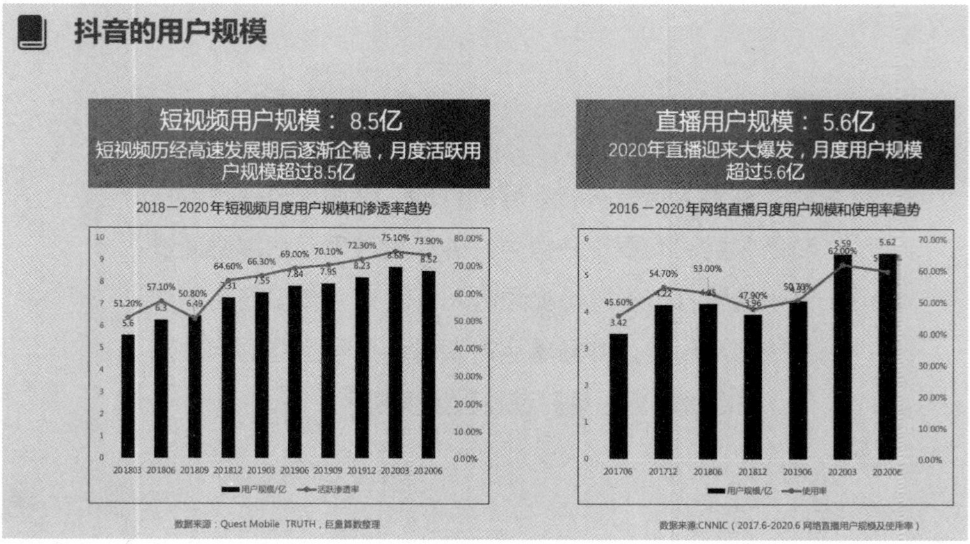

图 1-1 抖音的用户规模

也就是说，不断有新用户涌入抖音短视频和直播中，即便你是新号，也能和其他带货头部用户一起竞争这些新用户。而且只要运营者的带货内容和带的货

（销售的商品）对用户足够有吸引力，那么其他运营者的粉丝也可能会变成你的粉丝。

另外，短视频和直播电商的市场规模也非常庞大，新入场的运营者只要把握住机会就能获得属于自己的第一桶金。以直播电商市场规模为例，2017—2020 年，直播电商行业呈现市场规模庞大、增长速度快等特点，其中 2019 年直播市场的规模达到 4 338 亿元，同比增速高达 226%，如图 1-2 所示。

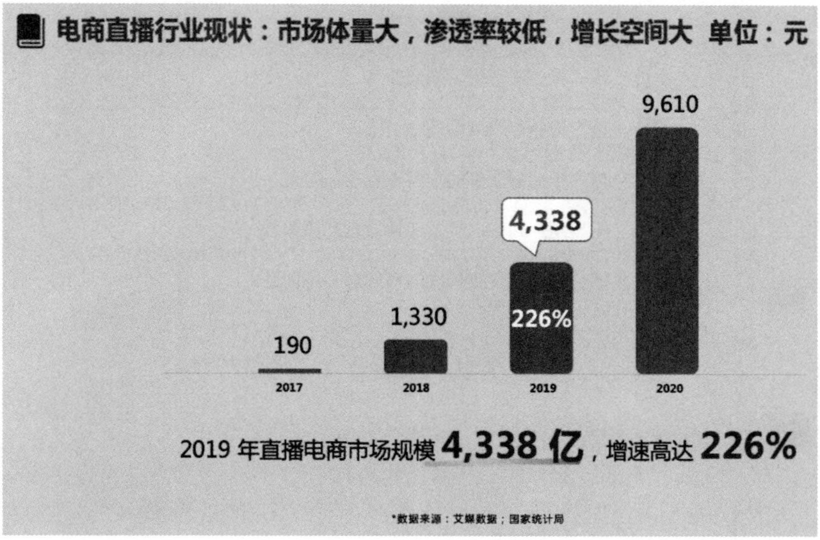

图 1-2　电商直播行业现状

1.1.2　自媒体时代你也可以成为大众明星

这是一个自媒体时代，只要你的内容足够具有吸引力，你就可以借助抖音等自媒体平台打造专属 IP（Intellectual Property，知识产权），让自己成为大众明星。

对于很多人来说，抖音就是一个展示自身的优质平台，这个平台为他们提供了很多机会。图 1-3 所示为抖音平台为内容创作者（包括电商运营者）提供的机会。如果内容创作者能够把握好机会，可以在短期内聚集大量粉丝，快速成为大众明星。例如，某个抖音号半年时间就获得了超过 2 000 万粉丝，而该抖音号中经常出现的几个人物，也从籍籍无名变成了大众明星。

当然，很多事情都需要经过不断的努力才能取得成功，抖音带货也是如此。

如果运营者想成为大众明星，就需要通过努力不断提升自身的能力。只有获得了相应的能力，才有可能获得更好的运营效果。例如，抖音直播能力可以分为初级能力、中级能力和高级能力，如图 1-4 所示。如果运营者要想获得更多的带货收益，那么就需要全面提升这三类能力；反之，如果电商运营者的这三类能力止步不前，甚至倒退了，那么要获得更多的带货收益将会变得很难。

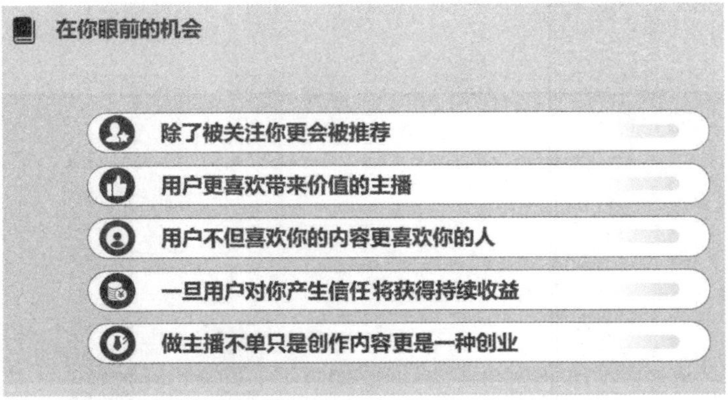

图 1-3　抖音平台为内容创作者提供的机会

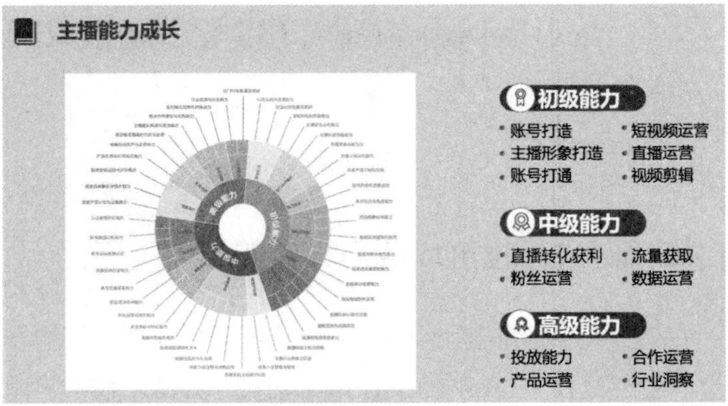

图 1-4　抖音主播的能力分级

1.1.3　抖音电商的平台资源与优势介绍

抖音平台上有一些自带的电商带货资源和优势，运营者可以借助这些资源和优势有效地提高带货的效益。下面分别介绍抖音电商的平台资源和优势。

抖音电商的平台资源主要体现在两个方面，一是活动资源；二是商品资源。抖音电商平台中经常会推出各种活动，如“星云计划”“年货节”“精选联盟带货王”和“王牌星推官”等，如图 1-5 所示。运营者可以借助这些活动的热度，提高内容和商品的曝光度，从而提高带货收益。

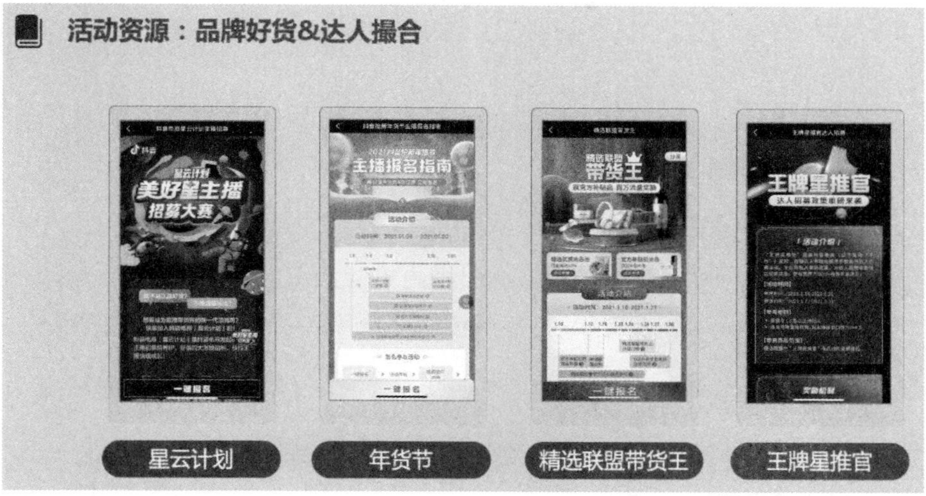

图 1-5　抖音平台的活动资源

另外，抖音平台中的精选联盟还为运营者提供了品牌、基地和工厂方面的商品资源，运营者可以借助这些资源，找到更适合进行带货的商品，如图 1-6 所示。

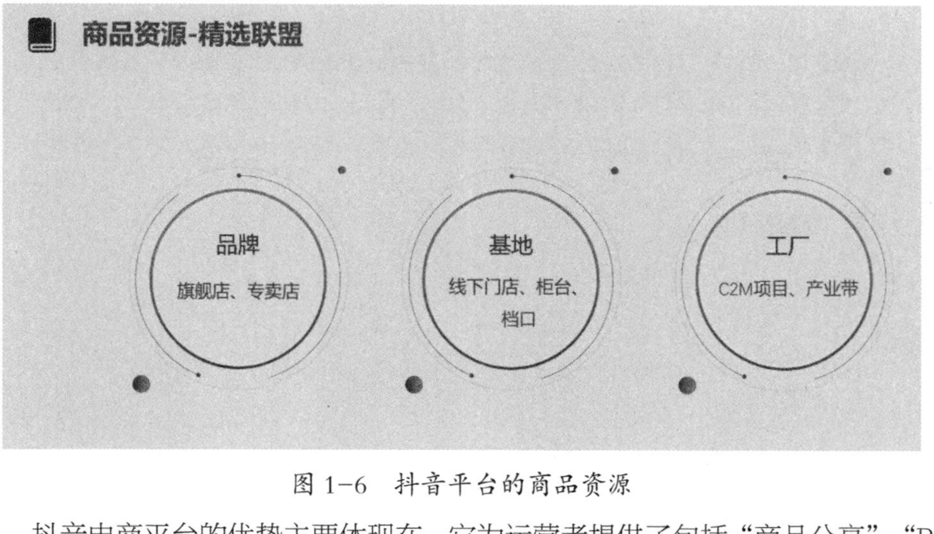

图 1-6　抖音平台的商品资源

抖音电商平台的优势主要体现在，它为运营者提供了包括“商品分享”“PC 工作台”“达人广场”“官方活动”“官方社群”“官方榜单”“官方签约”“官方尖货专供”和“直播安全保障”等在内的多种权益，如图 1-7 所示。这些权益及优势可以给运营者带来更多的便利和保障。

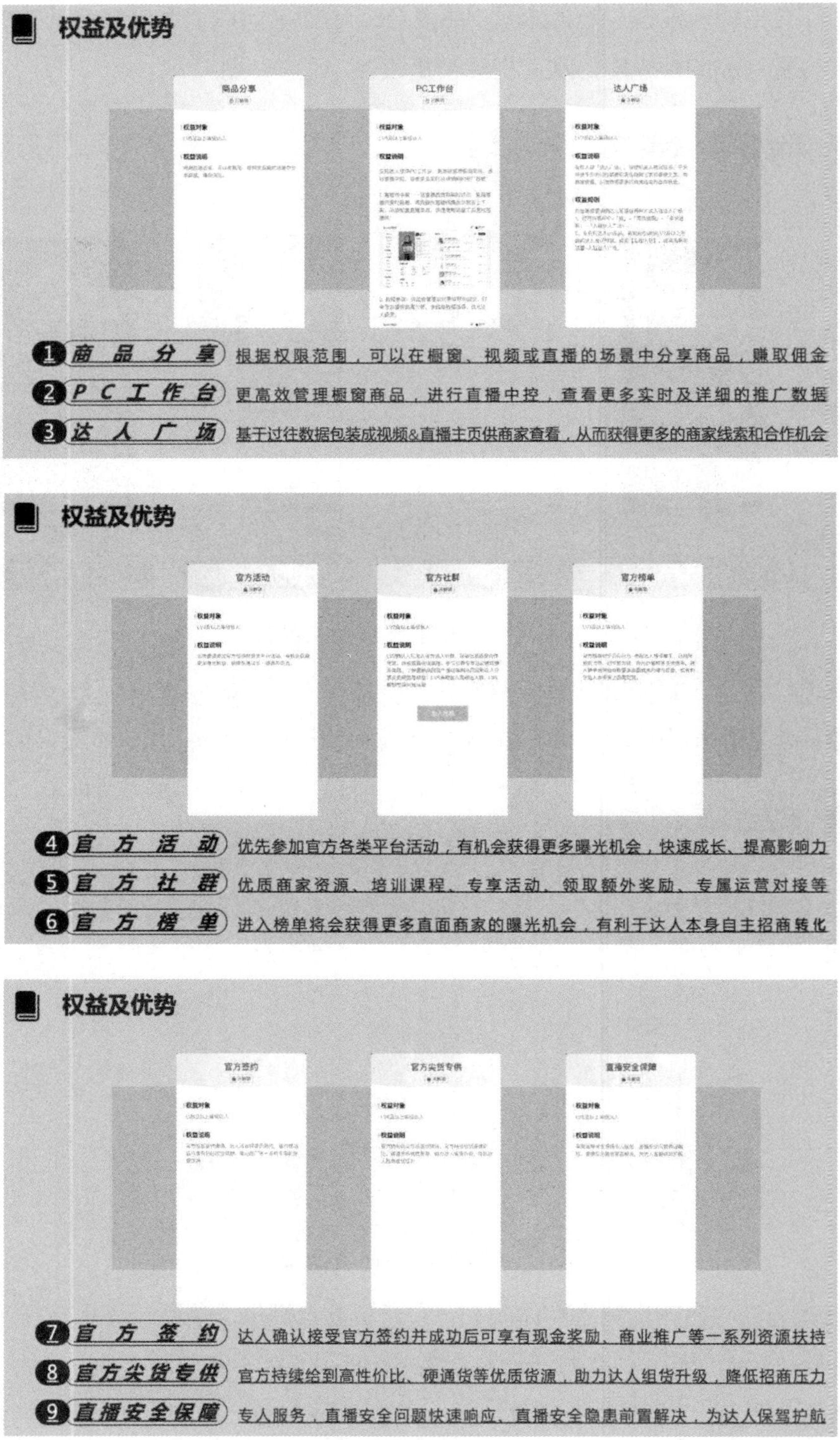

图 1-7　抖音平台的权益及优势

1.2 账号运营：七大策略助你事半功倍

在抖音账号的运营过程中，运营者可通过一些策略来提升短视频带货的效果。本节讲解让带货变得事半功倍的七大账号运营策略，帮助大家更好地打造垂直类抖音 IP。

1.2.1 在抖音上开通带货权限

抖音带货权限，简单来说就是可以在抖音平台售卖自家的商品或进行带货帮他人卖东西的权限。具体来说，抖音平台的带货权限主要体现在三个方面，一是视频购物车；二是达人推荐橱窗；三是直播间售卖商品。

视频购物车是在抖音短视频中添加一个商品购物车链接，如果用户点击该链接，在弹出的面板中，可以查看商品的相关信息，如图 1-8 所示。如果用户有需要，还可以点击“立即购买”按钮，购买该商品。

图 1-8 通过视频购物车查看商品信息

达人推荐橱窗是指开通抖音带货权限后，抖音账号中会出现一个专属的商品橱窗，运营者可以将商品添加至橱窗中，并作为带货达人对商品进行集中展示和推荐。而用户则可以在抖音带货达人的抖音号主页中，点击“进入橱窗”按钮，在推荐橱窗中查看抖音带货达人推荐的商品，如图 1-9 所示。

直播间售卖商品是指运营者可以将商品添加至直播间的购物车，并通过购物车功能将商品销售给用户。具体来说，运营者在进行直播时，如果直播间添加了商品，那么直播界面的下方就会出现购物车图标，用户只需要点击该图标，即可查看直播间销售的商品，如图 1–10 所示。

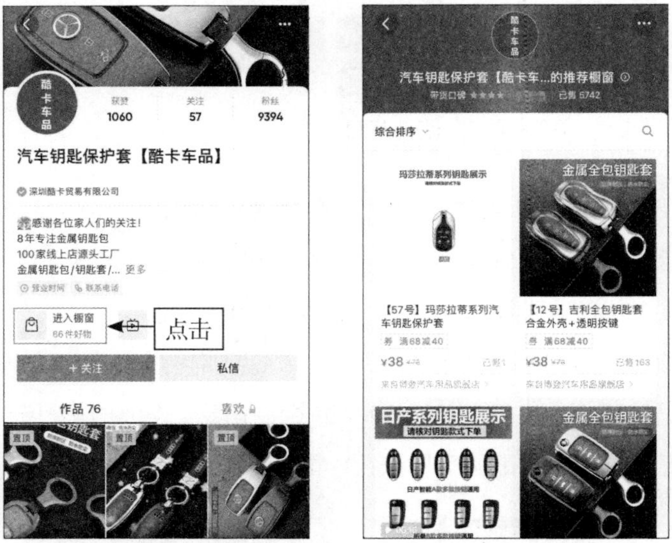

图 1–9　在推荐橱窗中查看抖音带货达人推荐的商品

图 1–10　查看直播间销售的商品

当然，运营者要想获得带货权限，还得先开通带货权限。下面介绍开通抖音带货权限的具体操作步骤。

步骤 01　进入抖音 App 的“我”界面，点击上方的图标，如图 1-11 所示。

步骤 02　在弹出的面板中选择“创作者服务中心”选项，如图 1-12 所示。

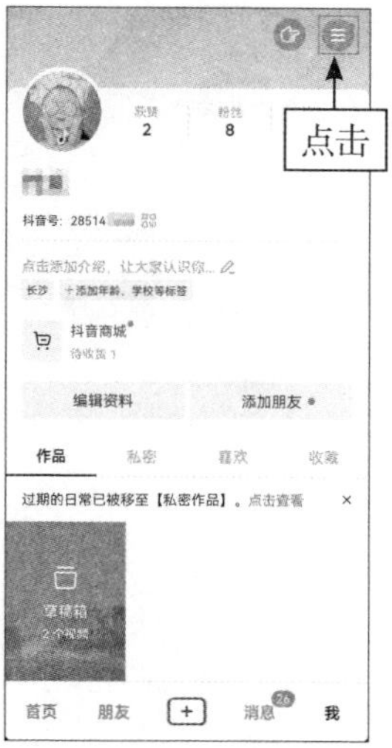

图 1-11　点击图标

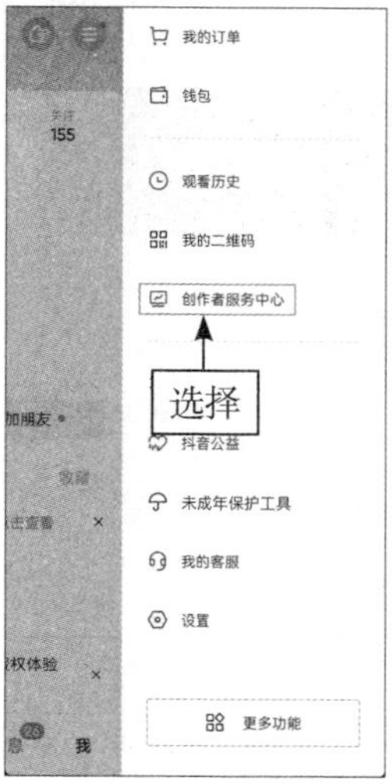

图 1-12　选择“创作者服务中心”选项

步骤 03　进入创作者服务中心界面，点击“商品橱窗”按钮，如图 1-13 所示。

步骤 04　进入“商品橱窗”界面，选择“成为带货达人”选项，如图 1-14 所示。

图 1-13　点击“商品橱窗”按钮

图 1-14　选择“成为带货达人”选项

步骤 05　进入“成为带货达人”界面，点击“带货权限申请”按钮，如图 1-15 所示。

步骤 06　进入“带货权限申请”界面，该界面中会显示申请带货权限的要求，如图 1-16 所示。如果运营者的账号满足了所有的申请要求，可以点击界面下方的“立即申请”按钮，申请开通带货权限。

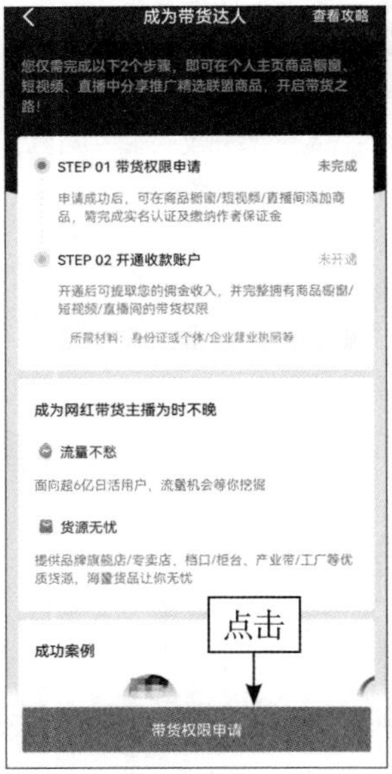

图 1-15　点击“带货权限申请”按钮

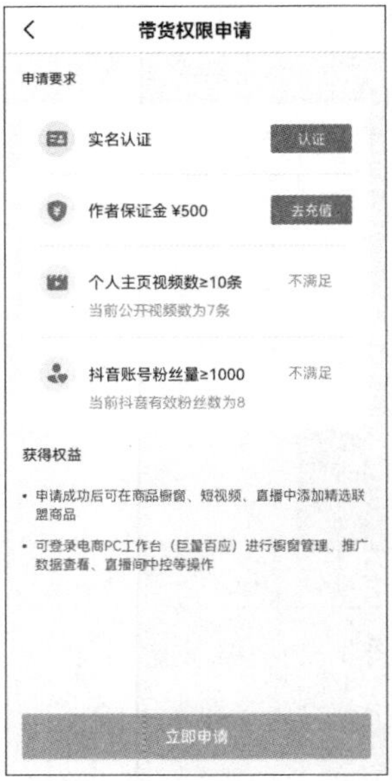

图 1-16　“带货权限申请”界面

专家提醒：不同时期，抖音平台对开通带货权限申请的要求也不尽相同。例如，抖音 App 上线初期开通抖音带货申请，对粉丝数和作者保证金是没有要求的。这也告诉我们，做抖音带货应该尽早入场，因为之后的进场门槛可能会越来越高。

1.2.2　抖音商家权益激励政策

为了扶持运营者，抖音平台推出了一些商家权益激励政策。借助这些政策的权益，运营者不仅可以降低营销推广成本，还可以参加相应的任务，获得一定的奖励。

以抖音平台的“2021 年 10 月新商家权益激励政策（种子计划）”为例，2021 年 10 月 1 日—31 日入驻的新商家可通过该政策获得“佣金优惠”“免费企业号认证权益”“新商家成长地图＋线上免费课程”“0 粉丝挂购物车”和“商家流量补贴”等基础权益，如图 1-17 所示。

基础权益

佣金优惠

新商家入驻30天内，商家非广告订单累计成交额不超过100万元的部分可享受**技术服务费低至1%**的优惠，超出部分不享受优惠；

**具体执行标准以店铺后台公示为准*

免费企业号认证权益

可免费享受价值**600元企业号**认证权益；

新商家成长地图+线上免费课程

新商家成长地图+线上免费课程，手把手的小店培训指导。如何打造人设？如何选品？如何获取流量？关注**抖音App**端的**"电商小助手"**，每周都有**百万销量训练营**课程培训

0粉丝挂购物车

开通抖店，即可**0粉丝申请"直播购物车"**，让你迅速开启直播带货；

商家流量补贴

- 商家在规定时间内首次完成以下基础任务，即可**一次性获得**对应金额**千川券流量奖励**，商家可于任务完成次日至**商家后台首页-种子计划特训营页面**内领取流量奖励，点击领取后权益将实时发放至商家抖音**"店铺官方账号"**

权益类型	任务项		限制任务完成时间	权益金额（元）	权益类型	权益有效期	权益发放账户	限制领取次数
基础任务	上传商品≥1		入驻5天内	10	千川券	30天	人店一体账号	1
	配置售后信息		入驻5天内	10				
	规则打卡	打卡行业规则规范	入驻5天内	5				
		打卡商品信息发布规范	入驻5天内	5				
		打卡违规行为管理规范	入驻5天内	5				
	开通联盟并设置商品佣金≥1		入驻5天内	20				
	开单即支付订单数≥1		入驻5天内	20				
	使用罗盘面板诊断功能		入驻7天内	5				
	激活账号飞书账号		入驻7天内	5				
	关注抖音"电商小助手"		入驻7天内	5				
	关注微信号"抖音电商商家助手"并绑定店铺		入驻7天内	5				
	开通千川账户		入驻7天内	50				
	打卡"百万销量训练营"线上培训		入驻7天内	10				
	开通DOU分期		入驻15天内	10				

图 1-17　抖音新商家的基础权益

除了基础权益之外，2021 年 10 月 1 日—31 日入驻的新商家还可以通过做任务来获得流量补贴。具体来说，新商家的任务主要分为两种，即成长任务和进阶任务。成长任务有两个等级，每个任务的具体任务项、限制完成时间和权益金额都不尽相同，如图 1-18 所示。

相对于成长任务，进阶任务的难度通常要大一些。当然，运营者完成进阶

任务后，获得的权益金额也会高一些。图 1-19 所示为进阶任务的相关介绍。

成长任务

商家流量补贴

- 商家在入驻后第20天（等级一）、入驻后第35天内（等级二）完成以下成长任务，即可一次性获得对应金额千川券流量奖励，商家可于任务完成次日至商家后台首页-种子计划特训营页面内领取流量奖励，权益领取至“店铺官方账号”

权益类型	任务项	限制任务完成时间	权益金额（元）	3C数码家电	本地虚拟	二手闲置	服饰鞋包	个护家清	酒/滋补保健
成长任务（等级一）	成功带货达人数量	入驻第20天	10	1	1	1	1	1	1
	带购物车累计开播时长（小时）	入驻第20天	20	6	6	10	4	4	4
	累计看播人数	入驻第20天	10	500	1000	1000	500	300	300
	新增粉丝数	入驻第20天	20	200	300	300	100	200	200
成长任务（等级二）	成功带货达人数量	入驻第35天	20	3	3	3	3	3	4
	带购物车累计开播时长（小时）	入驻第35天	50	40	20	40	20	40	20
	累计看播人数	入驻第35天	30	10000	20000	5000	20000	10000	5000
	新增粉丝数	入驻第35天	30	1500	3000	3000	1500	1500	1500

图 1-18　成长任务的相关介绍

进阶任务

商家流量补贴

- 符合条件的新商家在入驻后60天内完成以下进阶任务，即可一次性获得对应金额千川券流量奖励，商家可于任务完成次日至商家后台首页-种子计划特训营页面内领取流量奖励，权益领取至“店铺官方账号”

权益类型	任务项	限制任务完成时间	权益金额（元）	权益类型	权益有效期	权益发放账户	限制领取次数
进阶任务（等级一）	挂购物车自播时长 > 35小时，自播支付GMV > 3000元，购买人数≥10	入驻60天内	50	千川券	30天	人店一体账号	1
进阶任务（等级二）	挂购物车自播时长 > 60小时，自播支付GMV > 8000元，购买人数≥20		120				
进阶任务（等级三）	挂购物车自播时长 > 90小时，自播支付GMV > 15000元，购买人数≥30		300				

图 1-19　进阶任务的相关介绍

1.2.3　做好精准的账号定位

在进行抖音电商运营的过程中，运营者必须要做好账号定位。账号定位，简单地理解就是确定账号的运营方向。抖音账号定位具体可细分为行业定位、内容定位、商品定位、用户定位和人设定位五个部分。只要账号定位精准，运营者就能很好地把握住账号的发展方向，获得更多用户的认可。

1. 行业定位

行业定位就是确定账号分享的内容所属的行业和领域。通常来说，运营者在做行业定位时，只需选择自己擅长的领域，并在账号名字上体现自身的行业定位即可。例如，擅长摄影的运营者可以选择将摄影领域作为定位；擅长美食制作的运营者可以选择将美食领域作为定位。

当然，有时候某个行业包含的内容比较广泛，且抖音上做该行业内容的抖音号已经比较多了。此时，运营者可通过对行业进行细分，侧重从某个细分领域做账号定位。

比如，化妆行业包含的内容比较多，我们可通过领域细分从某方面进行重点突破。这方面比较具有代表性的，当属某位有着“口红一哥”之称的美妆类运营者。该运营者通过重点分享与口红相关的内容来吸引对口红感兴趣的人群。

又如，摄影包含的内容比较多，但现在越来越多的人开始直接用手机拍摄视频，而且这其中又有许多人对摄影构图比较感兴趣。因此，抖音号“手机摄影构图大全”针对这一点专门深挖手机摄影技巧，并将账号定位为手机摄影技巧的分享账号，如图 1-20 所示。

图 1-20　定位为手机摄影技巧分享的账号

2. 内容定位

抖音号的内容定位就是确定账号的内容方向，据此针对性地生产内容并进行电商运营。通常来说，运营者在做内容定位时，只需结合账号定位确定需要发布的内容即可。例如，抖音号“手机摄影构图大全”的账号定位是做一个手机摄影构图类账号，所以，该账号发布的内容以手机摄影短视频为主，如图 1-21 所示。

运营者确定了账号的内容方向后，即可根据该方向进行内容的生产。当然，在抖音号运营的过程中，内容生产也是有技巧的。具体来说，运营者在生产内容时，可以运用以下技巧，持续打造优质的内容。

图 1-21　抖音号“手机摄影构图大全”发布的内容

（1）做自己真正喜欢和感兴趣的领域的内容。

（2）做更垂直、更差异化的内容，避免内容同质化。

（3）多看热门推荐的内容，思考总结其中的亮点。

（4）尽量做原创的短视频内容，不要直接仅做搬运。

3. 商品定位

大部分运营者之所以要做抖音号运营，就是希望能够借此转化获利，获得一定的收益。而商品销售又是比较重要的一种转化获利方式，因此，选择合适的待转化商品，进行商品的定位就显得尤为重要。

那么，运营者要如何进行商品定位呢？在笔者看来，根据运营者自身的情况，可以将抖音号的商品定位分为两种。一种是根据自身拥有的商品进行定位，另一种是根据自身业务范围进行定位。

根据自身拥有的商品进行定位很好理解，就是看自己有哪些商品是可以销售的，然后将这些商品作为销售对象进行营销。

例如，某位运营者自身拥有多种水果的货源，于是其将账号定位为水果销售类账号。他不仅将账号命名为“××水果基地”，而且还通过视频重点进行水果的展示，并为用户提供了水果的购买链接，如图 1-22 所示。

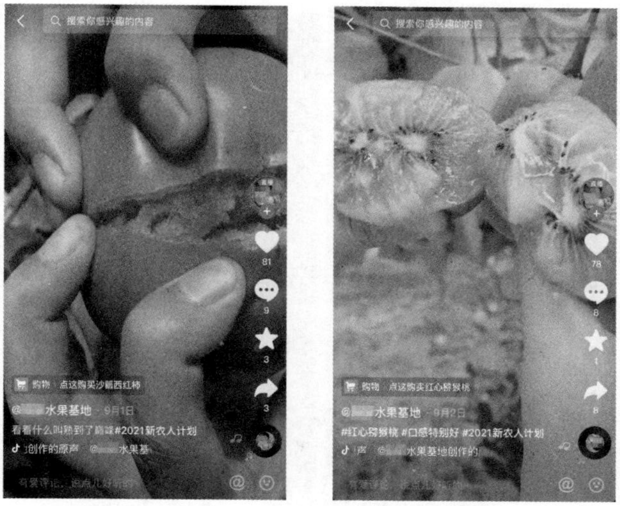

图 1-22　根据自身拥有的商品进行定位

根据自身的业务范围进行定位，就是发布与账号业务相关的短视频，然后根据短视频内容插入对应的商品链接。这种定位方式比较适合于自身没有商品的运营者，这部分运营者只需根据短视频内容添加他人的商品链接，便可以借助该商品的销售获得佣金收入。

例如，某位美食类运营者本身是没有商品货源的，于是，他通过在短视频中添加他人店铺中的商品链接来获取佣金收入。

4. 用户定位

在抖音号的运营中，运营者如果能够明确用户群体，做好用户定位，并针对主要的用户群体进行营销，那么账号生产的内容将更具有针对性，而内容的带货能力也将变得更强。

在做用户定位时，运营者可以从性别、年龄和地域分布等方面对粉丝进行分析，了解粉丝画像，并在此基础上更好地做出有针对性的运营策略和精准营销。

（1）性别：运营者可以分析自己账号的粉丝是男性多，还是女性多。如果销售的商品主要消费群体为女性，但是账号中的粉丝男性偏多，那么你可能需要有意识地多打造一些吸引女性用户的内容。

（2）年龄：运营者可以分析自己账号中粉丝的各年龄段占比情况，了解粉丝主要集中在哪个年龄段，然后重点生产受该年龄段粉丝喜欢的内容，增强粉丝的黏性。

（3）地域分布：运营者可以明确粉丝主要集中于哪些地区，然后结合这些地区的文化，生产粉丝们更喜欢的内容。

在了解粉丝画像情况时，可以适当地借助一些分析软件。例如，可通过如下步骤，在飞瓜数据微信小程序中了解抖音号的粉丝特征。

步骤 01　登录微信 App，进入“发现”界面，点击“小程序”按钮，如图 1-23 所示。

步骤 02　进入“小程序”界面，如图 1-24 所示。

图 1-23　点击“小程序”按钮

图 1-24　进入“小程序”界面

步骤 03　在搜索栏中，❶输入“飞瓜数据”进行搜索；在搜索结果界面中，❷点击“小程序”下方“飞瓜数据”所在的位置，如图 1-25 所示。

步骤 04　进入“飞瓜数据”界面，如图 1-26 所示。

步骤 05　在“飞瓜数据”界面的搜索栏中，❶输入需要查看粉丝画像的账号名称，进行账号搜索；从搜索结果中，❷点击对应抖音号所在的区域，如图 1-27 所示。

步骤 06　进入“播主详情”界面，点击“粉丝特征”按钮，如图 1-28 所示。

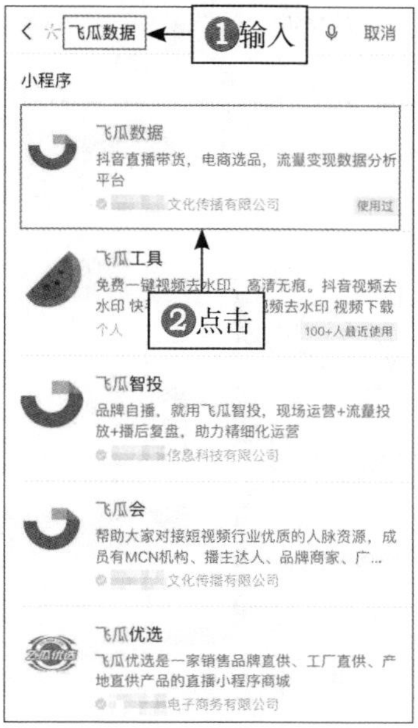

图 1-25　点击“飞瓜数据”小程序所在的位置

图 1-26　“飞瓜数据”界面

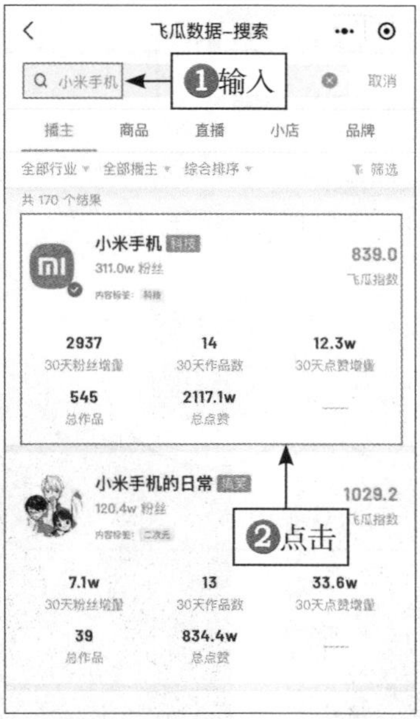

图 1-27　选择对应的抖音号

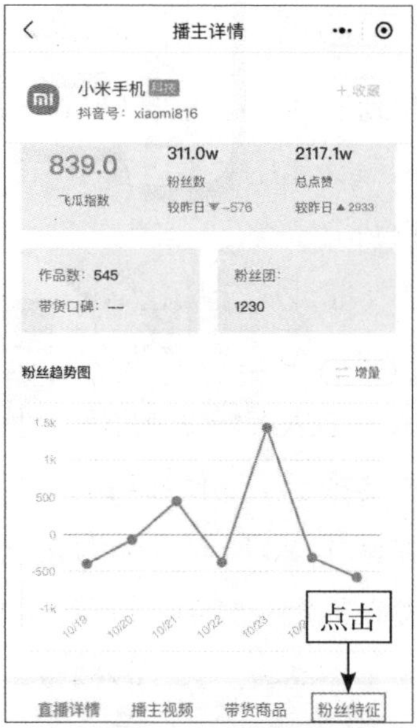

图 1-28　点击“粉丝特征”按钮

步骤 07　向上滑动页面，即可在“播主详情”界面的“粉丝特征”板块中，看到抖音号粉丝的“性别分布”“年龄分布”和“地域分布”情况，如图 1-29 所示。

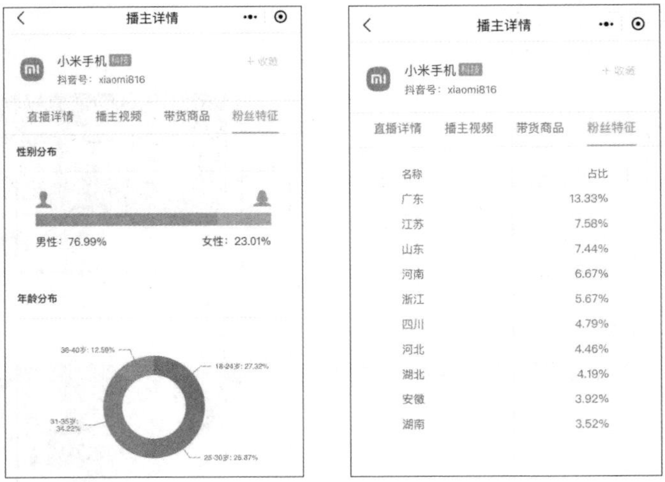

图 1-29　某抖音号的“粉丝特征”板块

5. 人设定位

人设是人物设定的简称。所谓人物设定，就是运营者通过短视频和直播内容，塑造出镜人物（包括直播间的助播）的典型形象和个性特征。通常来说，成功的人设能在用户心中留下深刻的印象，让用户能够通过某个或者某几个标签，快速想到该抖音号及账号中的出镜人物。

人物设定的关键就在于为出镜的主要人物贴上标签。那么，如何才能快速为人物贴上标签呢？其中一种比较有效的方式就是通过短视频内容来凸显人物某方面的特征，从而强化人物的标签。

例如，某运营者为了凸显自身的手工达人标签，经常会发布一些传授手工制作技巧的短视频，如图 1-30 所示。因为在该账号发布的短视频中，运营者制作的手工作品看上去比较精致，再加上短视频的发布频率比较高、展示的手工作品比较多，让人觉得这位运营者懂得的手工制作技巧很多，所以该账号运营者的手工达人标签便树立了起来。

图 1-30　通过发布短视频凸显人物标签

1.2.4 优化短视频的选题和文案

选题和文案是影响短视频流量的重要因素，而流量又会影响带货效果。因此，运营者很有必要通过优化短视频的选题和文案，打造出更受用户欢迎的短视频内容。

那么，具体要如何优化短视频的选题和文案呢？这个问题抖音电商学习中心给出了答案。具体来说，在优化短视频选题时，运营者可以把握优质选题的三大特点，即受众面广、选题精练和垂直细分，从而快速实现选题的量产，如图 1-31 所示。

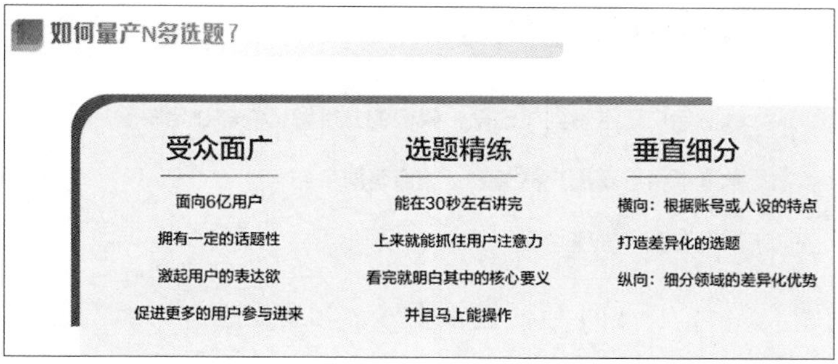

图 1-31　把握优质选题的特征，实现选题量产

短视频文案的优化可以分四步来实现，第一步是“提一个好问题”，如图 1-32 所示；第二步是“给用户一个心动 or 心痛的答案”，如图 1-33 所示；第三步是“分析解读、拓展价值”，如图 1-34 所示；第四步是进行“收尾处理”，如图 1-35 所示。

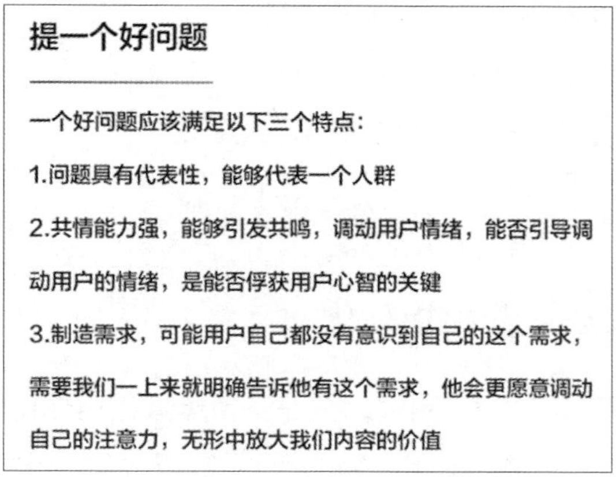

图 1-32　提一个好问题

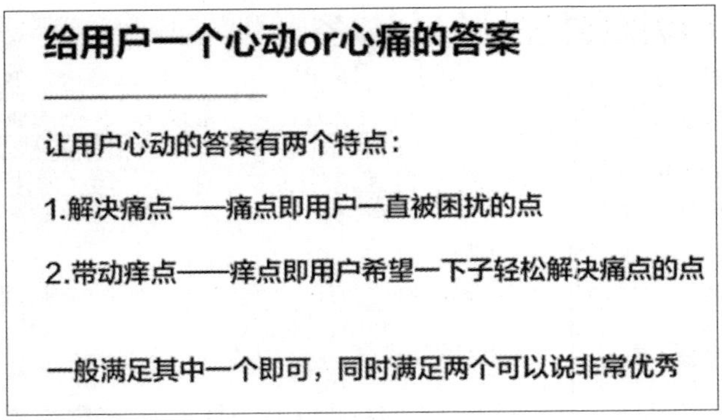

图 1-33　给用户一个心动 or 心痛的答案

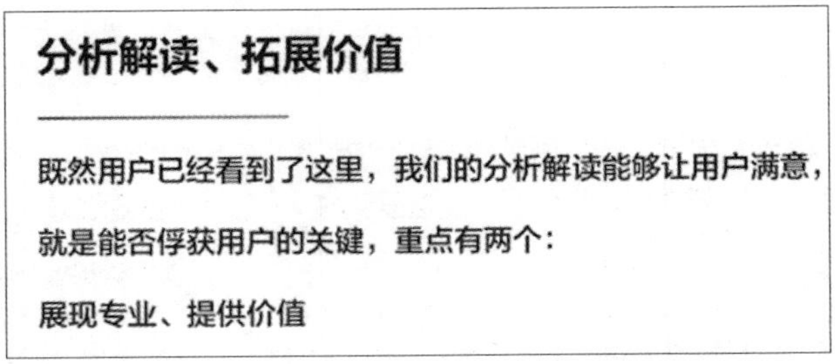

图 1-34　分析解读、拓展价值

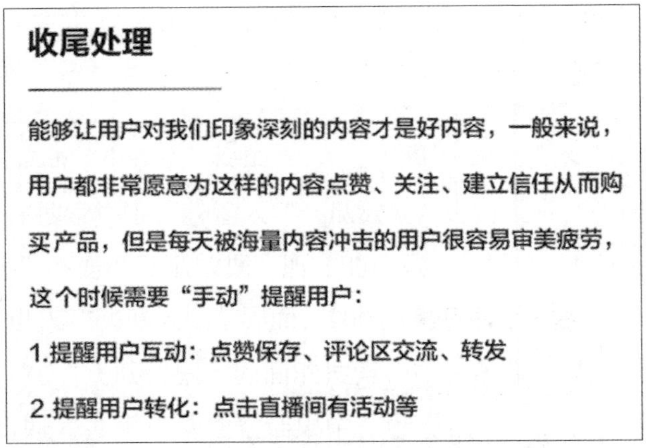

图 1-35　收尾处理

1.2.5　做好互动运营和矩阵化

在运营抖音带货账号的过程中，做好互动运营和矩阵化非常关键，通过互动运营可以增强用户的黏性，让用户变成你的忠实粉丝；而做好矩阵化则可以更好地吸引精准用户。

那么，运营者要如何做好互动运营和矩阵化呢？具体来说，要做好互动运营，运营者可以重点做好两个方面的工作，一是利用评论区积极与用户进行互动，尽可能多地回复用户的评论，让用户觉得自己受到了重视，如图 1-36 所示；二是利用私信功能，加强与粉丝的联系。

矩阵化运营则需要同时运营多个账号，组成运营矩阵。需要特别注意的是，此时每个账号中的粉丝关注的内容可能会存在较大的差异，运营者只有根据粉丝的喜好生产内容，才能留住粉丝，让粉丝持续地购买商品。

图 1-36　尽可能多地回复用户的评论

1.2.6　发布优质电商视频内容

什么是优质的电商视频内容？抖音电商学习中心从视频的时长、尺寸和画质这三个方面给出了一个基础标准，如图 1-37 所示。

图 1-37　优质电商内容的基础标准

除了满足基础标准外，运营者在打造带货短视频内容时还需要注意以下三个事项，如图 1-38 所示。

a.不允许内容引人不适，道路危险，谩骂辱骂，恶意诋毁等行为出现
b.不允许使用无版权音乐，尽量使用抖音站内已有版权的音乐作为bgm
c.视频需要使用真人原声作为旁白，让用户有代入感和亲切感

图 1-38　打造带货短视频内容的注意事项

1.2.7　增加抖音号的带货口碑分

和很多电商平台一样，抖音平台中也可以查看抖音账号的带货口碑分。具体来说，抖音号的达人推荐橱窗和直播间购物车都会显示带货口碑分，如图 1-39 所示。这个带货口碑分是视频带货和直播带货的综合分数，它对整个账号的带货效果都会起到一定的帮助作用。

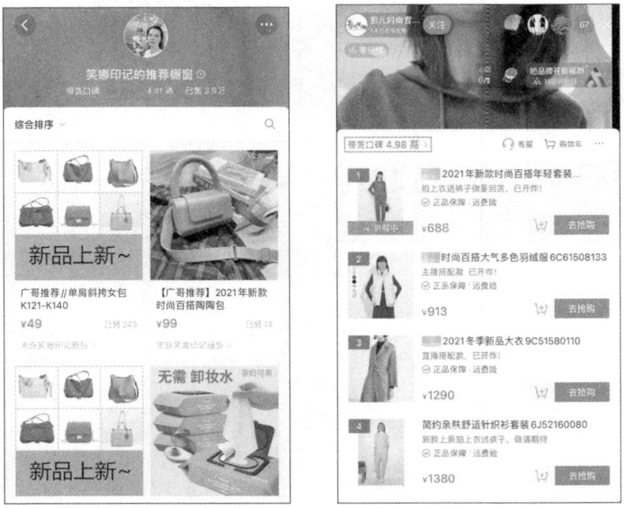

图 1-39　达人推荐橱窗和直播间购物车中的带货口碑分

许多用户在抖音中购买商品时，可能会注意对应抖音号的带货口碑分，如果带货口碑分过低，那么运营者的带货效果也将受到很大的影响。因此，运营者要想办法增加抖音号带货的口碑分。

那么，运营者要怎样增加抖音号的带货口碑分呢？其实，抖音电商学习中心给出了带货口碑分的计算指标和计算方法，如图 1–40 所示。对此，运营者可以根据这些计算指标和计算方法，有针对性地提高抖音号的带货口碑分。

评分维度	细分指标	指标定义	考核周期
商品体验	商品差评率	**商品差评率**=商品差评量 / 物流签收订单量 商品差评量=消费者对商品描述"首次评价为差评"的订单量（修改评价不影响商品差评量） 物流签收订单量=实物商品的物流签收订单量+虚拟商品的消费者确认收货订单量	近90天物流签收数据
	品质退货率	**品质退货率**=分享商品因品质、物流问题退货退款订单量 / 分享商品支付订单量	前15~104天品质退货数据
物流体验	揽收及时率	**揽收及时率** = 24小时揽收率*70% + 24小时~36小时揽收率*20% + 36小时~48小时揽收率*10% *24小时揽收率=24小时以内揽收订单量 / 总订单揽收量，以此类推。 *70%,20%,10%是抖音电商平台定义的揽收及时率权重，权重越高代表这一项对总体及时率指标影响更高。 * 预售订单、无须发货订单不参与计算	近90天揽收订单数据
	订单配送时长	**订单配送时长**=（全部订单签收时间-揽收时间）/ 签收订单量	近90天签收订单数据
服务体验	投诉率	**投诉率**=分享商品问题投诉量 / 分享商品支付订单量	前15~104天投诉数据
	纠纷商责率	**纠纷商责率**=售后申请完结的订单中判定为商家责任的售后仲裁单数 / 总售后完结数	近90天售后完结订单数据
	IM3分钟平均回复率	**IM3分钟平均回复率**=3分钟内客服已回复会话量 / 用户向人工客服发送会话量 **考核范围**：发起时间在8:00:00-22:59:59期间发起的会话量	近90天人工客服会话量
	仅退款自主完结时长	**仅退款自主完结时长**=仅退款的每条售后单等待商家操作时间总和 / 对应售后单量	近90天售后完结订单数据
	退货退款自主完结时长	**退货退款自主完结时长**=售后单里退货退款、换货的每条售后单中等待商家操作的时间总和 / 对应的售后量	近90天售后完结订单数据

图 1–40　带货口碑分的计算指标和计算方法

1.3　转化获利渠道：通过抖音赚钱不是难事

通过账号运营打造垂直类视频达人 IP 之后，运营者便可以找到转化获利渠道，通过抖音来赚钱了。本节讲解抖音转化获利的几种常见渠道。

1.3.1　商品橱窗卖货转化获利

商品橱窗卖货转化获利，就是通过商品橱窗集中展示商品，让用户看到之后进行购买，从而获得收益。当然，运营者要通过商品橱窗卖货，还要重点做好一项工作，就是将商品添加至商品橱窗。下面介绍将商品添加至商品橱窗的方法。

步骤 01　进入抖音 App 的“我”界面，点击“商品橱窗”按钮，如图 1-41 所示。

步骤 02　进入“商品橱窗”界面，点击“选品广场”按钮，如图 1-42 所示。

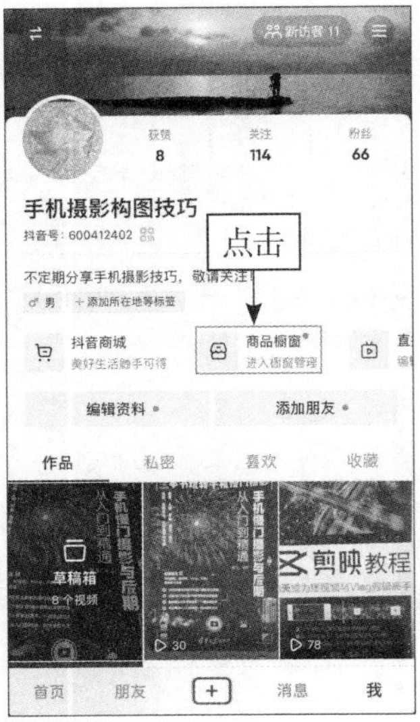

图 1-41　点击“商品橱窗”按钮

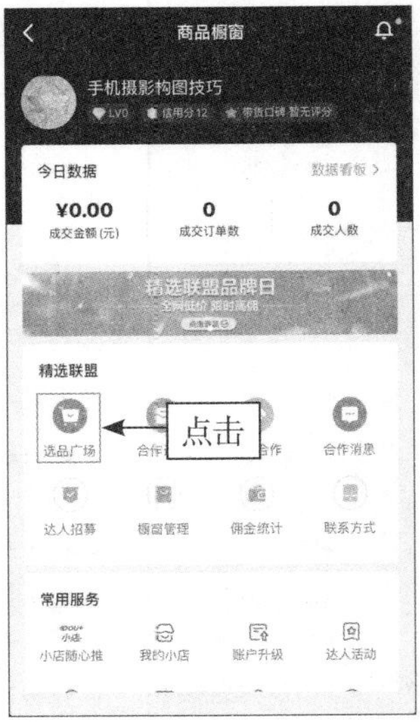

图 1-42　点击“选品广场”按钮

步骤 03　进入“抖音电商精选联盟”界面，点击搜索框，如图 1-43 所示。

步骤 04　❶输入商品的关键词，如“零基础玩透华为手机摄影”；❷点击“搜索”按钮，如图 1-44 所示。

步骤 05　点击搜索结果中对应商品后面的“加橱窗”按钮，如图 1-45 所示。

步骤 06　如果显示“已加入橱窗，可在发布视频时添加橱窗的商品进行推广”，就说明商品成功添加到橱窗了，如图 1-46 所示。

商品成功添加到橱窗中后，运营者即可售卖橱窗中的商品获取收益。另外，运营者还可以将橱窗中的商品添加至短视频和直播中，增加商品的销量。

图 1-43　点击搜索框

图 1-44　点击“搜索”按钮

图 1-45　点击“加橱窗”按钮

图 1-46　商品成功添加到橱窗

1.3.2　抖音小店卖货转化获利

抖音小店卖货转化获利，就是开通抖音小店，然后将商品添加至小店中，并借助抖音平台进行销售，从而获得收益。如果运营者要通过抖音小店卖货转化获利，需要先做好一件事，那就是开通自己的抖音小店。下面介绍开通抖音小店的基本操作。

步骤 01　进入抖音 App 的“我”界面，❶点击☰图标；❷在弹出的面板中选择“创作者服务中心”选项，如图 1-47 所示。

步骤 02　进入创作者服务中心界面，点击“开通小店”按钮，如图 1-43 所示。

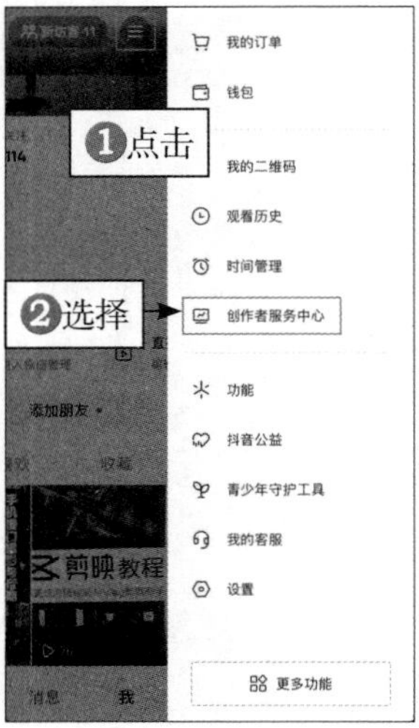

图 1-47　选择“创作者服务中心”选项

图 1-48　点击“开通小店”按钮

步骤 03　进入“首页”界面，点击“立即入驻”按钮，如图 1-49 所示。

步骤 04　进入“小店简介”界面，点击“立即开通”按钮，如图 1-50 所示。运营者只需根据系统提示进行操作，即可开通抖音小店。

图 1-49　点击“立即入驻”按钮

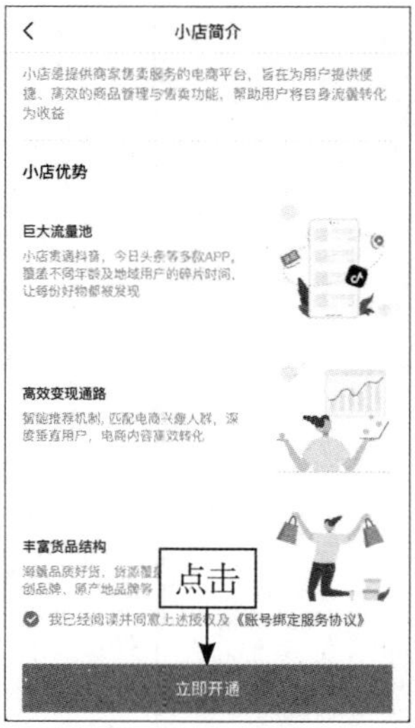

图 1-50　点击“立即开通”按钮

通过抖音小店带货转化获利有一个独特的优势，那就是运营者从抖音小店添加商品链接后，❶用户只需点击商品详情中的“立即购买”按钮；❷选择和设置商品的购买信息，即可在抖音平台中完成购物，如图 1–51 所示。而不用像购买淘宝等平台中的商品一样，需要跳转至对应平台后才能进行购物。

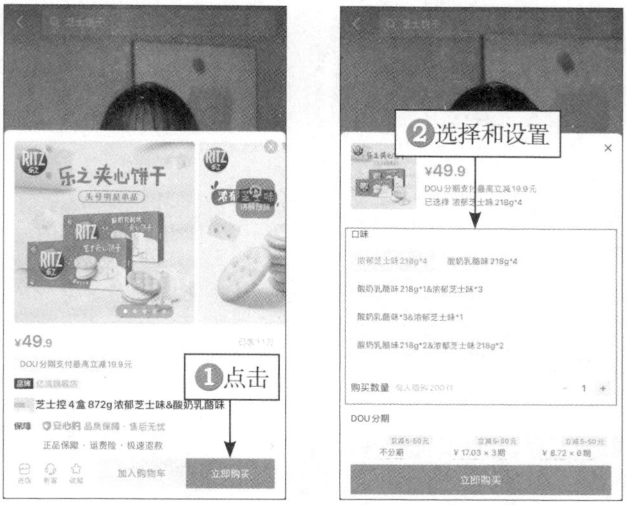

图 1–51　在抖音平台中购买小店中的商品

1.3.3　全民任务视频转化获利

全民任务视频转化获利，就是通过参加抖音平台中的“全民任务”来获得奖励，从而获得收益。下面介绍参加“全民任务”的方法。

步骤 01　点击创作者服务中心界面的“全民任务”按钮，进入“全民任务”界面，点击对应任务中的“去参与”按钮，如图 1–52 所示。

步骤 02　进入“任务详情”界面，了解任务玩法后，点击“立即参与”按钮，如图 1–53 所示。

步骤 03　运营者只需根据任务要求发布视频，即可获得对应的奖励。

如果运营者不知道如何制作“全民任务”的视频，还可以查看对应任务的精选视频。具体方法为：❶点击“任务详情”界面中的“精选视频”按钮；❷点击对应视频所在的区域，如图 1–54 所示。运营者即可进入对应精选视频的播放界面，查看该视频的具体内容，如图 1–55 所示。

图 1-52　点击“去参与”按钮

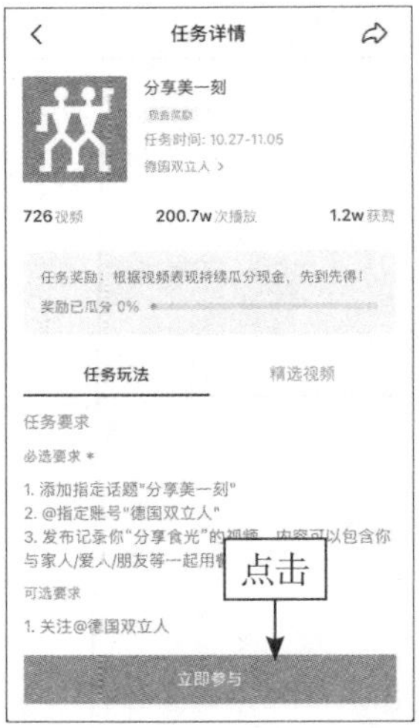

图 1-53　点击“立即参与”按钮

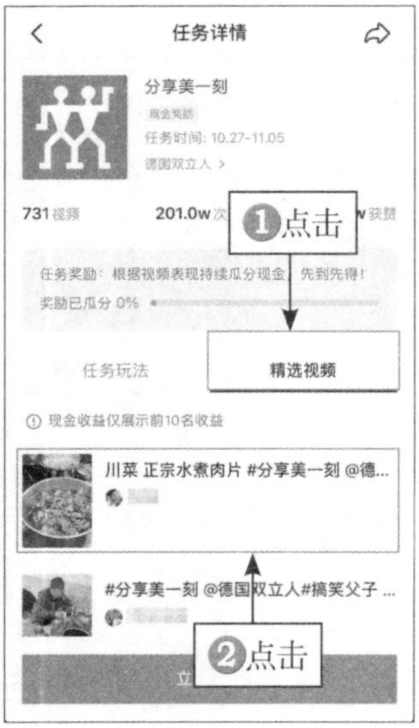

图 1-54　点击对应视频所在的区域

图 1-55　对应精选视频的播放界面

1.3.4　星图广告任务转化获利

星图广告任务转化获利，就是通过抖音平台的“星图”功能接受广告任务来获得收益。下面介绍通过接受星图广告任务进行转化获利的方法。

步骤 01　点击创作者服务中心界面的“全部分类”按钮，进入“功能列表”界面，点击“我的星图”按钮，如图 1-56 所示。

步骤 02　进入“巨量星图 - 抖音、头条商业”界面，❶选中“我已仔细阅读并同意协议”单选按钮；❷点击“确定”按钮，如图 1-57 所示。

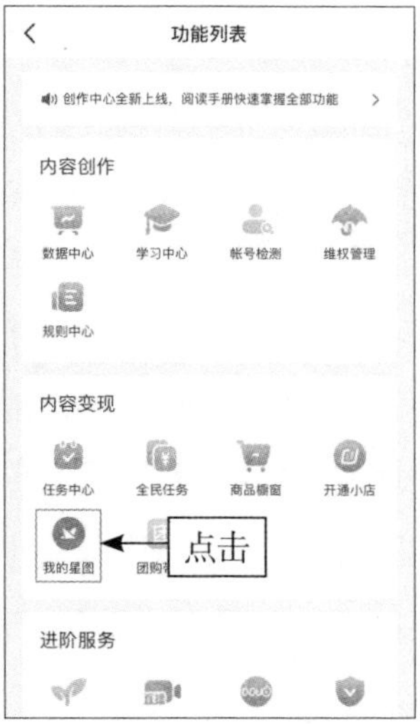

图 1-56　点击“我的星图”按钮

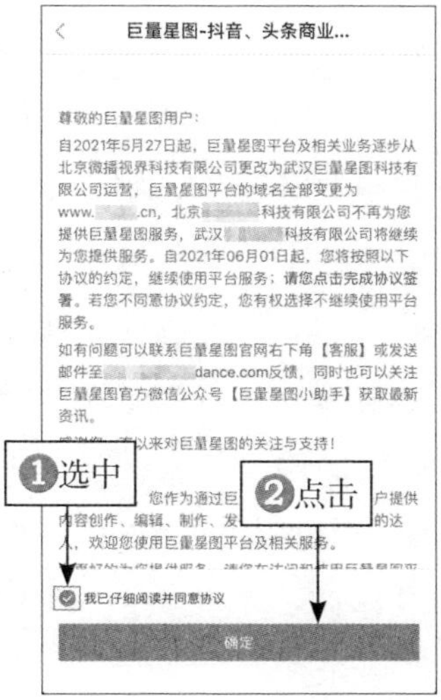

图 1-57　点击“确定”按钮

步骤 03　进入“任务大厅”界面，点击对应广告任务所在的区域，如图 1-58 所示。

步骤 04　进入“任务详情”界面，了解任务玩法，点击“立即参与”按钮，如图 1-59 所示。

步骤 05　运营者只需根据任务要求发布广告视频，即可获得对应的广告收益，实现星图广告任务转化获利。

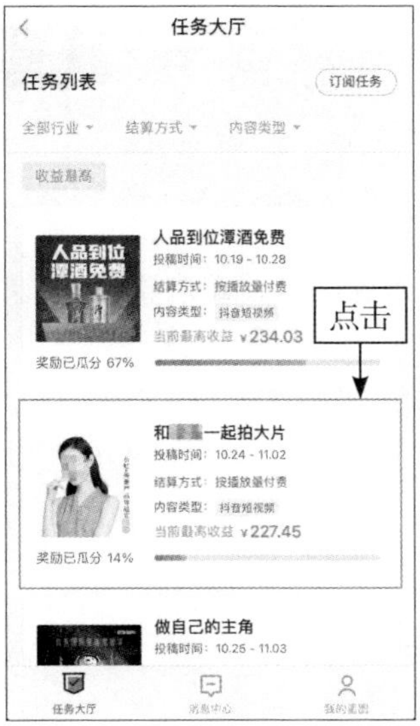

图 1-58　点击对应广告任务所在的区域

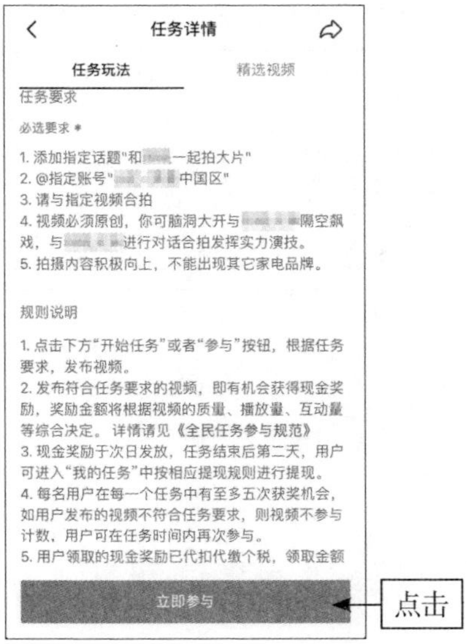

图 1-59　点击“立即参与”按钮

1.3.5 团购带货线下转化获利

团购带货线下转化获利，就是借助抖音平台的“团购带货”功能，通过发布作品来获取收益。在通过团购带货转化获利时，运营者需要先申请获得“团队带货”功能。具体来说，运营者只需点击“功能列表”界面中的“团购带货”按钮，即可在“抖音团购带货申请”界面中，看到“团购带货”功能的申请条件，如图 1–60 所示。当运营者的抖音号满足申请条件时，只需点击界面下方的“申请团购带货”按钮，并根据提示进行操作，即可获得“团购带货”功能。

获得“团购带货”功能之后，运营者可通过发布作品来获得转化获利收益。如果运营者不知道如何通过“团购带货”功能进行转化获利，可以向上滑动“抖音团购带货申请”界面，在“如何带货变现”板块中，查看带货转化获利的方法，如图 1–61 所示。

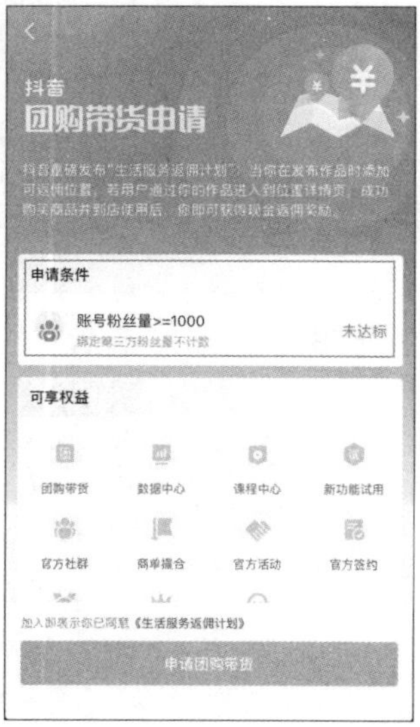

图 1–60 查看“团购带货”功能的申请条件

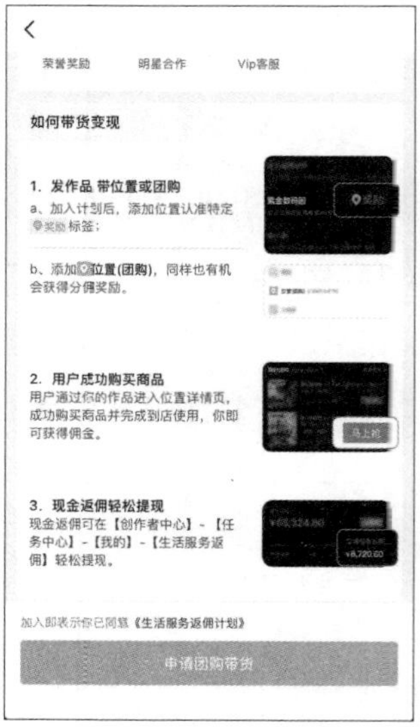

图 1–61 查看团购带货转化获利的方法

第 2 章

拍摄剪辑：轻松打造爆款商品视频

短视频带货的关键就在于制作有吸引力的视频，从而打造出爆款商品视频。本章就从拍摄技巧和剪辑两个方面来重点讲解爆款商品视频的制作方法，让大家可以轻松制作优质带货视频，打造爆款商品视频。

2.1 拍摄视频：带货短视频的前期拍摄技巧

带货短视频想要获得好的效果，就需要利用各种镜头和技巧去拍摄，以保证视频画面的清晰度和美观度。一段视频拍摄得再好，如果画面不够清晰和美观，也会使视频的质量大打折扣。下面主要介绍带货短视频的前期拍摄技巧，帮助运营者快速拍摄出高质量的短视频素材。

2.1.1 带货短视频的基本拍摄设备

对于选购带货短视频的拍摄设备来说，理论上只要能拍视频的相机或手机都可以，当然设备的性能越好，画质也就越好。下面介绍带货短视频的基本拍摄设备，帮助大家快速选出适合自己的拍摄设备。

1. 适合拍摄带货短视频的相机

在购买拍摄带货短视频的相机前，首先要确定好预算，然后在这个预算范围内选择一款性价比较高且适合自己的相机。在选择具体的机型时，还需要明确相机的用途，即买相机主要是用来拍什么，如图 2-1 所示。

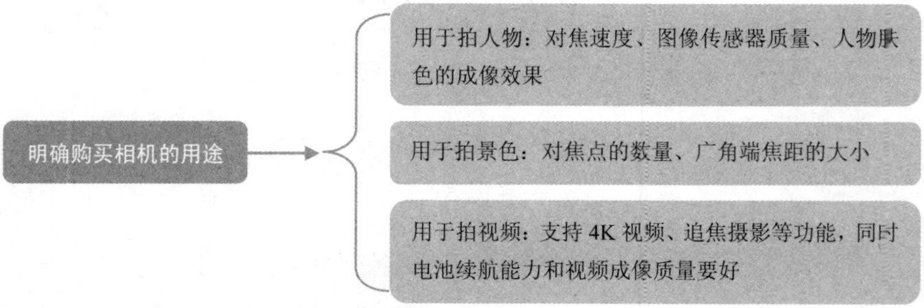

图 2-1　明确购买相机的用途

对于入门级的新手来说，推荐使用佳能相机，该品牌的相机拥有较好的操控性，同时具备成像效果柔和、自动对焦功能强大及色彩还原度高等优点，短视频拍摄完成后，无须进行过多的后期处理。

2. 用手机也能拍出不错的带货短视频

对于那些对带货短视频品质要求不高的运营者来说，普通的智能手机即可满足拍摄需求，这也是目前大部分运营者最常用的拍摄设备。

在选择拍摄带货短视频的手机时，主要关注手机的视频分辨率规格、视频拍摄帧速率、防抖性能、对焦能力及存储空间等因素，尽量选择一款拍摄画质稳定、流畅，并且可以方便进行后期制作的智能手机。

例如，HUAWEI P50 Pro 采用 6 400 万像素的潜望式高清长焦镜头，具有高达 200 倍的变焦范围、自动对焦和 AIS Pro 超级防抖功能，同时还支持前后双景录像和全焦段 4K 视频拍摄功能。

3. 适合拍摄带货短视频的镜头

如果运营者选择使用单反相机拍摄带货短视频，那么最重要的部件就是镜头了。镜头的优劣会对视频的成像质量产生直接影响，而且不同的镜头可以拍摄出不同的视频画面效果。下面介绍拍摄带货短视频常用的镜头类型和选购技巧。

（1）广角镜头：广角镜头的焦距通常都比较短、视角较宽，而且其景深很深，对于拍摄户外较大场景的视频非常适合，画质和锐度都相当不错。

（2）长焦镜头：普通长焦镜头的焦距通常在 85mm ~ 300mm，超长焦镜头的焦距可达到 300mm 以上，可以拉近拍摄距离，非常清晰地拍摄远处的物体，主要缺点是视角小、景深浅及透视效果差。

在拍摄商品的特写视频时，长焦镜头还可以获得更浅的景深效果，从而更好地虚化背景，让观众的眼球聚焦在视频画面中的商品主体上。在拍摄夜景或者有遮挡物的逆光场景时，使用长焦镜头可以让焦外光晕显得更大，画面也更加唯美。

（3）镜头的选购：在选择拍摄带货短视频的镜头时，运营者可以观察镜头上的各种参数信息，如品牌、焦距、光圈和卡口类型等。图 2-2 所示为索尼（SONY）FE 24-70mm F2.8 GM 全画幅标准变焦 G 大师镜头。

图 2-2　全画幅标准变焦 G 大师镜头

其中，FE 是指全画幅镜头；24-70 表示镜头的焦距范围，单位为毫米；F2.8 表示镜头的最大光圈系数；GM 即 G Master，意思是专业镜头。如果运营者对于镜头的选购不确定，建议去租用一些镜头，然后亲自拍摄试用，并对作品进行对比，检查画面的清晰度和焦距来选择拍摄效果更优的镜头。

2.1.2 认识各种电商摄影灯光和附件

与普通短视频相比，带货短视频的拍摄要求比较高，需要用到很多专业的灯光和附件等摄影器材，才能拍摄出专业的带货短视频效果。

1. 各种灯光设备

在室内或者专业摄影棚内拍摄带货短视频时，通常要保证光感清晰、环境敞亮、可视物品整洁。因此，需要有明亮的灯光和干净的背景。光线是获得清晰视频画面的有力保障，不仅能够增强画面氛围，而且还可以利用光线来创作更多有艺术感的视频作品。下面介绍一些拍摄专业带货短视频时常用的灯光设备。

（1）摄影灯箱：摄影灯箱能够带来充足且自然的光线，具体打光方式以实际拍摄环境为准，建议一个顶位，两个低位，适合各种音乐、舞蹈、课程和带货等类型的短视频场景。

（2）顶部射灯：顶部射灯的功率大小通常为 15W ～ 30W，运营者可以根据拍摄场景的实际面积和安装位置来选择合适强度和数量的顶部射灯。顶部射灯适合在舞台、休闲场所、居家场所、娱乐场所、服装商铺和餐饮店铺等拍摄场景中使用。

（3）美颜面光灯：美颜面光灯通常带有美颜、美瞳和亮肤等功能，光线质感柔和，同时可以随场景自由调整光线亮度和补光角度，拍出不同的光效。美颜面光灯适合拍摄彩妆造型、美食试吃、主播直播及模特儿视频等场景。

2. 摄影灯架设备

摄影灯架主要是用来固定各种灯源的设备，可以为带货短视频的拍摄提供照明，给所拍摄的商品打上不同强度的灯光，同时确保灯光照射的平衡性。常用的摄影灯架就是三脚架摄影棚支架，它可以在一定范围内调节高度，适用于直播补光、平面摄影和视频录制等场景。

另外还有一种魔术腿摄影灯架，其横臂可以 360° 旋转，适用于不同的光位，满足专业的视频拍摄需求。另外，在拍摄运动镜头时，可以使用手持补光灯架，让灯光可以始终照到商品主体上。

3. 拍摄台和旋转台

拍摄台主要用于拍摄小型的带货短视频，承重性能良好，通常采用半透明的磨砂背景板，让光线变得均匀柔和，如图 2-3 所示。

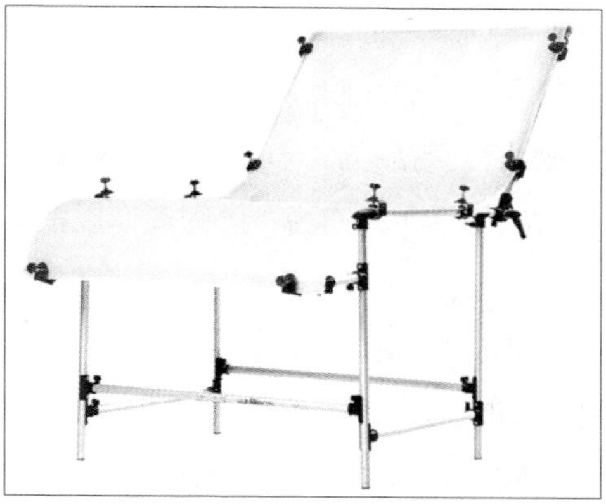

图 2–3　拍摄台

通过旋转台可以在视频中 360° 展示商品的方方面面，非常适用于拍摄主图视频，可以提高视频拍摄的效率。使用旋转台拍摄带货短视频时，运营者可通过遥控器调整旋转的启停、角度、方向和速度，从而极大地提高商品视觉效果的观赏性。

专家提醒：在拍摄商品时，可以将摄影灯放在拍摄台下面，通过台面的漫反射增强视频画面的立体感。

4. 倒影板设备

倒影板主要是由反射材质的物体制作而成，如镜子、金属、陶瓷器、亚克力板或者有机玻璃等，可以形成美丽的倒影效果。

倒影板通常有黑色和白色两种，黑色的倒影板可以形成漂亮且明显的倒影效果，增加静物摄影的质感。使用白色倒影板拍摄视频时，可以将拍摄视角降低一些，即可产生淡淡的倒影效果，同时还能更好地展现商品底部细节。

专家提醒：使用人造光源需要仔细考虑角度和光量，因为除了商品外，其他物品的影子也会反射到倒影板上。运营者可以使用摄影灯照射，让倒影板和要拍摄的商品处在最亮的位置，这样就可以避免出现其他东西的影子。另外，还可以给商品加上与倒影板相同颜色的背景，这样主体能更加突出。

5. 布景道具

在带货短视频中，除了要拍出商品本身的质感外，还需要使用各种布景道具来突出商品的亮点，提升整体的画面视觉效果，让消费者有眼前一亮的感觉。

首先，运营者可以根据商品的整体色系和使用场景来设计整体的布景效果，如拍摄食品时可以选择餐桌场景；拍摄日用品时可以选择家居场景。合理的商品布景能够增强消费者的代入感，提升他们下单的积极性。

其次，运营者还需要根据商品的特点来选择合适的拍摄道具。例如，在拍摄美食时可以将木质材料的餐具作为道具，同时还可以摆放一些五谷杂粮或调料等道具作为点缀。

最后，当确定好场景和道具后，还需要注意商品和道具的摆放，必须让整个视频画面的构图看上去更协调。

如果在视频中光拍摄商品，难免会显得有些单调，此时运营者可以在没有喧宾夺主的情况下给商品添加一些道具作为点缀，辅助视频的拍摄。例如，在拍摄玉镯视频时，可以将玉镯斜靠着放置在一个檀木架子上，这样拍出来的画面更有意境。

6. 稳定设备

稳定器是用于拍摄带货短视频时稳固拍摄器材，给手机或相机等拍摄器材做支撑的辅助设备，如三脚架、八爪鱼支架和手持云台等。所谓稳固拍摄器材，就是指将手机或相机固定或者使其处于一个十分平稳的状态的工具。

拍摄器材是否稳定，能够在很大程度上决定视频画面的清晰度，如果手机或相机不稳，就会导致拍摄出来的视频画面也跟着摇晃，从而使画面变得十分模糊。如果手机或相机被固定好，在视频的拍摄过程中就会十分平稳，拍摄出来的视频画面也会非常清晰。

（1）三脚架：三脚架主要用来在拍摄带货短视频时更好地稳固手机或相机，为创作清晰的带货短视频提供了一个稳定平台。购买三脚架时要注意，它主要起到一个稳定拍摄器材的作用，所以三脚架需要结实。但由于三脚架经常需要被携带，所以又需要有轻便快捷和便于携带的特点。

（2）八爪鱼支架：三脚架的优点一是稳定，二是能伸缩。三脚架的缺点是，摆放时需要相对比较好的地面，而八爪鱼刚好能弥补三脚架的缺点，因为它有“妖性”，八爪鱼能“爬杆”、能“上树”，还能“倒挂金钩”，能够获得更多、更灵活的带货短视频取景角度。

（3）手持稳定器：手持稳定器的主要功能是稳定拍摄设备，防止画面抖动造成的模糊，适合拍摄户外风景或者人物动作类视频。手持稳定器能根据运营者的运动方向或拍摄角度来调整镜头的方向，无论在拍摄期间如何运动，手持稳定器都能保证视频拍摄的稳定。

7. 其他常用拍摄器材

对新手来说，拍摄带货短视频可能一个手机就完全够了，但对于专业的运营者来说，可能会购买一大堆辅助设备来拍出专业级的带货短视频。

（1）运动相机：运动相机设备可以还原每一个运动瞬间，记录更多转瞬即逝的动态之美或奇妙表情等丰富的细节，还能保留相机的转向运动功能，带来稳定、清晰、流畅的视频画面效果。

运动相机能轻松应对旅拍、VLOG 和生活记录等各种短视频场景的拍摄需求。运营者在拍摄时可以先设置好分辨率、帧率、色彩和畸变校正等功能，同时拍摄时可以非常灵活地转变视角，获得流畅平稳的画面效果。

（2）录音设备：如果带货短视频对声音的要求比较高，推荐大家可以在 TASCAM、ZOOM 及 SONY 等品牌中选择一款高性价比的录音设备。

例如，TASCAM 品牌的录音设备具有稳定的音质和持久的耐用性，如 TASCAM DR-100MK Ⅲ这款录音笔的体积非常小，适合单手持用，而且可以保证采集的人声更为集中与清晰，收录效果非常好。

（3）绿色背景布：绿色背景布是拍摄合成类带货短视频必不可少的设备，方便运营者进行抠像合成和更换背景等视频处理，适用于各种后期场景，如图 2-4 所示。

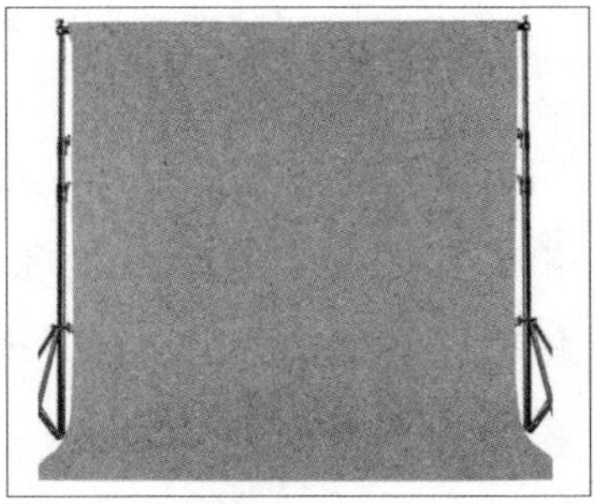

图 2-4　绿色背景布

2.1.3　带货短视频的镜头表达技巧

在拍摄带货短视频时，运营者同样需要在镜头的角度、景别及运动方式等方面下功夫，掌握这些常用的运镜手法，能够帮助运营者更好地突出视频的主体和主题，让消费者的视线集中在你要表达的商品对象上，同时让视频画面更加生动，更有画面感。

1. 稳定的运镜方式

镜头包括两种常用类型，分别为固定镜头和运动镜头。固定镜头是指在拍摄带货短视频时，镜头的机位、光轴和焦距等都保持固定不变，适合拍摄主体有运动变化的对象，如 360° 旋转商品、展示商品用途和特色画面等。

运动镜头则是指在拍摄的同时会不断调整镜头的位置和角度，也称为移动镜头。因此在拍摄形式上，运动镜头要比固定镜头更加多样化，常见的运动镜头包括推拉运镜、横移运镜、摇移运镜、甩动运镜、跟随运镜、升降运镜及环绕运镜等。运营者在拍摄带货短视频时熟练使用这些运镜方式，可以更好地突出画面细节和表达主题内容，从而吸引更多消费者关注你的商品。

2. 创意十足的镜头语言

镜头语言是指将镜头作为一种语言表达方式，在视频中展现我们的意图。根据景别和视角的不同，镜头语言的表达方式也千差万别。对于带货短视频的拍摄来说，虽然发挥的空间有限，但作者的创意是无限的，因此，最重要的是你的想法，好的镜头语言离不开好的想法。

下面以拍摄一款电煮锅为例，看看它在镜头语言方面有哪些创意。该短视频的脚本主要分为“外观展示 + 细节展示 + 使用方法展示”三个部分。需要注意的是，在策划电煮锅带货短视频的脚本时，需要抓住电煮锅的多种功能，以及详细的使用方法来进行展现，并展示使用后的效果。

（1）外观展示。视频展示了电煮锅的整体外观，展现的是电煮锅的外部包装，采用从特写镜头到全景镜头的方式，突出电煮锅的健康材质，并选用了厨房作为背景进行搭配展示，从而更好地突出电煮锅的用途，也让短视频画面看上去更加干净清晰。

（2）细节展示。展示电煮锅的细节特征，包括玻璃盖、蒸格、内胆、插头等部分，同样采用“全景镜头 + 特写镜头”的方式，突出了电煮锅各部分的材质细节和容量大小，抓住消费者关注的卖点，更好地吸引消费者购买。

（3）使用方法展示。采用运动镜头的方式拍摄使用电煮锅烹饪食物的具体过程，突出电煮锅多种用途的卖点，不会让整个视频显得太空洞，同时抓住消费者购买电煮锅最直接的目的，直击痛点，刺激消费者下单。

3. 用镜头增强视频的感染力

在拍摄带货短视频时，注意运用近景、全景、远景、特写等景别，让画面中的故事情节叙述和人物感情表达等有表现力。例如，远景镜头可以更加清晰地展现商品的外貌形象和部分细节，以及更好地表现视频拍摄的时间和地点。

另外，就拍摄静物带货短视频而言，比各种拍摄角度更重要的是画面内一定要有运动，如果固定拍摄角度，将商品放在拍摄台上一动不动，这样拍出来的视频和照片几乎没有任何区别。因此，运营者在拍摄带货短视频时，一定要让画面运动起来，从而增强视频的感染力，下面介绍一些具体的拍摄方法。

（1）镜头运动，商品不动。这是一种最简单的运镜方式，只需将商品放好，然后用手持或稳定器来移动镜头，这种运镜方式比较基础，但效果非常好。

（2）固定镜头，移动商品。移动商品的方法非常多，如将商品放在一块布上，然后轻轻拉动布来形成移动，也可以直接用手来移动商品。

（3）灯光移动。在一些手机和汽车相关的带货短视频中，通常可以看到大量的灯光移动效果，从而在商品表面产生丰富的光影变化。

（4）在画面中添加动感元素。动感元素的范围非常大，如利用电子烟可以制作出烟雾效果，或者用喷水壶制作水雾效果，也可以通过后期来添加各种动感元素，运营者可以充分发挥自己的创造力，大胆去进行尝试。

2.1.4 不同带货短视频的拍摄技法

在传统电商时代，消费者通常只能通过图文信息来了解商品详情，而如今短视频已成为商品的主要展示形式。因此，对于抖音电商运营来说，在上架商品之前，首先要拍一些好看的带货短视频，画面要漂亮，更要真实，必须能够勾起消费者的兴趣。本节主要介绍带货短视频的拍摄技法，帮助大家轻松拍出爆款带货短视频。

1. 外观型商品的拍摄技法

在拍摄外观型商品时，主要重点展现商品的外在造型、图案、颜色、结构、大小等外观特点，建议拍摄思路为“整体→局部→特写→特点→整体”。

例如，在拍摄文具盒的带货短视频时，可以先拍摄多个文具盒排列在一起的整体外观，然后拍摄文具盒的局部细节和特写镜头，接着拍摄文具盒的各种功能特点，最后从不同角度再次展现单个文具盒的整体外观。

如果拍摄外观型商品时有模特儿出镜，则可以增加一些商品的使用场景镜头，展示商品的使用效果。需要注意的是，商品的使用场景一定要真实，很多消费者都是“身经百战”的网购达人，什么是真的，什么是假的，他们一眼就能分辨出来，而且这些人都是长期的消费群体，商家一定要把握住这群人。

2. 功能型商品的拍摄技法

功能型商品通常具有一种或多种功能，能够解决人们生活中遇到的难题，因此，在拍摄带货短视频时应将重点放在功能和特点的展示上，建议拍摄思路为“整体外观→局部细节→核心功能→使用场景”。

例如，在拍摄破壁机的带货短视频时，先拍摄破壁机的整体外观，然后拍摄破壁机的局部细节和材质，最后通过多个分镜头来演示破壁机的各种核心功能，并拍摄破壁机的使用场景和制作的美食成品效果。

3. 综合型商品的拍摄技法

综合型商品是指兼外观和功能特色于一体的商品，在拍摄这类商品时需要兼顾两者的特点，既要拍摄商品的外观细节，也要拍摄其功能特点，并且还需要贴合商品的使用场景来充分展示使用效果。如果是生活中经常用到的商品，最好选择生活场景作为拍摄环境，这样容易引起消费者产生共鸣。

例如，手机就是一种典型的综合型商品，不仅外观非常重要，丰富的功能也是吸引消费者的一大卖点。运营者在拍摄手机的带货短视频时，可通过一个比较具有视觉效果的开场，吸引消费者的眼球；接着全方位地展现手机的外观特色和局部细节；最后分别展现手机的功能特点。

4. 不同材质商品的拍摄技法

不同材质的商品，在拍摄视频时采用的方法也要有所区别，下面分别介绍吸光体商品、反光体商品、透明体商品的拍摄技法。

（1）拍摄吸光体商品。例如，衣服、食品、水果和木制品等商品大多都是吸光体，比较明显的特点就是它们的表面粗糙不光滑，颜色非常稳定和统一，视觉层次感比较强。因此，在拍摄这一类型的带货短视频时，通常以侧光或者斜侧光的布光形式为主，光源最好采用较硬的直射光，这样能够更好地体现出商品原本的色彩和层次感。

（2）拍摄反光体商品。反光体商品与吸光体刚好相反，它们的表面通常都比较光滑，因此具有非常强的反光能力，如金属材质的商品、没有花纹的瓷器、塑料制品及玻璃商品等。

> 专家提醒：在拍摄反光体带货短视频时，需要注意商品上的光斑或黑斑，运营者可以利用反光板照明，或者采用大面积的灯箱光源照射，尽可能让商品表面的光线更加均匀，保持色彩渐变的统一性，使其看上去更加真实。

（3）拍摄透明体商品。如玻璃和塑料等材质的商品，一般都是透明体商品。在拍摄这一类型的带货短视频时，可以采用高调或者低调的布光方法。

高调：即使用白色的背景，同时使用背光拍摄，这样商品的表面看上去会显得更加简洁、干净，如图 2-5 所示。

低调：即使用黑色的背景，同时可以用柔光箱从商品两侧或顶部打光，或者在两侧安放反光板，勾出商品的线条效果，如图 2-6 所示。

图 2-5　高调

图 2-6　低调

5. 美食商品的拍摄技法

美食商品的类型非常多，不同的美食商品拥有不同的外观和颜色，因此拍摄方法也不尽相同。对于水果与蔬菜等食材，这是比较容易上手的美食商品，运营者可以通过巧妙地布局画面的构图、光影和色彩，来展现食材的质感。

例如，拍摄水果的重点在于表现水果的新鲜和味道的甜美，可以直接拍摄水果的采摘过程和试吃体验。在拍摄面点等类型的美食商品时，运营者可以增加一些陪体装饰物，让主体不会显得太单调。

6. 人像模特儿的拍摄技法

在拍摄人像视频时，一定要注意引导模特儿摆出合适的姿势动作，如笑容、眼神的交流、撩动秀发的手势等。当然也有很多人在拍短视频时放不开，或者对自己的长相不自信，或者不愿意露脸，或者觉得自己的“侧颜”比较好看，此时也可以拍摄模特儿漂亮的侧面照。

另外，在拍摄模特儿的侧面照时，模特儿的神态和动作要自然一些。例如，可以让模特儿靠在椅子上，抬头望向上方，这样不仅可以捕捉模特儿面部最立体的仰头幅度，同时还能够突显画面的情感基调。

在室内或摄影棚拍摄人像的全景画面时，需要尽可能地选择空间广阔一些的环境，这样不仅可以方便模特儿摆姿势，同时也可以让摄影师更好地进行构图取景。另外，还需要保持拍摄环境的整洁，将各种装饰物品摆放在合理的位置，从而对人物主体起到更好的衬托作用。

要拍出有故事感的模特儿视频，需要用画面来讲述故事和感染观众。要做到这一点，画面就必须有一个明确的主题，同时拍摄场景也需要连贯，以及人物的情绪和服装配饰都要准确恰当。

在人像视频中，主体人物是画面中的“灵魂”，场景和服饰则是“躯壳”，没有场景的画面通常是非常空洞的。在室外拍摄模特儿视频时，场景的主要作用是衬托人物，因此最主要的原则就是“尽量化繁为简”，也就是说，背景要尽可能地简单干净，不能喧宾夺主。

2.1.5 拍摄带货短视频的构图技巧

构图是指通过安排各种物体和元素来实现一个主次关系分明的画面效果。拍摄带货短视频，需要对画面中的主体进行恰当的摆放，使画面看上去更有冲击力和美感，这就是构图的作用。

因此，在拍摄带货短视频的过程中，也需要对摄影主体进行适当构图，遵循构图原则，才能让拍摄的视频更加富有艺术感和美感，更加吸引消费者的眼球。

1. 带货短视频构图的基本原则

构图起初是绘画中的专业术语，后来广泛应用于摄影和平面设计等领域。一个成功的带货短视频，大多拥有严谨的构图方式，能够使得画面重点突出、条理清晰、富有美感、赏心悦目。图 2-7 所示为带货短视频构图的基本原则。

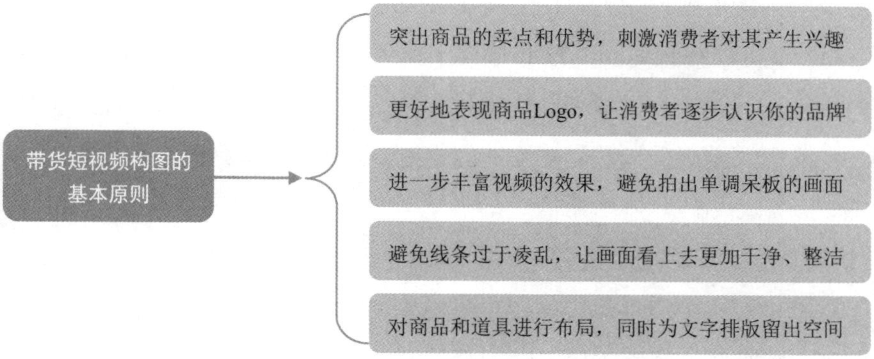

图 2-7　带货短视频构图的基本原则

2. 带货短视频的基本构图形式

对于带货短视频来说，好的构图是整体画面效果的基础，再加上光影的表现、环境的搭配和商品本身的特点来进行配合，可以使带货短视频大放异彩。下面介绍带货短视频的一些基本构图形式。

（1）中心构图：即将视频主体置于画面正中间进行取景，最大的优点在于主体突出、明确，而且画面可以达到上下左右平衡的效果，消费者的视线会自然而然地集中到商品主体上。

（2）三分构图：是指将画面用两横或两竖的线条，平均分割成三等份，将商品放在某一条三分线上，让商品更突出、画面更美观。

（3）对角线构图：是指在画面中两个对角存在一条连线，这条对角线，可能是主体，也可能是辅体，关键是形成对角的一种线条感，让画面富有动感、活泼，牵引着人的视线，还可以产生一种代入感。

（4）散点式构图：是指将一定数量的商品散落在画面当中，让画面看上去错落有致、疏密有度，而且疏中存密、密中见疏，从而产生丰富、宏观的视觉感受。

（5）远近结合构图：是指运用远处与近处的对象，进行距离上或大小上的对比来布局画面元素。在实际拍摄时，需要摄影师匠心独具，找到远近可以进行对比的物体对象，然后从某一个角度切入进行拍摄，可以产生更强的空间感和透视感。

3. 带货短视频的进阶构图技巧

好的构图可以让带货短视频的拍摄事半功倍，构图的技巧有很多，即使是同款商品也可以在构图上产生差异化，从而让商品在众多同类中更抢眼。下面重点介绍一些带货短视频的进阶构图技巧。

（1）带货短视频构图的核心是突出主体。简单来说，构图就是一种安排镜头下各个画面元素的一种技巧、通过将模特儿、商品、文案等进行合理的安排和布局，从而更好地展现运营者要表达的主题，或者使画面看上去更加美观、更有艺术感。

主体就是视频拍摄的主要对象，可以是模特儿或者是商品，是主要强调的对象，主题也应该围绕主体来展开。通过构图这种比较简单有效的方法，可以达到突出带货短视频的画面主体、吸引消费者视线的目的。

（2）选择合适的陪体、前景和背景。很多非常优秀的带货短视频中都有明确的主体，这个主体就是主题中心，而陪体就是在视频画面中起到烘托主体的作用。陪体对主体的作用非常大，不仅可以丰富画面，还可以更好地展示和衬托主体，让主体更加有美感，对主体起到说明的作用。

带货短视频拍摄的环境从严格意义上来说，环境和陪体非常类似，主要是在画面中对主体起到一个解释说明的作用，包括前景和背景两种形式，可以加强消费者对视频的理解，让主题更加清晰、明确。

前景主要是指位于被摄主体前方，或者靠近镜头的景物。背景通常是指位于主体对象背后的景物，可以让主体的存在更加和谐、自然，同时还可以对主体所处的环境、位置、时间等做一定的说明，更好地突出主体、营造画面氛围。

（3）用特写构图表现商品的局部细节：每种商品都有它自己独特的质感和表面细节，在拍摄的视频中成功地表现出这种质感细节，可以极大地增强画面的吸引力。我们可以换位思考，将自己比作消费者，在买一件心仪的物品时，肯定会在商品详情页面反复浏览，查看商品的细节，与同类型的商品进行对比。因此，商品细节是决定消费者下单的重要驱动，我们必须将商品的每一个细节部位都拍摄清楚，打消消费者的疑虑。

当然，不排除也有很多马虎的消费者，他们也许不会仔细去看你的商品细节特点，只是简单地看一下价格和基本功能，觉得合适就立马下单。对于这些消费者，可以将商品最重要的特点和功能拍摄下来，在带货短视频中展现出来，让他们快速看到商品的这些优势，以促进成交。

2.1.6 根据商品卖点设计拍摄的脚本

商家只有深入了解自己的商品，对商品的生产流程、材质类型和功能用途等信息了如指掌，才能提炼出商品的真正卖点。在拍摄带货短视频时，商家可以根据用户对痛点需求的关注程度来排列商品卖点的优先级，并在此基础上设计拍摄脚本。具体来说，在策划视频脚本时要注意以下几点：

1. 策划视频脚本，展现商品精华

当运营者找到商品卖点后，就需要根据这个卖点来设计带货短视频的脚本。具体来说，运营者需要根据商品卖点来规划需要拍摄的场景和镜头，以及每个镜头需要搭配的字幕内容。将带货短视频脚本做好后，能够极大地提升工作效率。

例如，某个运动鞋的带货短视频，不仅体现了商品的细节质感，同时还拍摄了环境带入的镜头，将商品的卖点充分展现出来。该运动鞋的带货短视频的脚本，如表 2-1 所示。

表 2-1 运动鞋的带货短视频脚本

镜　　号	场　　景	画面内容	运镜方式
1	地面	展示运动鞋的右侧面立体感	旋转并向后拉镜头
2	白色桌面	展示运动鞋的左侧面立体感	向后拉镜头
3	室内	展示穿搭效果	固定镜头
4	地面	展示商品的多种色彩规格	向前推镜头
5	室内	展示模特儿穿上运动鞋后的灵活性	固定镜头
6	室内	展示模特儿穿上运动鞋跳跃的画面	固定镜头
7	手持	展示运动鞋的做工	固定镜头
8	手持	展示鞋子内里做工的柔软性	固定镜头
9	室内	展示模特儿穿上鞋子后的走路场景	固定镜头

2. 高销量的带货脚本创作要点

短视频带货主要是依靠视频内容的展现来吸引消费者下单，因此脚本的设计尤为重要。强大的脚本不仅可以提高带货短视频的转化率和销量，而且还可以极大地提高带货短视频的制作效率，达到事半功倍的效果。那么，视频带货脚本怎么设计呢？可以从以下三个方面入手，如图 2-8 所示。

例如，油性皮肤的消费者，在看到带有控油、补水类的护肤类带货短视频时，停留的时间就会相对较长。因此，商家如果在自己的带货短视频脚本中点明商品的适用人群，就可以吸引这些精准客户的注意。

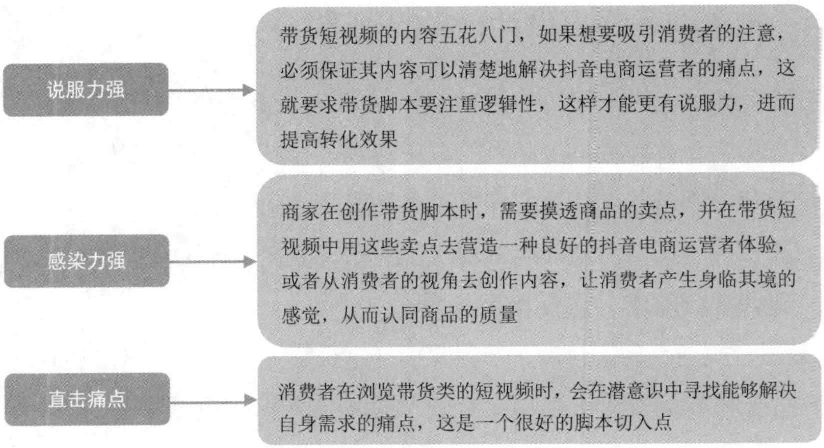

图 2-8　高销量的带货脚本创作要点

2.1.7　带货短视频的拍摄注意事项

随着短视频的流行，商品的介绍越来越倾向于用短视频来呈现，而且短视频的转化率要比纯图片更高。不过，带货短视频不是随便拍拍就行，本节将详细介绍一些拍摄过程中的注意事项。

1. 选择适合的拍摄场景

很多时候，消费者在看到带货短视频时，会将视频中的人物想象成自己，自己用着视频中的产品会是什么样的感受。因此，带货短视频的拍摄场景非常重要，合适的场景可以让消费者产生身临其境的画面感，进一步刺激他下单的欲望。除了合适的场景搭配外，还需要让模特儿与场景互动起来，从而让产品完全融入场景，这样拍出来的效果会更加有吸引力。

例如，防滑、耐磨的登山鞋很适合在户外场景中拍摄，可以让模特儿穿着鞋子在各种山路或石头路等路况较差的地方穿行，让消费者产生亲身体验的感觉。如果是皮鞋产品，那么这种场景就不太适合了。皮鞋应尽量选择在办公室等室内场景，或者在非常“白领化”的一些场景中来拍摄。不同的鞋有不同的场景需求，否则将产品放到不搭调的场景中去拍摄，消费者看着就会觉得很别扭，而且也无法将产品带入这个情景中。

2. 背景能表达商品氛围

带货短视频的拍摄背景要整洁，运营者可以根据视频的内容对镜头内的场景进行布置，尽可能地营造出用户所需要表达的氛围。例如，在保温壶的带货视频中，可以选择将桌子和窗帘作为拍摄背景，同时布置一些水杯、食品、报纸、笔记本等作为辅助道具，营造出一种居家或办公室的氛围感。

3. 拍摄现场的光线要充足

在拍摄带货短视频时，环境中的光线一定要充足，这样才能更好地展现产品。例如，拍摄绿萝的带货短视频时，可以将窗户作为背景，同时用白色的窗帘遮挡直射光，让光线变得更加柔和明亮，使绿萝的色彩显得更加通透且有层次感。

如果光线较暗时，建议使用补光灯对产品进行补光，同时注意不要使用会闪烁的光源。例如，拍摄白色瓷碗的带货短视频时，可以采用黑色幕布背景，同时用顶光进行打光，形成强烈的明暗对比，让主体（白色瓷碗）更突出。

4. 体现产品价值和用户体验

在拍摄带货短视频之前，运营者要先确定自己的拍摄构思，即通过什么样的方式来拍摄，让商品更好地呈现在消费者眼前。用户可以从两个方面去构思，即通过剧本场景或者小故事的方式来进行拍摄。对于品牌商品来说，还可以在视频中加入一些品牌特性。

当然，不管用户如何进行构思，在带货短视频中都需要体现出商品的价值和用户体验，让消费者产生看得见和摸得着的体验，这就是最直接的拍摄技巧。例如，拍摄电动窗帘的带货短视频时，可以通过将窗帘安装好并演示其自动关闭和打开的功能，让消费者在视频中即可体验到产品为其带来的便捷、舒适的生活方式。

5. 注意产品展示的拍摄顺序

对于带货短视频中的商品展示，建议大家可以拍摄五组镜头，依照顺序分别为“正面→侧面→细节→功能→场景”，下面分别解析各组镜头的拍摄要点。

（1）正面：通过正面角度可以更好地描述产品的整体是什么样的，呈现产品给人带来的第一印象。

（2）侧面：通过不同的侧面，如左侧、右侧、背后、顶部、底部等角度，完整地展示产品。

（3）细节：产品上重要的一些局部细节可以先展示出来，从而更有效地呈现产品的特点和功能。

（4）功能：逐个演示产品的具体功能，让产品与消费者产生联系，解决消费者的难点、痛点。

（5）场景：将产品放在一个适合的环境中，进一步展示它的功能特点和使用体验，场景感越强，带货效果越好。

2.2 剪辑视频：带货短视频的后期制作技巧

用户在抖音上购物时，能够对商品进行认知的手段之一就是观看带货短视频，通过短视频可以十分清楚地看到产品的外观、大小、用途等。那么，如何制作带货短视频呢？下面介绍带货短视频的后期制作技巧。

2.2.1 带货短视频的剪辑处理

运营者拍好短视频素材后，可以使用剪映 App 的“分割”和“删除”等功能，对短视频进行剪辑处理，将多余的画面剪切掉。下面介绍剪辑短视频素材的具体操作方法。

步骤 01 点击手机桌面中剪映 App 对应的图标，如图 2-9 所示。

步骤 02 进入剪映 App 的“剪辑”界面，点击“开始创作”按钮，如图 2-10 所示。

图 2-9 点击剪映 App 对应的图标

图 2-10 点击“开始创作”按钮

步骤 03 进入“最近项目”界面，❶选择拍摄好的素材；❷点击“添加”按钮，如图 2-11 所示。

步骤 04 进入剪映 App 的视频处理界面，❶拖动时间轴至需要进行剪辑的位置；❷点击“剪辑”按钮，如图 2-12 所示。

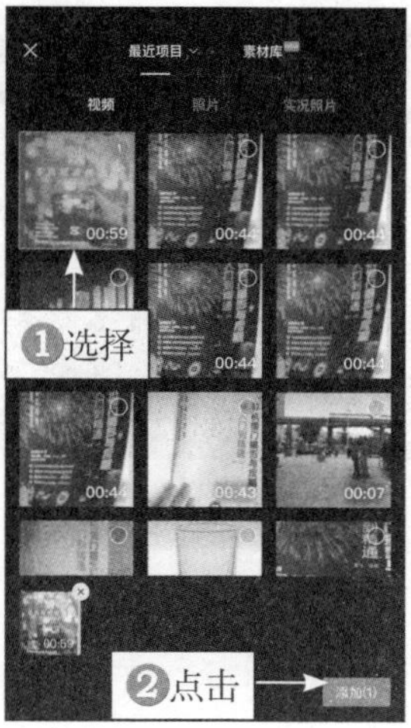

图 2-11 点击“添加”按钮

图 2-12 点击“剪辑”按钮

步骤 05 弹出一个新面板，点击“分割”按钮，如图 2-13 所示。

步骤 06 视频轨道中出现 图标，就说明分割操作成功，如图 2-14 所示。

图 2-13 点击“分割”按钮

图 2-14 视频轨道中出现 图标

步骤 07 ❶选择需要删除的视频素材；❷点击“删除”按钮，如图 2-15 所示。

步骤 08 多余的视频素材会被删除，如图 2-16 所示。

图 2–15　点击“删除”按钮

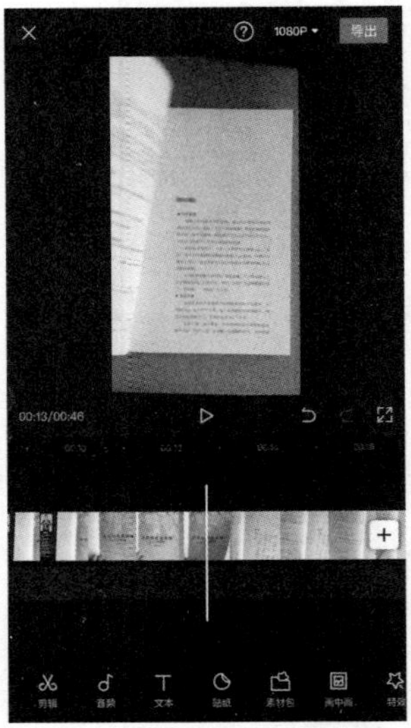

图 2–16　多余的视频素材被删除了

2.2.2　带货短视频的音频剪辑

带货短视频的音频剪辑主要需要做好两个方面的工作，一是添加背景音乐，二是添加视频音效，下面分别进行说明。

1. 添加背景音乐

在剪映 App 中，可以直接为视频添加背景音乐。具体的操作步骤如下。

步骤 01　❶拖动时间轴至视频轨道的起始位置处；❷点击“音频”按钮，如图 2–17 所示。

步骤 02　在弹出的音频设置面板中，点击“音乐”按钮，如图 2–18 所示。

步骤 03　进入“添加音乐”界面，选择“纯音乐”选项，如图 2–19 所示。

步骤 04　进入“纯音乐”界面，点击对应音乐后方的⬇图标，如图 2–20 所示。

步骤 05　⬇图标会变成“使用”按钮，点击“使用”按钮，如图 2–21 所示。

步骤 06　❶选择音频轨道；❷拖动时间轴至视频结束位置；❸点击“分割”按钮，如图 2–22 所示。

步骤 07　❶选择多余的音频轨道；❷点击“删除”按钮，即可删除多余的音频。如图 2–23 所示。

步骤 08　点击“导出”按钮，即可导出添加背景音乐的视频，如图 2–24 所示。

图 2-17　点击“音频”按钮

图 2-18　点击“音乐”按钮

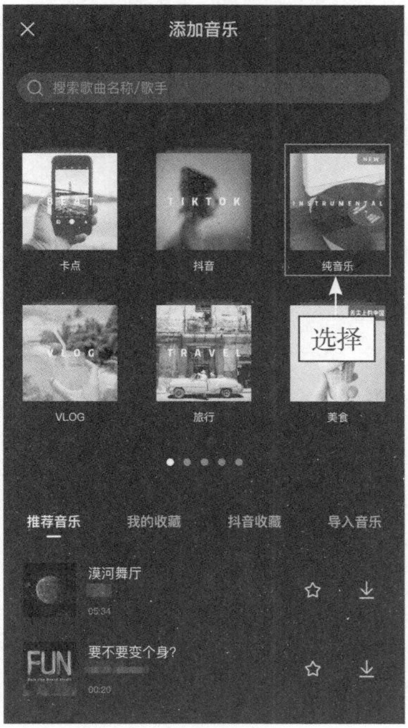

图 2-19　选择“纯音乐”选项

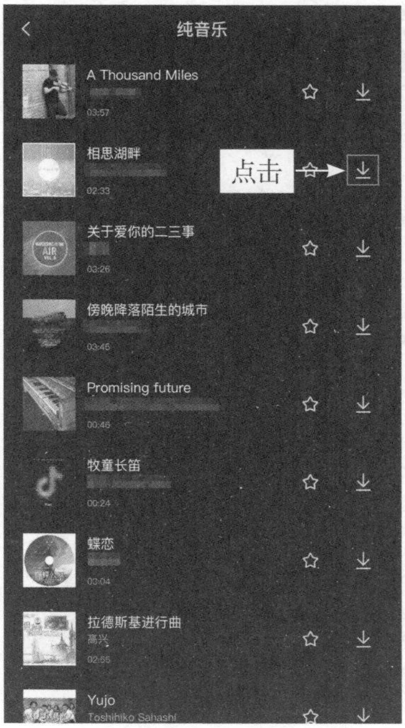

图 2-20　点击↓图标

图 2-21　点击“使用”按钮

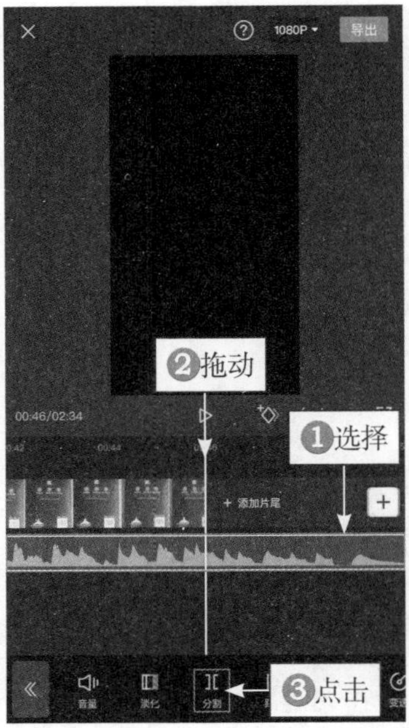

图 2-22　点击“分割”按钮

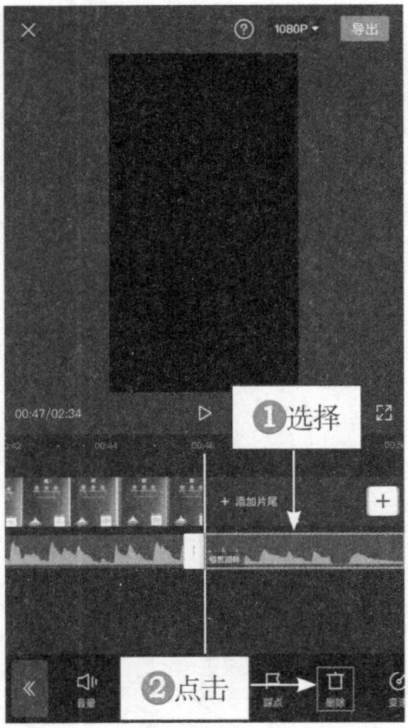

图 2-23　点击“删除”按钮

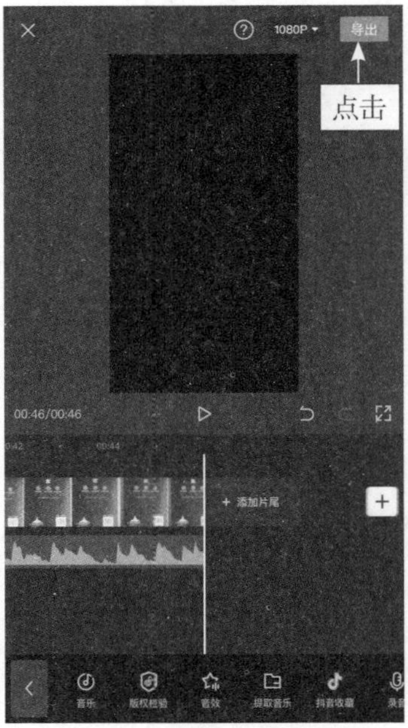

图 2-24　点击“导出”按钮

专家提醒：在上述操作中，笔者是通过点击剪映中的相应板块添加背景音乐。在实际操作中，大家可以直接搜索音乐名称，为视频添加背景音乐，但要注意背景音乐的版权问题。

2. 添加视频音效

除了直接加背景音乐之外，运营者还可以选择在视频的特定位置加上音效。添加视频音效的具体操作如下。

> 专家提醒：最好不要在同一视频素材中同时添加背景音乐和音效，否则两种音乐轨道重合的部分的背景声可能会显得有些混乱。

步骤 01　在剪映 App 的视频处理界面中，依次点击“音频”按钮和“音效”按钮，如图 2-25 所示。

步骤 02　弹出音效设置面板，点击该面板中的搜索框，如图 2-26 所示。

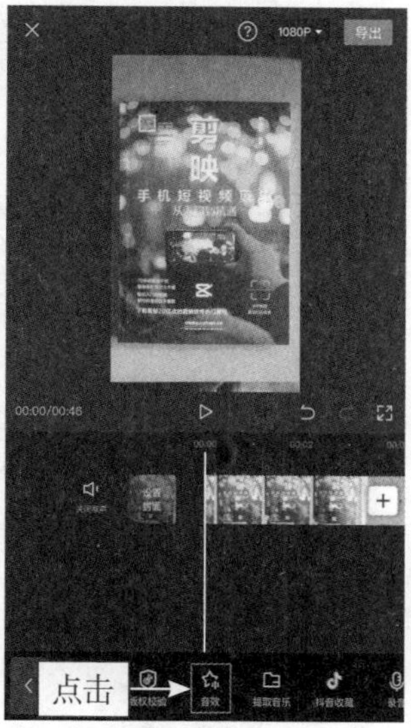

图 2-25　点击“音效”按钮

图 2-26　点击面板中的搜索框

步骤 03　❶在搜索框中输入对应的音效名称，如“翻书”；❷点击“搜索”按钮，如图 2-27 所示。

步骤 04　点击搜索结果中对应音效后面的“使用”按钮，如图 2-28 所示。

步骤 05　视频轨道的下面会生成音效轨道，如图 2-29 所示。

步骤 06　根据视频调整音效轨道的位置，即可完成音效的添加，如图 2-30 所示。

图 2-27　点击“搜索”按钮

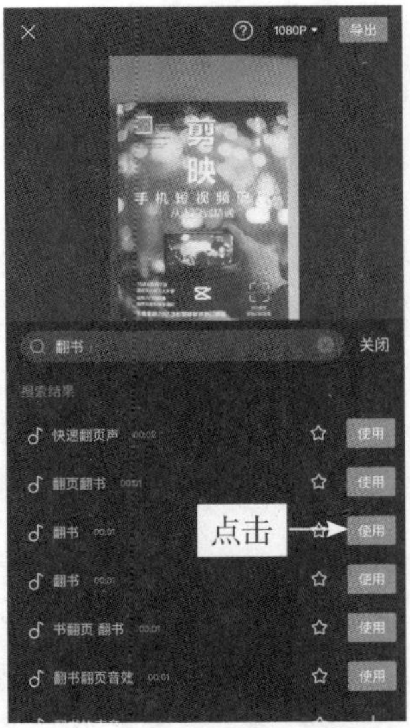

图 2-28　点击“使用”按钮

图 2-29　生成音效轨道

图 2-30　调整音效轨道的位置

2.2.3　带货短视频的调色处理

如果运营者觉得带货短视频素材的色调需要进行优化，可以借助剪映 App 的“调节”功能进行调色处理，具体操作步骤如下。

步骤 01　点击剪映 App 视频处理界面中的“调节”按钮，如图 2-31 所示。

步骤 02　弹出“调节”面板，点击“色调”按钮，如图 2-32 所示。

图 2-31　点击“调节”按钮

图 2-32　点击“色调”按钮

步骤 03　在弹出的“色调”面板中，拖动图标，设置色调参数为 10，如图 2-33 所示。

步骤 04　❶点击“色温”按钮；❷拖动图标，设置色温参数为 10；❸点击图标，如图 2-34 所示。

图 2-33　拖动图标

图 2-34　点击图标

步骤 05　视频轨道下面会生成调节轨道，如图 2-35 所示。

步骤 06　调整调节轨道的长度，给所有视频素材应用调节效果，如图 2-36 所示。

图 2-35 生成调节轨道

图 2-36 调整调节轨道的长度

2.2.4 带货短视频的特效处理

有时候带货短视频素材的画面可能会显得有些单调，此时运营者可以对素材进行特效处理，增加画面的美观度，具体操作步骤如下。

步骤 01 点击视频处理界面下的“特效”按钮，如图 2-37 所示。

步骤 02 在弹出的面板中，点击“画面特效”按钮，如图 2-38 所示。

步骤 03 弹出画面特效设置面板，如图 2-39 所示。

步骤 04 在该面板中选择合适的特效，以设置边框特效为例，运营者可以❶点击“边框”选项；❷选择边框效果；❸点击✓图标，如图 2-40 所示。

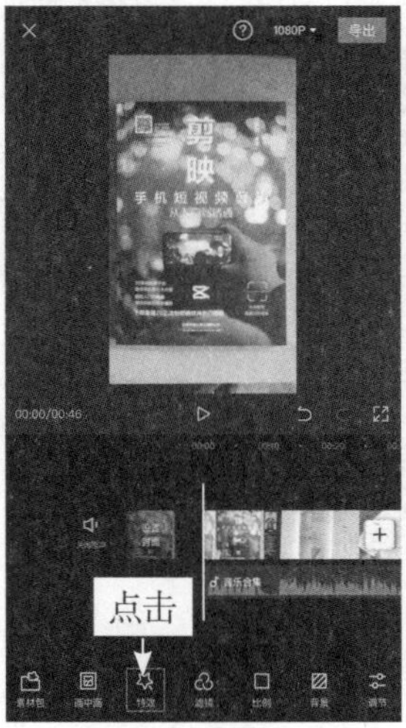

图 2-37 点击“特效”按钮

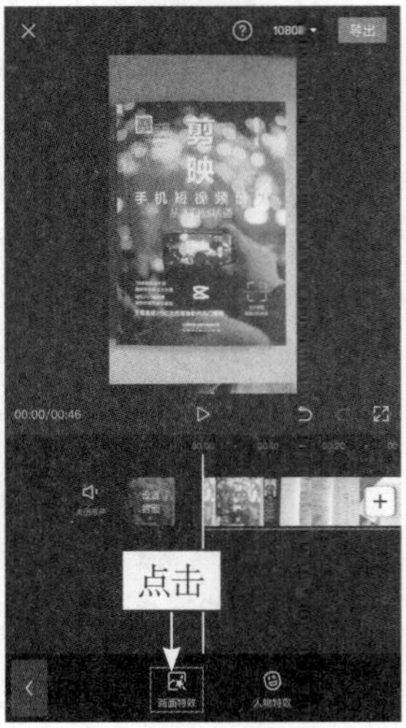

图 2-38 点击“画面特效”按钮

图 2-39　弹出画面特效设

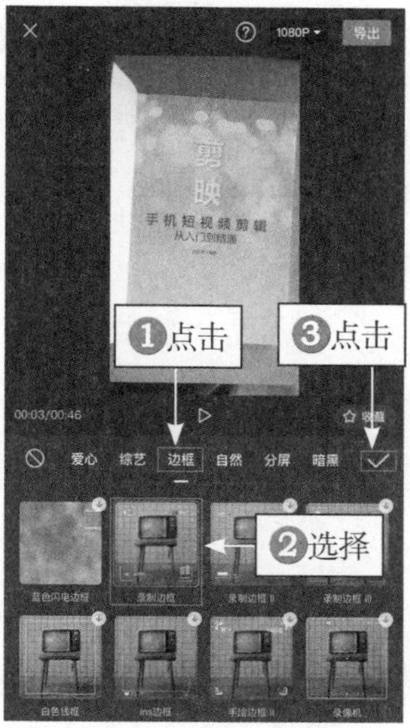

图 2-40　点击✓图标

步骤 05　视频轨道下面会生成特效轨道，如图 2-41 所示。

步骤 06　调整调节轨道的长度，给所有视频素材应用调节效果，如图 2-42 所示。

图 2-41　生成特效轨道

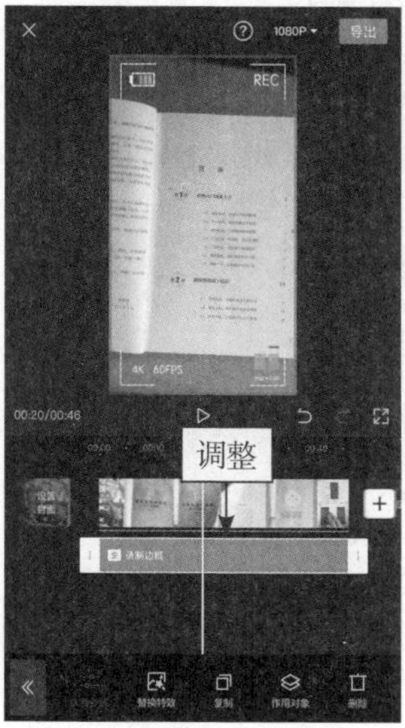

图 2-42　调整特效轨道的长度

2.2.5 带货短视频的文案制作

带货短视频的文案制作需要重点做好两个方面的工作，一是在视频素材中添加说明文字，二是设置发布信息，并将短视频发布出去。

1. 添加说明文字

如果带货短视频中没有文字说明，可能用户看到视频之后不能很好地了解视频要表达的意思。因此，为了更好地引导用户购买商品，运营者可以适当地在视频中添加说明文字，让你的文案内容更容易被用户理解。具体来说，运营者可以通过以下步骤在视频素材中添加说明文字。

步骤 01 进入剪映 App 的视频处理界面，❶拖动时间轴至需要添加说明文字的位置，如果某个说明文字要贯穿整个视频，可以将时间轴拖动至视频素材的起始位置；❷点击界面下方的“文本”按钮，如图 2–43 所示。

步骤 02 在弹出的面板中点击“新建文本”按钮，如图 2–44 所示。

图 2–43 点击“文本”按钮

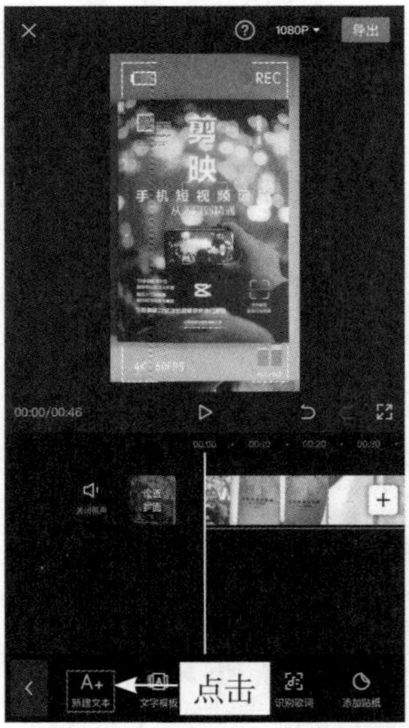

图 2–44 点击“新建文本”按钮

步骤 03 ❶在文本框中输入说明文字；❷点击“样式”按钮，如图 2–45 所示。

步骤 04 弹出“样式”面板，❶选择合适的样式；❷点击“动画”按钮，如图 2–46 所示。

步骤 05 弹出“动画”面板，❶选择合适的文字动画效果，如“循环动画”中的“波浪”效果；❷点击✓图标，如图 2–47 所示。

步骤 06　视频轨道下面会生成说明文字轨道，调整说明文字的位置，如图 2-48 所示。

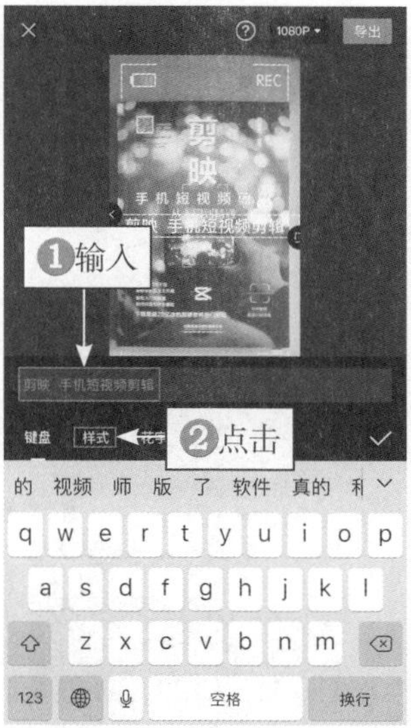

图 2-45　点击“样式”按钮

图 2-46　点击“动画”按钮

图 2-47　点击✓图标

图 2-48　生成说明文字轨道

步骤 07　调整说明文字轨道的长度，给所有视频素材应用说明文字效果，如图 2-49 所示。

步骤 08　点击“导出”按钮，导出视频，如图 2-50 所示。

步骤 09　界面中会显示视频“努力导出中…”，以及导出的进度，如图 2-51 所示。

步骤 10　导出完成后，如果界面中显示“已保存到相册和草稿”，说明视频导出成功，如图 2-52 所示。

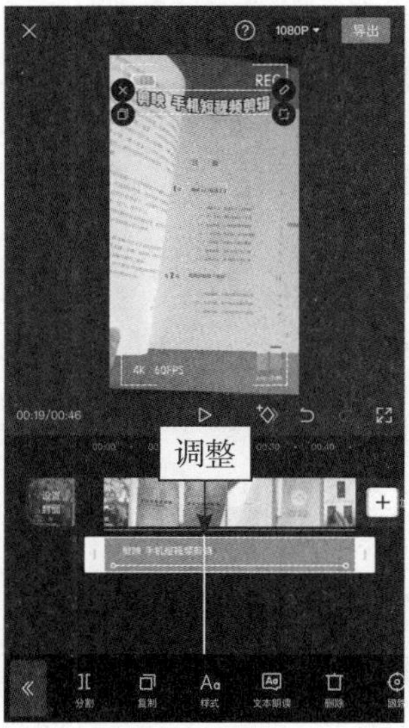

图 2-49　调整说明文字轨道的长度

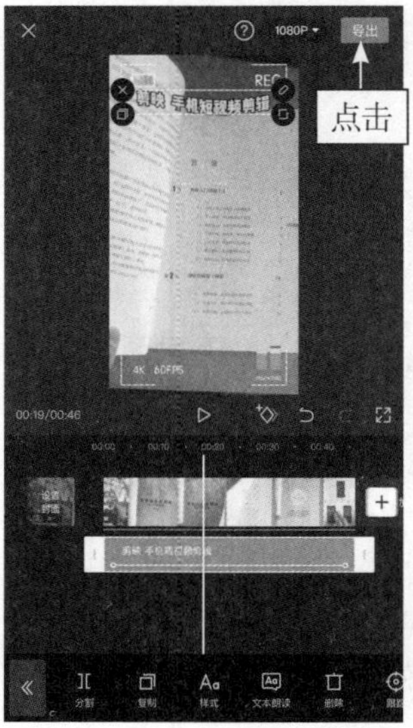

图 2-50　点击“导出”按钮

图 2-51　显示视频“努力导出中…”

图 2-52　视频导出成功

2. 设置发布信息

完成带货短视频的剪辑处理后，运营者可以在抖音中设置发布信息，并通过短视频进行带货，具体操作步骤如下。

步骤 01　点击图 2-52 中的“抖音”按钮，进入抖音 App 的短视频预览界面，点击“下一步”按钮，如图 2-53 所示。

步骤 02　进入抖音 App 的视频处理界面，点击“下一步”按钮，如图 2-54 所示。

图 2-53　点击“下一步”按钮（1）

图 2-54　点击“下一步”按钮（2）

步骤 03　进入“发布”界面，❶在界面中输入短视频标题和话题；❷点击“选封面”按钮，如图 2-55 所示。

步骤 04　进入封面设置界面，❶在界面中选择合适的封面；❷点击“保存”按钮，如图 2-56 所示。

图 2-55　点击“选封面”按钮

图 2-56　点击“保存”按钮

步骤 05　封面设置完成后，点击“发布”界面中的“添加商品”按钮，如图 2–57 所示。

步骤 06　进入“添加商品”界面，点击界面中的搜索框，如图 2–58 所示。

图 2–57　点击“添加商品”按钮

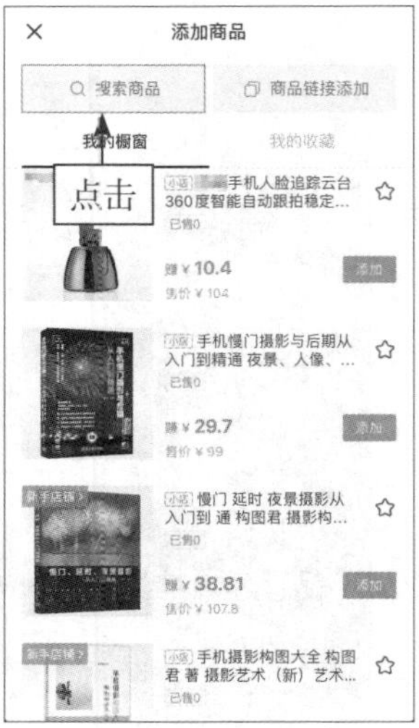

图 2–58　点击界面中的搜索框

步骤 07　在搜索框中输入商品的关键词进行搜索，点击搜索结果中对应商品右侧的“添加”按钮，如图 2–59 所示。

步骤 08　进入“编辑商品”界面，❶在界面中输入短视频推广标题；❷点击“确认”按钮，如图 2–60 所示。

图 2–59　点击“添加”按钮

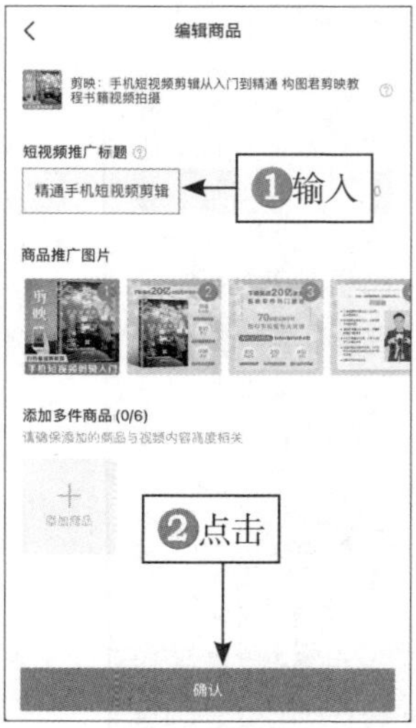

图 2–60　点击“确认”按钮

步骤 09 自动返回“发布”界面，并且界面中会显示短视频推广标题，点击“发布”按钮，如图 2-61 所示。

步骤 10 进入“朋友”界面，此时界面左上方会显示短视频的发布进度，如图 2-62 所示。

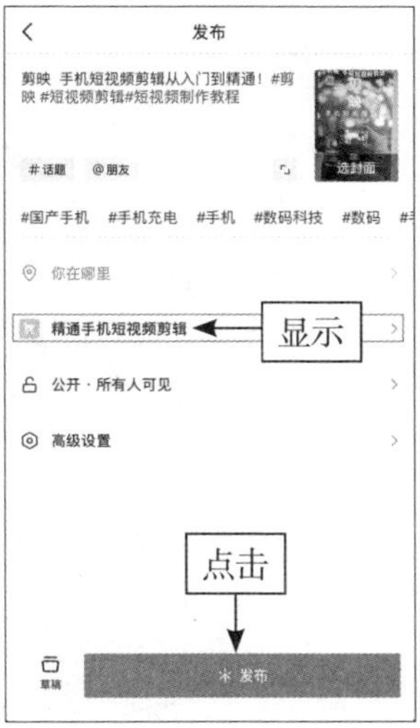

图 2-61 点击“发布”按钮

图 2-62 显示短视频的发布进度

步骤 11 短视频发布完成后，界面中会显示“已发送”，如图 2-63 所示。

步骤 12 另外，此时运营者点击购物车所在的位置，还可以查看商品的相关信息，如图 2-64 所示。

图 2-63 显示短视频发布“已发送”

图 2-64 查看商品的相关信息

第3章

带货技巧：短视频“种草”让销量倍增

很多运营者最终都会走上带货这条商业转化获利之路，短视频能够为商品带来大量的流量转化，让运营者获得收益。本章介绍用抖音带货短视频的打造方法和带货技巧，帮助大家快速实现种草，增加商品的销量。

3.1 视频打造：增加带货短视频的吸引力

对于运营者来说，带货短视频的打造非常关键，因为短视频的吸引力会从一定程度上影响带货的效果。本节介绍带货短视频的打造方法，让运营者可以快速打造出对运营者具有吸引力的带货短视频。

3.1.1 打造主角人设

运营者要想成功带货，需要通过短视频来打造主角人设魅力，让大家记住你、相信你，相关技巧如图 3-1 所示。

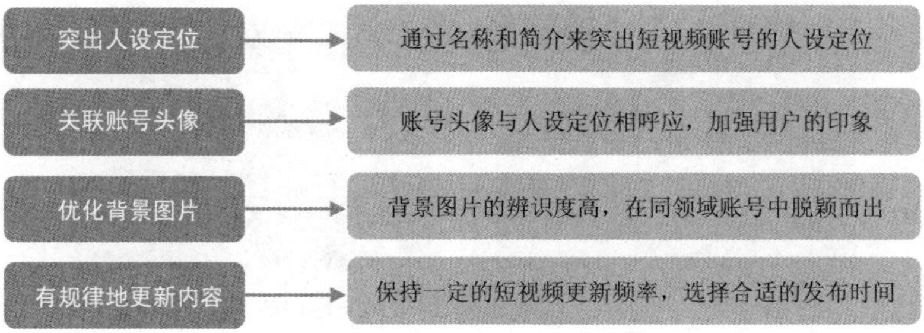

图 3-1　打造主角人设魅力的相关技巧

另外，运营者还需要在短视频的内容上下功夫，将内容与转化获利相结合，这样能够更好地吸引粉丝关注，带货自然不在话下，相关技巧如图 3-2 所示。

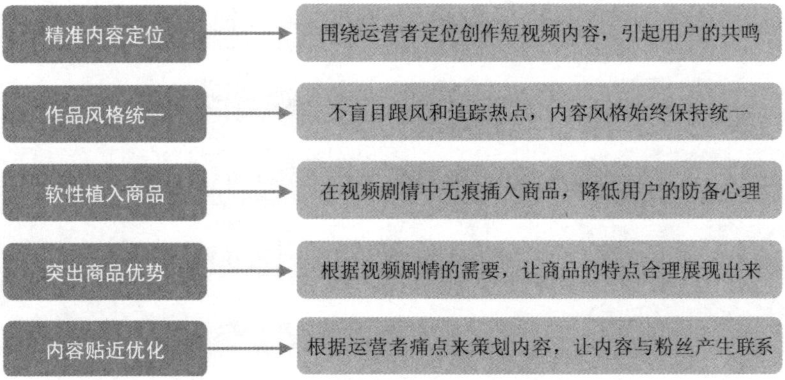

图 3-2　带货短视频内容的创作技巧

3.1.2 拍摄商品的细节

在拍摄带货短视频时，展示商品的细节，可以让用户更加了解商品的相关信息，更好地体现出商品的品质。同时，展示商品的细节，也能体现出运营者对商品足够有信心。图 3-3 所示为某运动鞋的带货短视频，该视频中便对运动鞋的侧面和头部细节进行了详细的展示。

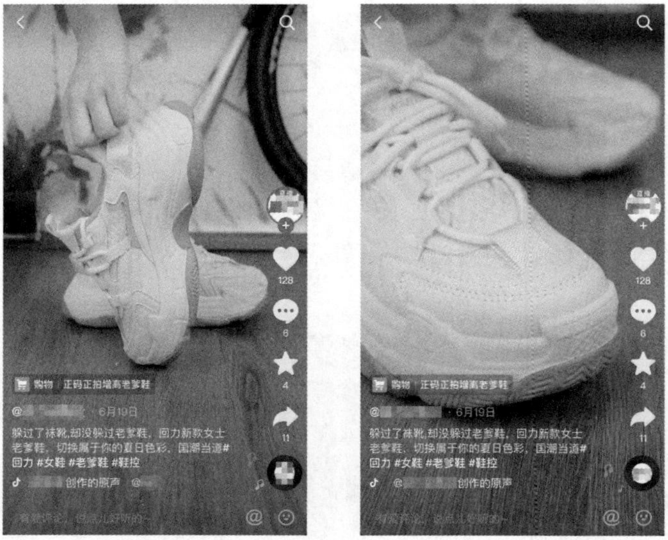

图 3-3　拍摄商品时展示细节

3.1.3　将商品植入场景中

在短视频的场景或情节中引出商品，这是非常关键的一步，这种软植入方式能够让营销和内容完美融合，让人印象颇深，相关技巧如图 3-4 所示。

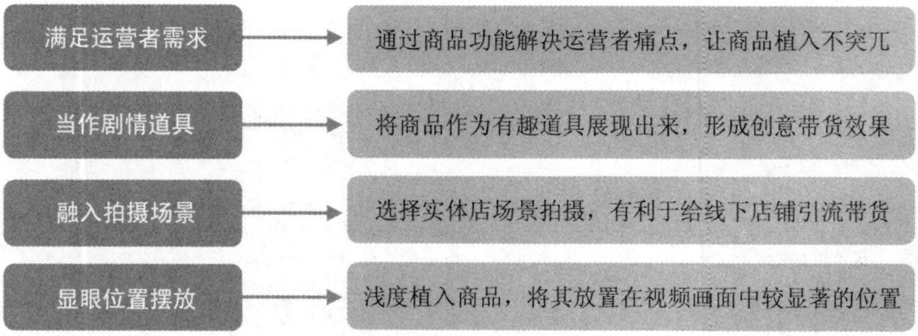

图 3-4　在视频场景植入商品的相关技巧

简单而言，带货短视频可以通过台词表述、剧情题材、特写镜头、场景道具、情节捆绑，以及角色名称、文化植入、服装提供等方式植入商品，方法非常多，不一而足，运营者可以根据自己的需要选择合适的植入方式。

3.1.4 拍摄商品的生产过程

有的商品需要经过多道工序才能生产出来，对于这一类商品，运营者可以通过短视频拍摄其生产过程。这不仅会让用户觉得商品生产起来比较复杂，商品物有所值，而且还能增加用户对商品的了解，让用户买到商品后，可以放心地使用。图 3-5 所示为红糖的带货短视频，该短视频中详细地拍摄了红糖的生产过程。

图 3-5 拍摄商品的生产过程

3.1.5 突出商品的功能

每种商品都有其独特的质感和表面细节，运营者可以在拍摄的短视频中成功地表现出这种质感细节，可以极大地增强商品的吸引力。同时，在短视频中展现商品功能时，运营者可以从功能用途上寻找突破口，展示商品的神奇用法。图 3-6 所示，为多功能小电锅的带货短视频，该短视频中便对小电锅的煮、蒸等多种功能进行展示，突出其用途的广泛。

除了简单地展示商品本身的“神奇”功能之外，还可以“放大商品优势”，即在已有的商品功能上进行创意表现。另外，短视频中展示的商品一定要真实，必须要符合消费者的视觉习惯，最好真人试用拍摄，这样更有真实感，可以增加用户对你的信任度。

图 3-6　展示商品功能的短视频示例

3.1.6　拍摄开箱测评视频

在抖音平台上，很多人仅用一个“神秘”包裹，就能轻松拍出一条爆款短视频。开箱测评短视频的拍摄技巧，如图 3-7 所示。

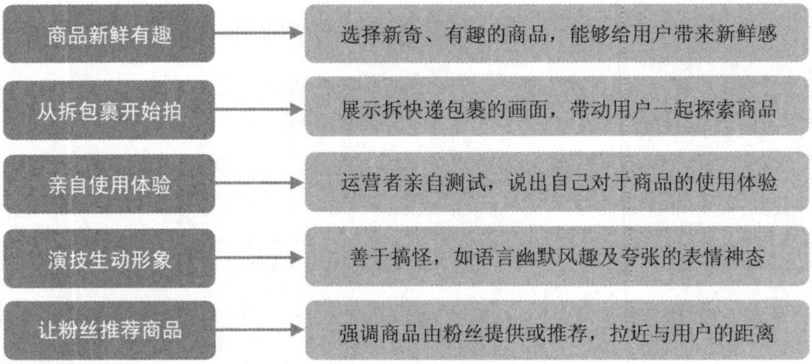

图 3-7　开箱测评类短视频的拍摄技巧

图 3-8 所示为某款手机的开箱测评短视频，该短视频中便是从运营者亲自使用体验商品来进行拍摄的。

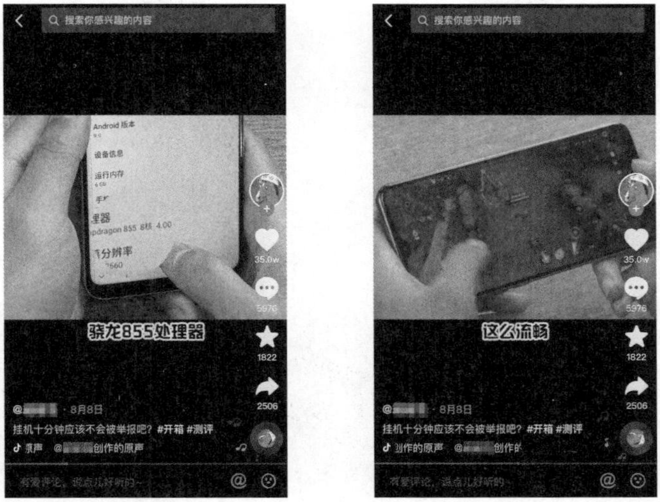

图 3-8 亲自使用体验商品

3.1.7 效果反差更加有趣

带货短视频可以用反差来增加内容的趣味性，给用户带来新鲜感。当然，这个反差通常是由你要表现的商品带来的。例如，在化妆品的带货短视频中，可通过使用化妆品前后的惊人效果对比，给用户带来震惊感，这就是一种明显的反差。

另外，运营者也可以使用同类商品进行对比来突出自己商品的优势。例如，运营者通过与普通指甲刀对比来突出要销售的指甲刀的优势，如图 3-9 所示。

图 3-9 使用同类型商品功效进行对比

3.1.8 励志故事引起共鸣

运营者可以在带货类短视频中添加一些“励志故事”的内容元素，引起用户的共鸣，让用户成为你的忠实粉丝。这样便可以快速地获取一定的粉丝量，为后续带货积蓄力量。例如，某运营者通过短视频展示自己的创业故事来引起用户的共鸣，如图 3-10 所示。

图 3-10 通过创业故事引起用户共鸣

3.2 带货技巧：小主播也能成为带货大咖

在通过短视频进行带货时，如果运营者能够熟练掌握带货技巧，便可以有效地提升带货的能力，快速成长为带货大咖。本节重点讲解短视频带货的几个实用技巧。

3.2.1 带货短视频的六大基础要素

在打造带货短视频时，运营者要注重一些基础要素，保证带货短视频不仅内容质量过关，还能对用户产生较大的吸引力。具体来说，抖音电商学习中心对带货短视频的六个基础要素进行了展示，如图 3-11 所示。运营者可以详细了解带货短视频的基础要素，并将其作为制作带货短视频的重要参照标准。

1. 画质清晰 曝光正常

视频内容画质，需要保证清晰；背景曝光正常，明亮度合适，不用过度美颜磨皮。

2. 不要遮挡 关键信息

画面字幕，尽量不遮挡关键内容。比如人脸、品牌信息、产品细节等。

3. 音质良好 人声稳定

视频制作中确保你的配音吐字清晰、音质稳定，背景音乐不过大嘈杂。

4. 背景干净 布置整洁

视频背景布置要干净整洁，尤其是镜头露出档口、柜台、生产线时，尽量减少杂乱画面的出现。

5. 画面稳定 播放流畅

确保视频流畅不卡顿，拍摄中避免画面晃动，尽量拍出稳定完美的效果。

6. 真人出镜 内容真实

我们鼓励真人出镜讲解，不建议全程采用AI配音，保证商品讲解内容真实。

图 3-11　带货短视频的基础要素

3.2.2　制作短视频素材的两个要点

在制作短视频素材时要注意两个要点，即短视频素材的必备要素和加分诀窍。

1. 短视频素材的必备要素

在制作短视频素材时有一些必备要素，如图 3-12 所示。运营者可以在短视频中适当展示其中某个或某几个必备要素，这样用户在看到短视频内容之后，会更容易购买运营者推荐的商品。

- **实物展示：**
  真实货品+真实使用场景+真人试用
- **卖点精讲：**
  每个产品主打1~2个卖点，重点清晰
- **开头抓取注意力：**
  强调**痛点**引发共鸣，再利用产品解决痛点
  强调**痒点**引发好奇，再引出该产品
- **功效类-对比展示：**
  使用前后对比直观明显效果

- **非功效类-细节展示：**
  实物近距离特写展示
- **多种方式测试：**
  展示商品特性，让人信服、印象深刻
- **退货保障：**
  强调退货免费、验货满意再付款
  (结合最后画面，文字箭头引导购买)
  增加用户信心，引导用户点击

图 3-12　短视频素材的必备要素

2. 短视频素材的加分诀窍

除了在短视频素材中展示必备要素之外，运营者还可以通过一定的诀窍来为短视频加分。例如，运营者在制作短视频时，可以结合实事热点，让短视频内容吸引更多用户的关注。除此之外，运营者还可以通过现场砍价的方式为短视频素材加分，提高短视频对目标用户的吸引力，如图 3-13 所示。

- **诀窍二：现场砍价**

访谈方式传达，类似电视购物，不断降价+追加赠品

- **优点：**

持续递进式的低价刺激，比一次性全部说完更有效

图 3-13　通过现场砍价的方式为短视频素材加分

3.2.3　短视频带货选品的三种方法

“精选联盟”是抖音带货的首选平台，该平台中的商品种类丰富、场景兼容，而且商品都是经过官方审核的，有官方的支付渠道，结算也比较安全。在为短视频带货选品时，运营者可以通过三种方法在“精选联盟”中找到自己需要的商品。下面分别进行说明。

1. 直接搜索商品

如果运营者已经确定了要销售的商品，便可以借助“精选联盟”中的搜索功能来选择需要的商品，如图 3-14 所示。

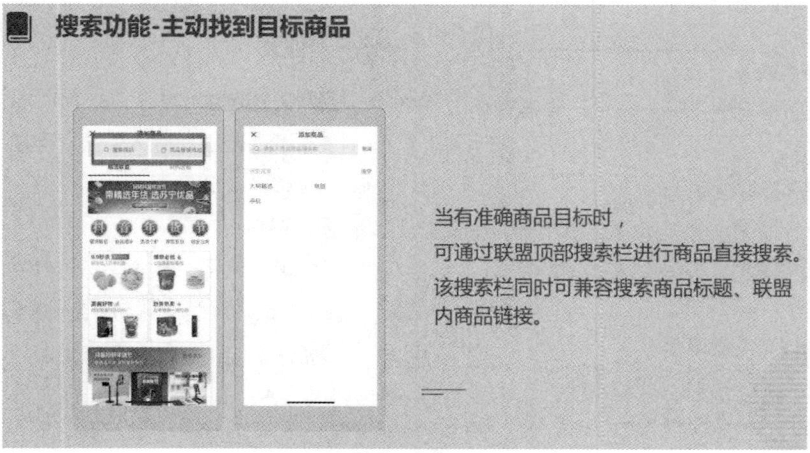

图 3-14　直接搜索商品

2. 类目定向找货

如果运营者确定要带货的商品类目，可以根据类目在“精选联盟”中进行定向找货，如图 3-15 所示。

图 3-15　类目定向找货

3. 固定模块选货

“精选联盟”中形成了多个固定模块，运营者可以根据自身需求，从这些模块中选择需要的商品，如图 3-16 所示。

图 3-16　固定模块选货

3.2.4 带货短视频标题设计的四大技巧

在设计带货短视频时，运营者可以通过一些技巧来吸引更多用户的关注，从而提升带货的效果。下面具体讲解带货短视频标题设计的四大技巧。

1. 给用户提供益处或奖励

运营者在文案标题的写作中，要注意从用户的心态去看问题，以用户的角度去发现和研究规律。标题是短视频文案的“脸”，这张“脸”能不能吸引用户，能吸引多少用户，就要看运营者的功夫如何了。

一般来说，好的短视频标题要能抓住用户的心理。运营者撰写标题和用户阅读标题其实是一个相互的过程，运营者想要传达某些思想或要点给用户的同时，用户也希望能通过标题看到可从短视频当中获得的益处或奖赏。

这也就要求运营者在撰写短视频标题时，要准确地抓住用户的这一心理，如果你的短视频标题都不能吸引住用户，那么让用户点击查看短视频内容、购买商品，又从何谈起呢？所以，在短视频的标题中就要展示出能给用户带来什么样的益处或奖赏，这样才能吸引住用户。

短视频标题里所说的益处或奖励分为两种，一种是物质上的益处或奖励。具体来说，在这一类案例当中，可以直接将物质奖励放入标题，其所表示的奖励或者益处都是实实在在存在的物质，用户可以很清楚地看出查看这个短视频之后可以获得哪些益处和奖赏。

这一类标题抓住了用户的心理，恰当地将奖励放入短视频标题当中。比如，某家电生产厂家有一批新型智能空调即将上市，上市之前要通过短视频做一番预热，预热期预定该空调可以享受多少折扣的优惠，那么这个短视频的标题则可以从折扣方面入手，当用户看到短视频的标题时，就会被标题中的折扣吸引。

另一种则是技术或心灵上得到益处。所谓心灵上的益处就是在标题当中展示出你看了这个短视频之后，心灵上会获得成长或充实。

2. 兼顾独特创意和鲜明信息

这是一个讲究创意的时代，“中国制造”也早已变成了“中国创造”。在这样的大背景、大时代下，也对运营者提出了更高的要求。在文案标题撰写中，也要抓住时代的趋势，学会在标题上下功夫。要想把自己的短视频做到用户不得不看，就要让标题独树一帜，有自己鲜明的风格和特点，让用户除了你别无选择。

如果做到了这种程度，那么你的短视频就成功了一大半。

怎样让短视频标题独树一帜又风格鲜明呢？这就要求在撰写短视频标题时，要有独特的创意，要想别人所不能想的。另外，短视频标题的信息还要十分鲜明突出，要在一瞬间抓住用户的眼球，达到让用户耳目一新的效果。

像这种既具有创意，又有信息鲜明突出的标题主要分为两大类，一类是隐藏性的；另一类是非隐藏性的。

图 3-17 所示为隐藏性广告创意标题。光看标题用户根本不知道是广告。这一标题的创意体现在将“又要做妈妈了”置于标题中，让用户隔着屏幕也能感受到喜悦，所以，这一创意就能很好地吸引用户的关注。看到标题之后，许多用户会觉得这只是表达喜悦之情的一条短视频，当点击查看短视频之后才发现它其实是一条修护霜的广告。

图 3-18 所示为某个非隐藏性短视频的相关画面。虽然这个短视频并没有像其他广告一样直接把商品亮出来，而是将“男生看了都会心动”作为卖点吸引用户的关注，但是用户在看到该短视频的标题时便能看出这是在做广告。

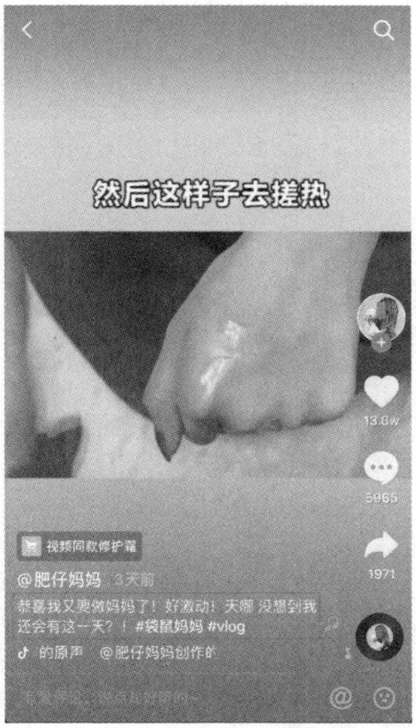

图 3-17　隐藏性广告创意标题

图 3-18　非隐藏性广告创意标题

3. 筛选出特定类型的用户

没有哪一个短视频标题是所有人都感兴趣的，这就要求运营者在撰写标题时，要精准定位自己的用户群体。只有目标用户定位准确了，才能保证短视频的点击量。

比如，关于摄影的短视频，所针对的用户群就是摄影爱好者，那么就要在标题当中将目标用户群体现出来，让喜爱摄影的人能在第一时间就知道这个短视频是针对他们来做的；关于美食的短视频，所针对的用户就是美食爱好者，那么在标题上也就要偏向于他们；关于旅游的短视频所针对的就是旅游爱好者，标题也就自然是要偏向爱好旅游的读者。不同的短视频所针对的用户群都是不一样的，这也就要求运营者在撰写标题时要区分不同的人群。

短视频目标用户的定位和筛选，包括两个方面：一方面是内在条件的筛选，这一方面包括目标用户群的个人基本信息和爱好，比如性别、年龄、兴趣爱好等内在因素；另一方面是外在条件，主要包括目标用户群的消费能力、所处地域等。只有搞清楚了这些问题才能做到对用户有一个正确的定位，这就是人们常说的“知己知彼，百战百胜”。

在短视频文案中，仅仅用内容针对特定的用户还不够，还要在短视频的标题上准确地把握用户，通过标题就能把针对的用户吸引过来，这也就要求运营者在撰写短视频标题时就要显示对用户的筛选和定位。

在如图 3-19 所示的两个短视频标题案例中，直接将“小个子女生”和“宝妈”这两个目标用户群点了出来。这样一来，当“小个子女生”和“宝妈”群体看到短视频标题时，就会明白这两个短视频的内容主要是针对自己的。而对于这种针对自己的内容，她们自然也会更加感兴趣一些，因为视频中的内容或多或少会跟自己有所关联。

图 3-19　标题筛选特定用户的案例

4. 标题的元素尽可能具体化

“元素”一词最早是指化学里面的元素，比如学过的“元素周期表”里的各种元素，后来该词广泛应用于计算机专业和生活等领域。这里所讲的元素则是指某一事物的构成部分，所以，“标题元素”也就是标题的构成部分。而标题元素的具体化则是尽量将标题里的重要构成部分说具体，精确到名字或直观的数据上来。

大多数人不喜欢看上去模棱两可的文字，他们往往更喜欢直观的文字。相对于文字，人们又对数字更为敏感，因为数字和人们的日常生活中的很多东西息息相关，所以人们也更关注数字的多少和走向，在标题中加入数字，也是将标题元素具体化的一种有效手段。

事实上，很多内容都可以通过具体的数字总结和表达，只要把想重点突出的内容提炼成数字即可。同时还要注意的是，在打造数字具化型标题时，最好使用阿拉伯数字，统一数字格式，尽量把数字放在标题前面。

3.2.5 可以高效种草转化的五类短视频

带货短视频最直接的目的就是通过种草来提高商品的销量，对此，运营者可以以目的为导向，寻找高效种草转化带货视频的打造方法。一般来说，常见的高效种草转化短视频分为五类，即横向测评商品类、制作过程展示类、商品深度讲解类、使用教程攻略类和多元场景展示类。图 3-20 所示为这五类高效种草转化短视频的打造要点。

图 3-20　五类高效种草转化短视频的打造要点

3.2.6　做好商品深度讲解的三个主要技巧

在打造带货短视频中，有时需要对商品进行深度讲解，增加用户对商品的了解。那么，运营者要如何做好商品的深度讲解呢？抖音电商学习中心给出了答案。具体来说，抖音电商学习中心向运营者展示了做好商品深度讲解的三个主要技巧，一是多维度解读商品信息；二是讲解品牌背景、科普知识；三是核心知识类介绍，如图 3-21 所示。

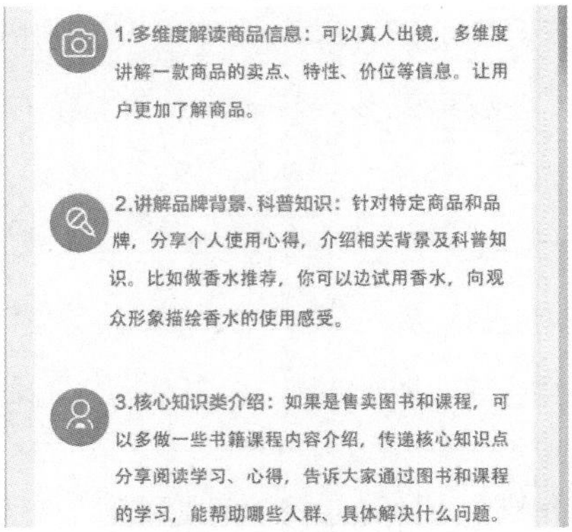

图 3-21　做好商品深度讲解的三个主要技巧

3.2.7　教程类带货短视频的三个制作技巧

教程类带货短视频的核心在于通过“教”来提高销量，在制作这类短视频时，运营者可以利用三个技巧来增强商品对用户的吸引力，即使用教程真人演示、分享购买技巧攻略和分享实用知识技能，如图 3-22 所示。

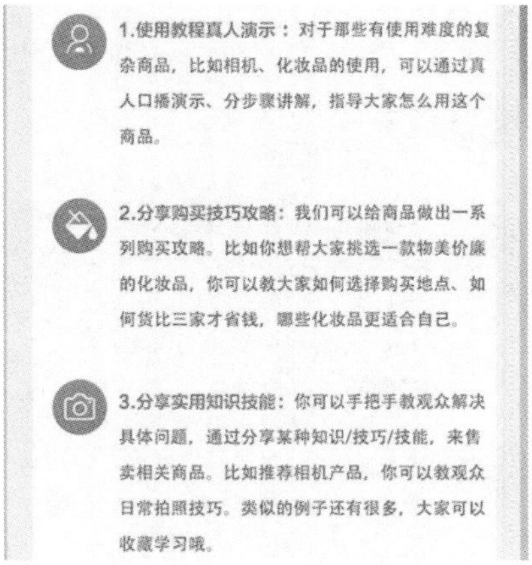

图 3-22　教程类带货短视频的三个制作技巧

3.2.8 丰富短视频展示场景的三大技巧

很多运营者可能会面临这样一个难点：能够用于拍摄带货短视频的场景比较少，拍来拍去就那些东西。此时，运营者可以通过三个技巧来丰富带货短视频的展示场景，打造出具有差异化的带货内容，即 VLOG 日常类、主题小剧场类、高质感稀缺视频，如图 3-23 所示。

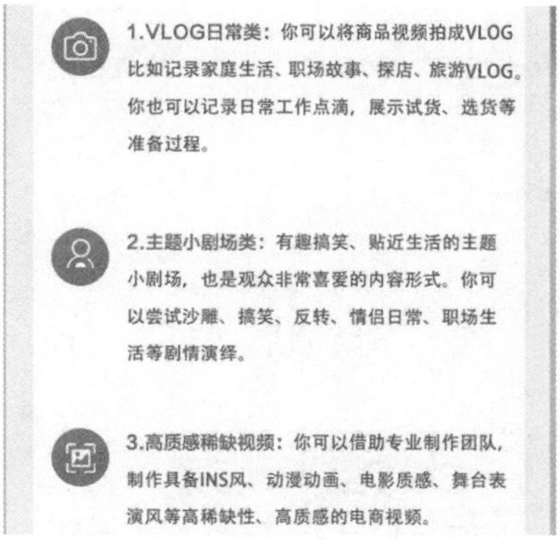

图 3-23　丰富短视频展示场景的三大技巧

第4章 主播培养：素人也能变成带货达人

谁都不是天生就能成为优秀主播的，从新人主播到头部主播需要一个过程。在这个过程中，需要对主播进行培养，提升主播的直播能力。本章讲解主播的培养方法，帮助直播素人快速成长为带货达人。

4.1 主播打造：培育网红带货达人

什么事情都需要一个过程，如果没有直播的经验，那么就需要通过一定的方法将素人打造成主播，从而培育出网红带货达人。本节重点介绍主播打造的相关要点，帮助读者快速成为带货达人。

4.1.1 了解平台并找准自身定位

一个运营者要想成为合格的抖音主播，需要了解抖音平台的相关内容，并找准自身的定位。在此过程中，运营者要重点做好三个方面的工作，即基础准备、技能提升和形成 IP。

1. 基础准备

运营者要想获得成功，快速成为带货达人，就不能打无准备之仗。因此，运营者需要先对抖音平台的相关知识，特别是与电商相关的知识有所了解。具体来说，运营者需要重点了解三个方面的知识，即雪球增长逻辑、四大经营赛道和经营能力提升，如图 4-1 所示。

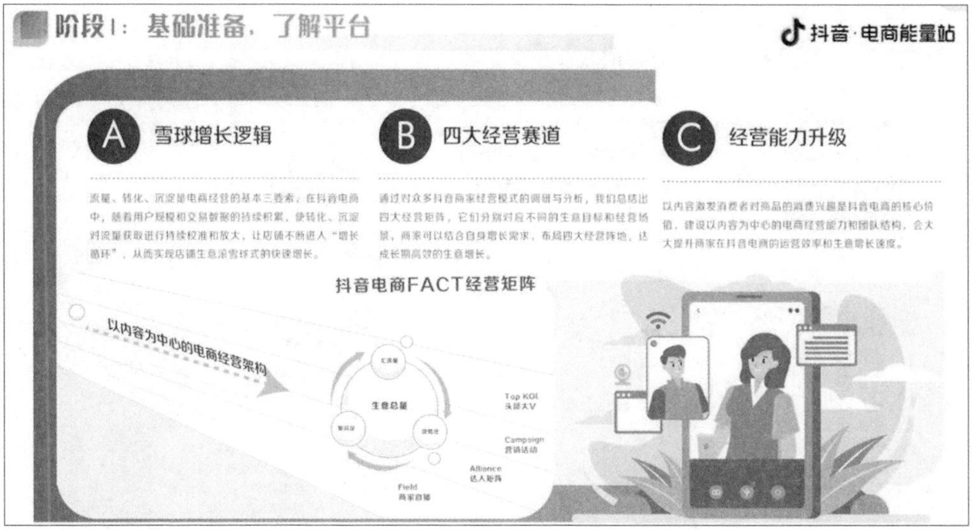

图 4-1　了解平台的相关知识

了解了平台的基础知识之后，运营者便可以找准自身的定位，特别是类目定位，然后根据不同类目对主播的要求来进行准备，让自己更好地成为一名合格的主播，如图 4-2 所示。

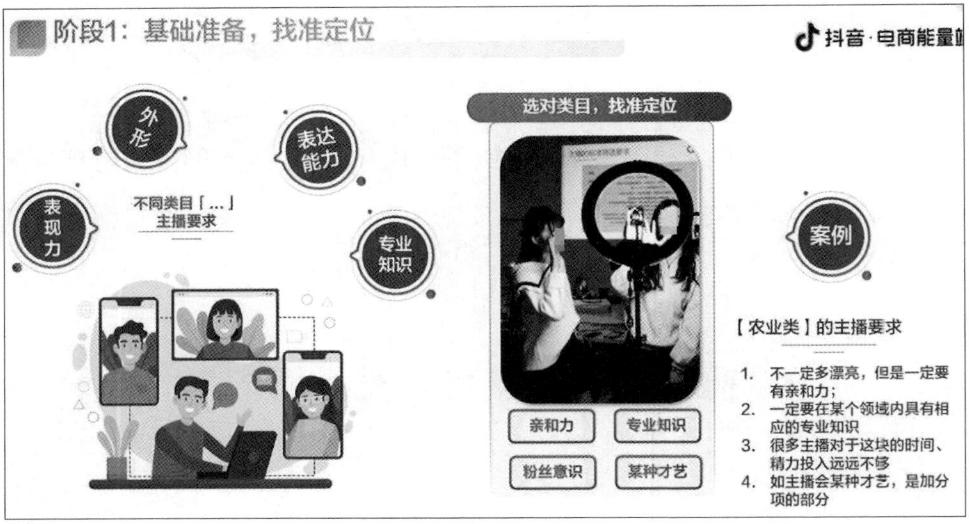

图 4-2　找准自身的定位

2. 技能提升

做好基础准备之后，运营者便可以重点来提升直播的技能，增强自身的带货能力。具体来说，在此过程中，运营者需要了解并熟练掌握直播间的一些玩法，如图 4-3 所示。

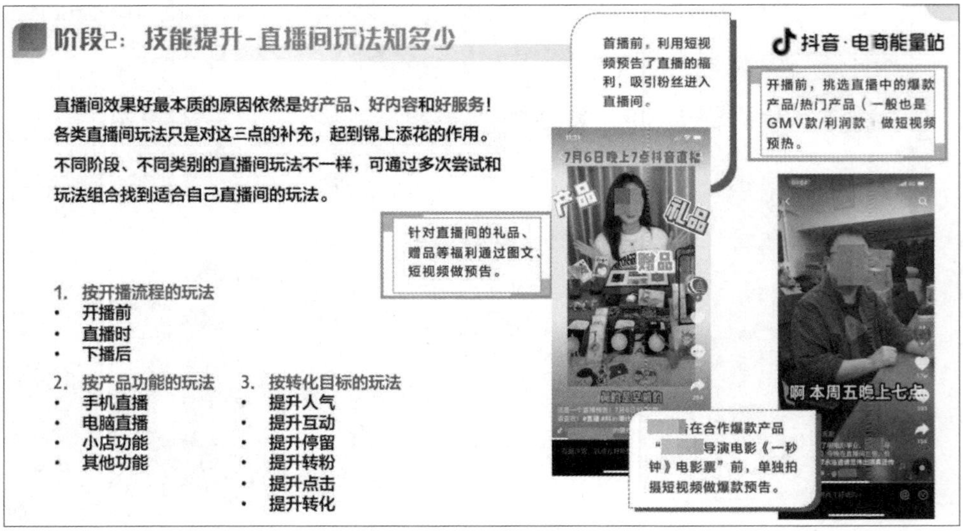

图 4-3　直播间的玩法

3. 形成 IP

抖音平台的直播，那些大主播之所以能够吸引大量粉丝的持续关注，主要是因为他们形成了自身的 IP 和特色。那么，运营者要如何形成主播 IP 和特色呢？

对此，运营者可以从主播特色、形象、语言表达、名字、称呼和场景设计等方面进行 IP 的打造，如图 4-4 所示。

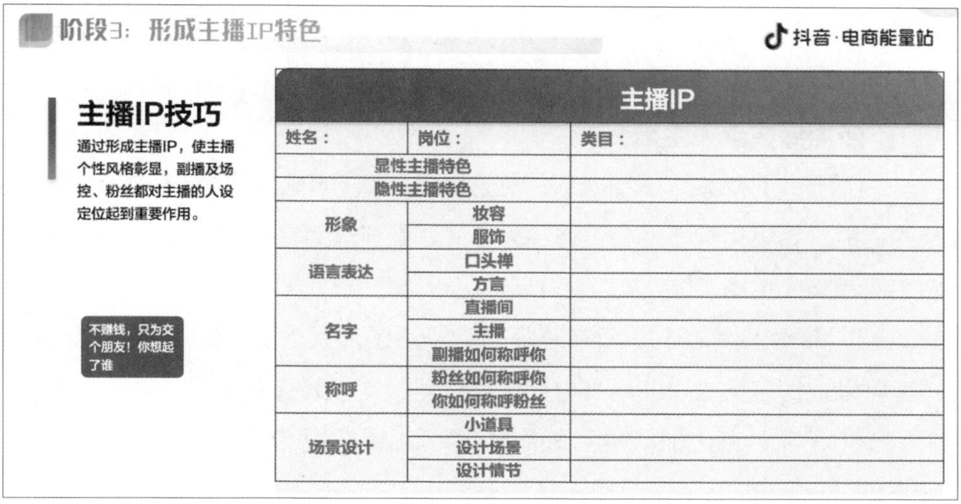

图 4-4　主播 IP 的打造技巧

需要特别说明的是，直播并不只是主播一个人的战斗，要想充分发挥直播的带货效果，单靠主播一个人的力量是远远不够的。这主要是因为在直播过程中，需要做好主播、场景、货品、内容 、流量和粉丝等方面的工作，如图 4-5 所示。这些工作仅靠一个人的力量难以完成，如果有条件，运营者可以专门组建一个直播团队。

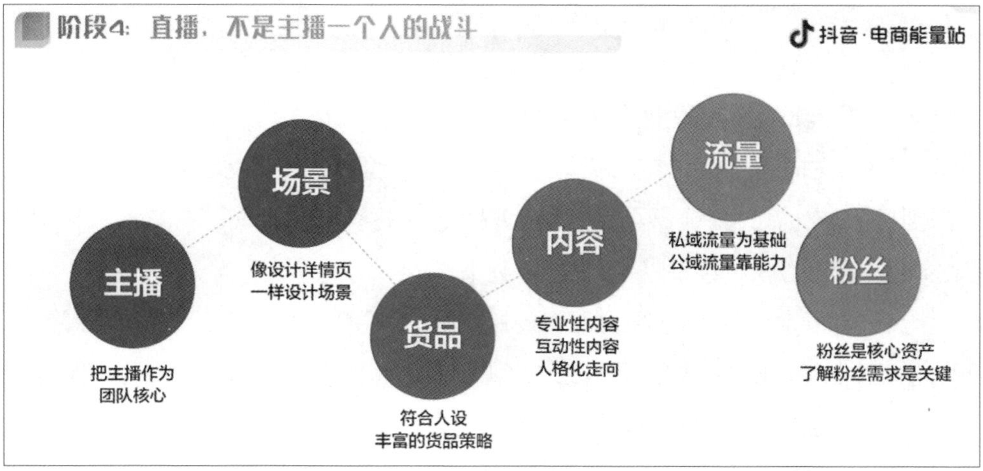

图 4-5　直播过程中需要做好的工作

4.1.2 主播的分层及管理办法

根据主播的入场时间和带货效果等因素，可以将主播分为多种不同的层级。运营者需要了解自身所处的层级和对应层级的管理办法，从而找到合适的直播方案，提升带货效果。下面讲解抖音直播的主播分层及其对应的管理办法。

1. 新主播或素人主播

新主播是指刚入驻抖音平台进行直播的主播，而素人主播则是指没有直播经验的主播。如果运营者没有直播经验，又刚做抖音直播，那么运营者便同时属于新主播和素人主播。

抖音电商学习中心中并没有明确展示新主播或素人主播的管理办法，对此运营者可以根据这类主播的痛点进行自我管理，并在此基础上提高自身的带货效果。图 4-6 所示为新主播或素人主播的主要痛点和解决方案。

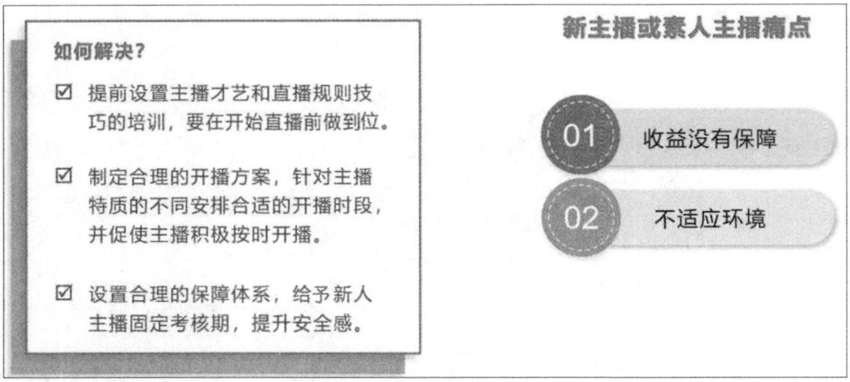

图 4-6 新主播或素人主播的痛点和解决方案

2. 中腰部主播或职业主播

中腰部主播是指有一定带货能力，但是带货能力还有待提高的主播。职业主播则是指专门做直播，甚至将其作为职业的主播。通常来说，抖音平台中的大多数职业主播都是中腰部主播。

与新主播、素人主播不同，中腰部主播和职业主播通常都有一定的直播经验，所以这类主播的痛点主要在于无法改变现状，快速提高自身的带货能力。图 4-7 所示为中腰部主播或职业主播的常见痛点。

针对中腰部主播或职业主播的常见痛点，抖音电商学习中心从事业方面、心理方面和公司方面给出了管理办法，如图 4-8 所示。对此，运营者可以重点做好这几个方面的工作，有针对性地提高主播的积极性和带货能力。

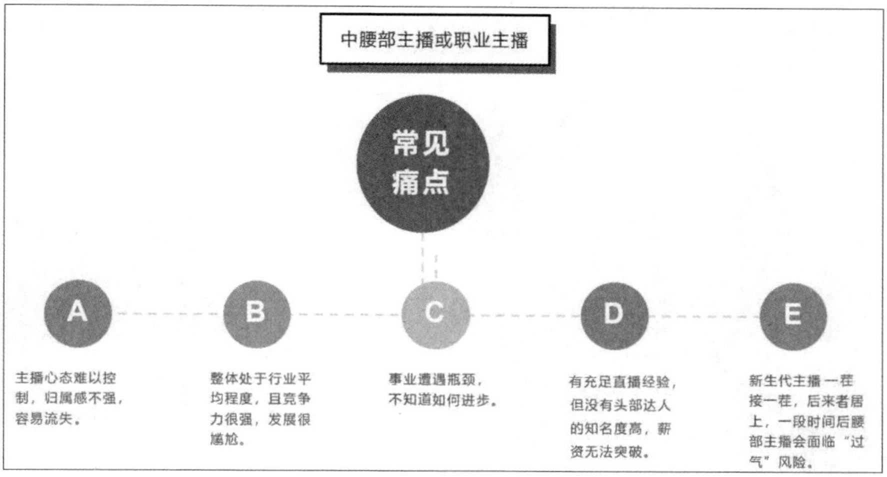

图 4-7　中腰部主播或职业主播的常见痛点

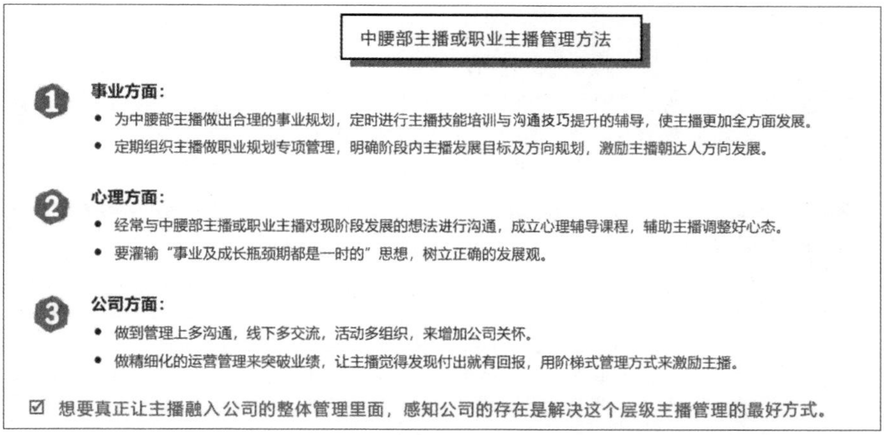

图 4-8　中腰部主播或职业主播管理办法

3. 成熟主播或头部主播

成熟主播是指直播经验丰富，拥有属于系统直播技巧的主播。头部主播则是指影响力和带货能力排在行业前列的主播。通常来说，头部主播大部分都是成熟的主播。

与其他类型的主播不同，成熟主播或头部主播通常没有明显的痛点。对此，运营者与其查找这类主播的痛点，还不如找到其特点，让更多主播成为成熟主播或头部主播。图 4-9 所示为成熟主播或头部主播的主要特点。

虽然成熟主播或头部主播的带货经验和能力都比较强，但是抖音平台入驻的主播越来越多，竞争也越来越大。因此，为了保持和提高主播的竞争力，运营者还是需要对成熟主播或头部主播进行必要的管理。图 4-10 所示为成熟主播或头部主播的管理方法。

图 4-9　成熟主播或头部主播的主要特点

成熟主播或头部主播管理方法

1. 需要更为全面的运营管理。包括直播间管理、活动策划、粉丝维护、危机公关、宣传造势、粉丝活动等。
2. 对主播的发展要有整体符合人设的规划，产品的选择和沟通技巧的确定都要以主播人设相符为核心。
3. 调整管理模式为合作性管理，通过运营直播间活动增长流水，双方收入增长的同时加之灵活的激励政策，对于头部主播管理适当放开，实现发展双赢。

图 4-10　成熟主播或头部主播管理方法

> 专家提醒：随着直播经验的增加，主播会不断成长。运营者要想提高主播的带货能力，就需要根据主播当前所属的类型选择合适的管理方法。

4.1.3　构建直播流程的完整思维

运营者要想快速培养出优质的主播，需要找到合适、高效的主播培养方式。具体来说，运营者可以构建完整的直播流程思维体系，对主播进行系统的培养。这既是培养优质主播的第一步，也是非常关键的一步。图 4-11 所示为抖音直播流程的完整思维体系。

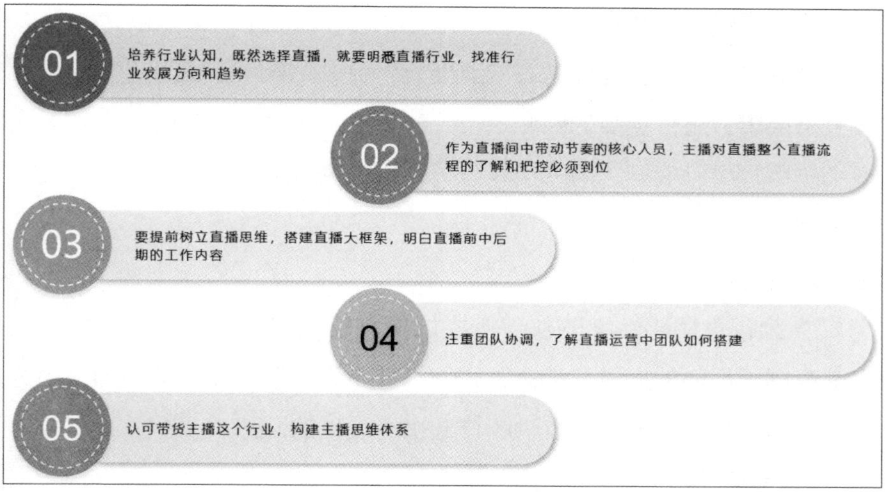

图 4-11　抖音直播流程的完整思维体系

4.1.4　打造个人 IP，增强人设

在抖音直播的过程中，运营者需要帮助主播打造个人 IP，增强主播的人设。通常来说，运营者可以从以下四个方面帮助主播打造个人 IP，增强人设。

1. 自我分析

运营者要帮助主播打造个人 IP，就需要先让主播进行自我分析，了解自身的情况。具体来说，运营者帮助主播进行个人分析时，需要把握好五个要点，如图 4-12 所示。

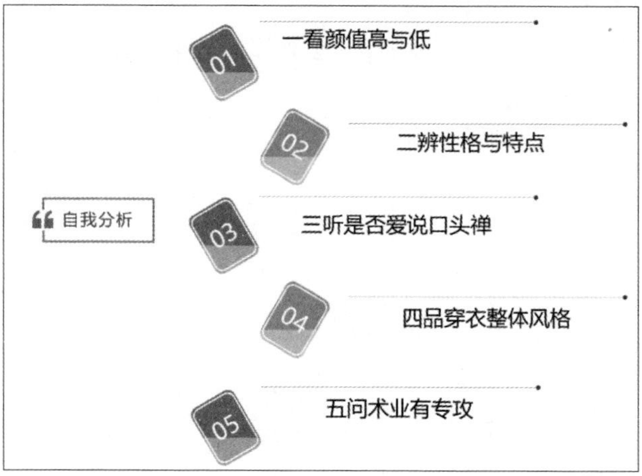

图 4-12　自我分析的要点

2. 匹配定位

帮助主播做好自我分析之后，运营者便可以根据抖音号的定位，以及主播的自我分析结果，进行直播的匹配定位，找到适合主播的直播方案。如果直播间需要多个主播，可以根据主播的自我分析，给主播做好主次安排，并在此基础上为每个主播匹配对应的定位。

3. 人设打造

各短视频和直播平台上的头部主播之所以能被广大用户记住，关键就在于这些人都有属于自己的人设。那么，如何打造人设，增加人设的魅力，更好地开启主播的成功之路呢？下面重点讲解打造主播人设的方法。

（1）确定类型

大众对于陌生人的初次印象往往是不够突出、具体的，而且还存在一定的差异性。大部分人对陌生人的印象，基本处于一个模糊的状态。

其实，个人所表现出的形象、气质，完全可以通过人设的经营来进行改变。例如，可以通过改变人物的发型，塑造出和原先不同的视觉效果，使人产生新的人物形象记忆，从而有利于人设的改变。

在人际交往中，通过利用主观和客观的信息来塑造人设，从而达到预期的传播效果，是人设经营的根本目的。人设经营，可以说是在他人看法、态度和意见的总结之上进行不断的调整和改进的，也是一种在社会上生存的技巧。

学会打造出独特的人物设定，可以使主播拥有与众不同的新颖点，在人群中脱颖而出。此外，对外输出效果的好坏，会直接决定人设经营是否成功。而要打造出独特的人物设定，首先要做的就是选择合适的人设类型。

确定主播的人设类型是否合适、恰当，关键需要考虑的方向，就是主播的人设是否满足自身所面向的群体的需求，因为人设的塑造，最直接的目的就是吸引目标群体的关注。

人设可以迎合受众的移情心理，从而增强用户群体对其人设的认同感，这样才可以让用户愿意去了解、关注主播。所以，在人设塑造过程中，确定好人设的类型是一个关键。对于主播来说，确定合适的人设可以快速引起用户的兴趣，刺激用户持续关注直播内容。

需要注意的是，主播在塑造自己的人设时，应该以自身的性格为核心，再向四周深化，这样便于之后的人设经营，同时也能增加用户对于人设的信任度。

确定好人设类型后，主播还要进一步考虑自己的人设是否独特别致。

对于想从事直播销售的新人主播来说，前面已经有一批成熟的销售主播，这时主播想要从中脱颖而出，需要耗费一定的时间和精力。

主播可以考虑在那些还没有人使用的人设类型里，找到适合自己的人设标签，继而创造出自己独一无二的人设。虽然这种人设有点儿难以找到，但是对于新人主播来说，完全可以利用这个鲜明独特的人设，树立起自己的主播形象。

（2）对标红人

人格魅力的产生，很大程度上是源于用户对主播的外貌、穿衣打扮的一个固有形象的印象，以及主播在直播间表现出来的性格。一个精准的主播人设，可以拓展直播的受众面，吸引到感兴趣的用户。

精准的人设，就是说到某一行业或内容时，用户就能想到具体的人物。而主播要做的就是在学习他人成功经验的基础上，树立自己的精准人设，让自己成为这类人设标签里的红人。

例如，一个男主播要想成为口红带货的顶级主播，可以先参照“口红一哥”的成功经验进行直播，并在直播中树立起自己的独特人设（如站在用户的角度思考问题，只为用户推荐高性价比口红的真诚主播形象），通过持续直播让自己慢慢成为口红直播行业中的红人。

（3）设定标签

一个人一旦有了一定的影响力就会被关注的人在身上贴上一些标签，这些标签就可以组合成一个虚拟的“人”。当提到某个标签时，许多人可能会想到一些东西，这并非只是想到一个单纯的名字，而是某人带给他的印象或标签，比如严谨、活泼、可爱和高冷等标签。

主播也可以试着把这些人设标签体现在主播名称和直播标题中。这样，一旦有人在直播搜索栏中搜索相关的标签，就有可能搜索到你。

打造人设的一个关键作用就是让主播可以和其他主播区分开来，所以当主播在选择自己人设标签时，必须要和其他主播的人设区分开来。为了避免出现同年龄、同类型的主播人数太多，无法有效突出自己的人设形象问题，主播在选择人设形象时，要选择便于用户进行搜索、区分的人设。

主播之间人设类型的多样性，正是通过细分人设这种方式，去减轻主播之间的激烈竞争。对于主播来说，人设就代表着自身的形象魅力和特色。

主播只要把设定出的形象，不断地向用户进行展示和强化，自然就可以给他们留下深刻的印象，所以，塑造人设的基本策略就是体现差异化，人设类型一定要让用户鲜明地区分出来。

4. 信息传递

打造好主播的人设之后，接下来需要做的就是通过主播的人设将信息传递出来，从而更好地将关键内容传递给目标用户，增强直播的带货能力。那么，在直播过程中，主播要如何做好信息的传递呢？抖音电商学习中心为运营者展示了信息传递的要点，如图 4-13 所示。

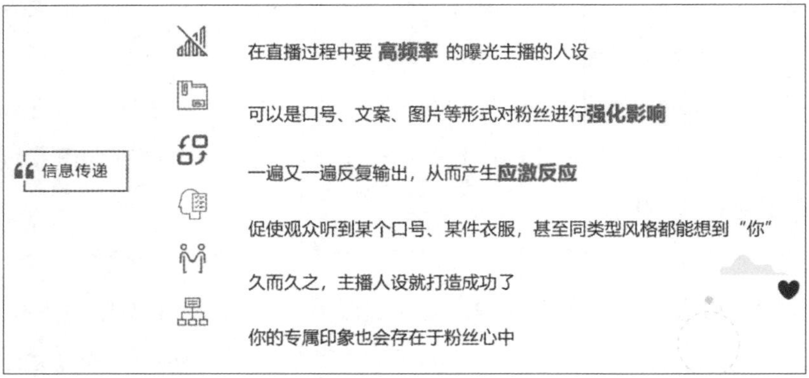

图 4-13　信息传递的要点

5. 引起共鸣

在传递信息的过程中，主播要懂得引起用户的共鸣，这样用户会更容易被主播打动，并购买对应的商品。那么，主播要如何引起用户的共鸣呢？抖音电商学习中心给出了具体的方法，如图 4-14 所示。

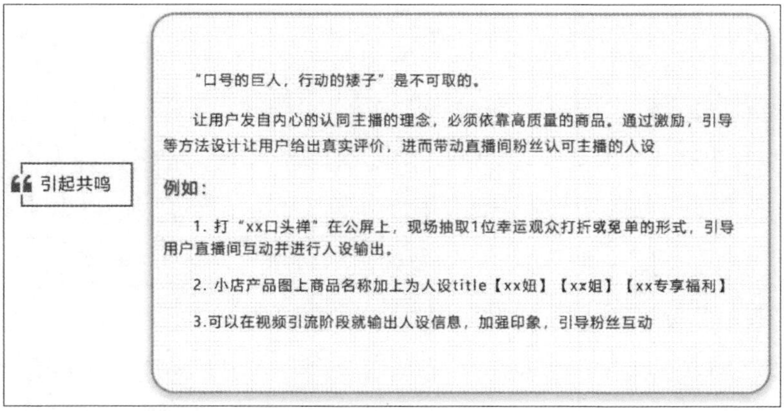

图 4-14　引起共鸣的方法

4.1.5 掌握直播带货的常见说话技巧

同样是做抖音直播，有的主播一场直播可以带货上千万件，有的主播却一场直播都没卖出几件商品。之所以会出现这种差异，其中一个重要原因就是前者懂得通过营销技巧，引导销售，而后者却不懂得如何通过技巧带动商品的销售。本节讲解直播带货的常见说话技巧，帮助主播提高带货的表达能力。

1. 抖音直播的通用技巧

在抖音直播的过程中，主播如果能够掌握一些通用的说话技巧，会获得更好的带货、转化获利效果。本节对五种直播通用技巧进行分析和展示，帮助大家更好地提升自身的带货和转化获利能力。

（1）欢迎用户进入

当有用户进入直播间时，直播的评论区会有显示，如图 4-15 所示。主播在看到进直播间的用户之后，可以对其表示欢迎。

图 4-15 用户进入直播间的提示

当然，为了避免欢迎用语过于单一，主播可以在一定的分析之后，根据自身和观看直播的用户的特色来制定具体的欢迎用语。具体来说，常见的欢迎用语主要包括以下 4 种。

① 结合自身特色。如“欢迎 ××× 来到我的直播间，希望您能从我的直播间学到办公软件的一些操作技巧！”

② 根据用户的名字。如“欢迎 ××× 的到来，看名字，你是很喜欢玩

《××××》游戏吗？真巧，这款游戏我也经常玩！”

③ 根据用户的账号等级。如“欢迎 ××× 进入直播间，哇，这么高的等级，看来是一位达人了，求守护呀！”

④ 表达对忠实粉丝的欢迎。如“欢迎 ××× 回到我的直播间，差不多每场直播都能看到您，感谢您一直以来的支持呀！”

（2）感谢用户支持

当用户在直播中购买商品，或者给你刷礼物，支持你时，你可以通过一定的话语对用户表示感谢。

① 对购买商品的感谢。如“谢谢大家的支持，×× 不到 1 小时就卖出了 500 件，大家太给力了，爱你们呦！”

② 对刷礼物的感谢。如“感谢 ××× 的嘉年华，这一下就让对方失去了战斗力。××× 太厉害了，给您比心！”

（3）提问活跃气氛

在直播间向用户提问时，主播要使用更能提高用户积极性的话语。对此，主播可以从两个方面进行思考，具体如下：

① 提供多个选择项，让用户自己选择。如“接下来，大家是想听我唱歌，还是想看我跳舞呢？”

② 提高用户的参与度。如“想看 1 号商品的抠 1，想看 2 号商品的抠 2，我听大家的安排，好吗？”

（4）引导用户助力

主播要懂得引导用户，根据自己的目的，让用户为你助力。对此，主播可以根据自己的目的，用不同的话语对用户进行引导，具体如下。

① 引导购买。如“天啊！果然好东西都很受欢迎，半个小时不到，××× 已经只剩下不到一半的库存了，要买的宝宝抓紧时间下单哦！”

② 引导刷礼物。如“我被对方超过了，大家给点儿力，让对方看看我们真正的实力！”

③ 引导直播氛围。如“咦！是我的信号断了吗？怎么我的直播评论区一直没有变化呢？喂！大家听不听得到我的声音呀，听到的宝宝请在评论区抠个 1。”

（5）传达下播信号

每场直播都有下播的时候，当直播即将结束时，主播应该通过下播技巧向用户传达信号。那么，如何向用户传达下播信号呢？主播可以重点从三个方面进行考虑，具体如下：

① 感谢陪伴。如“直播马上就要结束了，感谢大家在百忙之中抽出宝贵的时间来看我的直播。你们就是我直播的动力，是大家的支持让我一直坚持到了现在。期待下次直播还能看到大家！”

② 直播预告。如“这次的直播要接近尾声了，时间太匆匆，还没和大家玩够就要说再见了。喜欢主播的可以明晚 8 点进入我的直播间，到时候我们再一起玩呀！”

③ 表示祝福。如“时间不早了，主播要下班了。大家好好休息，做个好梦，我们来日再聚！”

2. 抖音直播的问答技巧

了解了直播间的模板及直播技巧的方法之后，笔者将总结一些针对直播间卖货观众常问及的一些提问解答示范，这样可以更好地帮助主播应对直播间的提问，确保抖音直播带货的正常进行。

（1）商品是否适用

用户常问的一类问题是：“我的体重是 ××kg，身高是 ×××cm，这个商品我用（穿）合适吗？”“× 号链接（的商品），×× 斤左右可以穿吗？”或者“×× 斤，要穿哪个尺码的？”

对于这类问题，主播可以根据用户提供的具体身高、体重信息，给予合理意见；或者将当前商品的尺码与标准尺码进行对比，再做出推荐。如果销售的商品是标准码，可以让用户直接选择平时穿的尺码。当然，主播也可以在直播间中展示商品的标准尺码推荐参考表，给用户提供一个参照。

这样一来，当用户询问这一类问题时，主播直接让用户查看尺码参考表就可以了。除此之外，还可以向用户展示商品包装中的尺码表，让用户知道对应尺码的使用情况。

（2）主播自身情况

用户常问的第二类问题是主播的身高及体重等信息。部分主播会在抖音直播间中展示自己的身高及体重等信息，但是有的用户没有注意到，对于这种情况，主播可以直接回复用户，并且提醒用户看直播间中的主播信息。

（3）商品能否试用

许多用户经常会在短视频直播中询问：“× 号宝贝可以试一下吗？”用户之所以会问这一类问题，很可能是因为用户在观看直播时，对该商品产生了兴趣，需要主播进行试用，所以提出了试用的要求。

主播在面对这类提问时，可以通过说话技巧对用户的问题进行回答，并及时安排试用或试穿商品。

例如，在某服装类销售抖音直播中，部分粉丝要求主播试穿 20 号商品。因此，主播在看到用户的提问之后，马上说道：“好的，等下给大家试试 20 号。”并在展示完一套衣服之后，便快速换上 20 号商品，将商品的试穿效果展示给用户看。

（4）× 号宝贝的价格

用户之所以会问这个问题，主要就是因为他（她）没有看商品详情，或者是没有找到商品详情页面。对于这个问题，主播可以直接告知商品的价格，或者告诉用户如何找到商品详情页面。

（5）质问主播不理会

有时候用户会问主播，为什么不理人，或者责怪主播没有理会他。这时候主播需要安抚该用户的情绪，可以回复说没有不理，只是因为消息太多，没有看到。主播需要明白，如果没有做好安抚工作，可能会失去这个用户。

除了质问主播不理会自己之外，部分用户可能还会询问主播：客服怎么不回信息。对此，主播可以告诉用户，是因为消息太多了，有些回复不过来，并表示自己会提醒客服及时回复消息。

4.1.6 积累经验并全方位提升能力

主播的成长需要一个过程，在这个过程中，主播需要积累经验并全方位提升自身的能力。那么，主播要如何提升自身的能力呢？抖音电商学习中心给出了具体的方法，如图 4-16 所示。

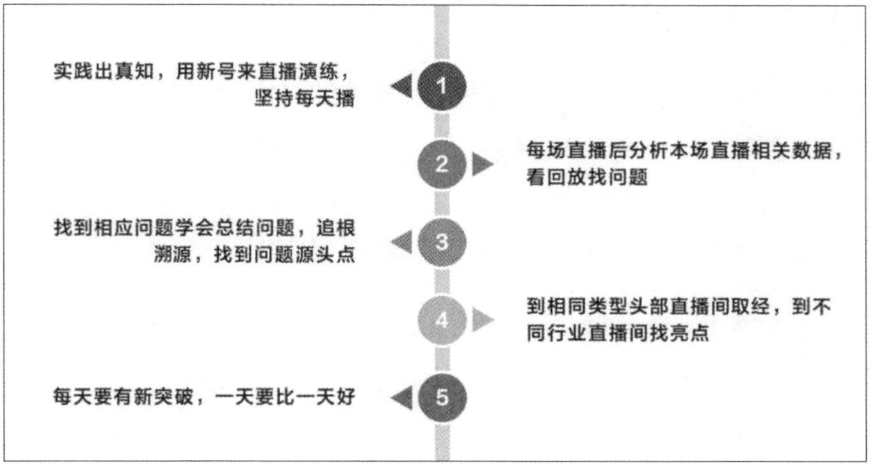

图 4-16　主播能力提升的方法

主播了解了能力的提升方法之后，还可以确定需要提升的具体能力。具体来说，抖音电商学习中心认为，在抖音直播中，主播需要提升五个方面的能力，如图 4-17 所示。

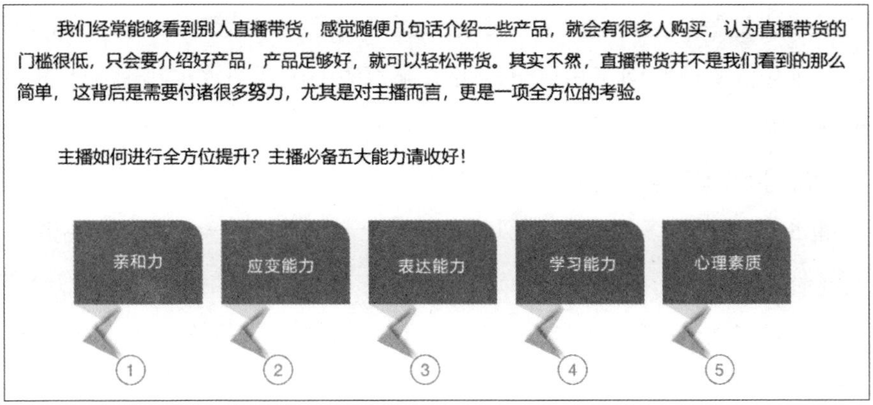

图 4-17　主播需要提升五个方面的能力

4.2　形象打造：挖掘主播的带货潜力

因为主播要长时间出现在直播间中，所以主播的形象打造就显得非常重要。当然，这里的形象不只是指主播的外貌和打扮，还包括在直播间的各种表现。本节介绍主播形象打造的技巧，帮助运营者更好地挖掘主播的带货潜力。

4.2.1 高颜值是加分项

有的运营者认为，在抖音直播中颜值就是力量，只要选择的主播颜值足够高，带货的效果就差不了。其实，这个观点有失偏颇，直播的带货能力并不是由主播的颜值决定的。抖音电商学习中心认为，高颜值的主播是加分项，却不是必选项。图 4-18 所示为抖音电商学习中心关于主播颜值的看法。

- ✓ 直播带货核心点是“带货”，颜值会提升用户观感，但不是唯一选人标准。
- ✓ 拒绝认知偏差，不是漂亮的人才能成为优秀主播，亲和力也是加分项。
- ✓ 不同行业对于主播颜值要求不同，要综合考虑，符合产品形象最重要。
- ✓ 培养傲娇主播，明明可以靠脸吃饭却要靠才华！

图 4-18 抖音电商学习中心关于主播颜值的看法

4.2.2 树立专业的形象

在从事直播销售工作时，主播要怎么提高自己的专业形象？怎么判断自身的形象是否达标？又该如何了解自己的带货能力是否达到了水平线呢？下面将对这些问题进行解答。

1. 如何判断自身的形象是否达标

主播的类型多种多样，各种风格都有，当选择成为一名销售主播时，首先要确定好自己的直播形象和风格，这对于直播之路来说，是极为关键的一步。它相当于用户对主播的“第一印象”，因此建议主播们尽早确定自己的直播形象和风格。

新人主播可以从一些基础的筛选标准上来了解自身的直播形象，或者根据这些方向，主动让自己更加去贴近自身要塑造的形象。下面将从四个方面来分析，帮助主播找到自己的直播风格。

（1）年龄层

主播的年龄、形象要和商品面向的消费者年龄段相符，这样主播在推荐商品时，将会起到非常好的宣传效果。例如，年轻的女主播可以在直播间推荐一些时尚化妆品、时尚首饰；妈妈级别的主播推荐婴幼儿用品则会非常合适；喜欢养生的中年主播则可以推荐一些茶具用品之类的商品。

这样可以吸引同年龄层用户的目光，让他们产生兴趣，使他们愿意在直播间停留。也可以让直播获得更多精准的流量，从而有效地提高商品的转化率。同时，这也有利于对直播间的用户进行分类，让主播根据用户群体来推荐商品。

（2）喜好

喜好这个标准的要求非常简单，就是主播要真心喜欢自己推荐的商品。主播对商品的喜欢，是会自然而然地表现在面部表情和肢体行为上的，而这些屏幕前的用户在观看直播的过程中，是能够明显察觉到的。

如果主播连自己推荐的商品都不喜欢的话，那么也很难引导用户进行购买，这样对于提高商品的转化率是很不利的。

（3）专业度

主播自身的专业度也会影响商品的转化率。以服装直播销售为例，主播需要掌握一些基础的服装知识，同时全面掌握商品的相关信息。这样在面对用户提出的问题时，才能游刃有余地回应。

对于商家提供的商品，主播更加需要去了解商品的功能卖点和价格卖点。功能卖点就是这件商品的优势和特点，而价格卖点则涵盖了商品的营销策略和价格优势等。了解分析出商品的两大卖点，可以帮助主播在直播销售时更容易吸引和打动到用户，这样可以极大地提高商品的转化率。

（4）直播形式

直播的形式主要分为两种：一种是推荐商品，即单纯地向用户介绍、推销商品；另一种是输出信息，即把主播个人的风格向用户输出。

直播的形式取决于主播在直播时是希望单纯地推荐商品，还是选择输出信息。选择直接推荐商品，可以提高商品的曝光率，这对于商品的转化是有帮助的。而如果选择输出信息，那么商品的转化率可能会比较低。

输出信息属于塑造主播形象和个人直播风格，建立个人直播特征的必经过程。输出信息的过程是缓慢的，但是可以提高主播的曝光度，而且一旦后期反映不错，还可以让主播拥有不错的直播竞争力。

2. 如何判断出专业主播的带货能力

当大家正式进入直播行业，成为一名直播主播时，一个非常关键的问题就出来了，那就是自己的带货能力如何。

带货能力直接关系到直播的销售额，以及主播在平台上的影响力、商业价值高低，这也是所有商家和机构都关心和重视的内容。

对于商家来说，选择主播负责自家商品的推广、销售活动时，主播的带货能力显得格外重要，因为这直接关系到和主播合作的费用问题，以及商品的销售情况。而对于平台来说，带货能力强的主播可以有效地提高用户对直播的关注度，因此，平台也会格外重视主播的带货能力。

基于这种情况，新人主播如何判断自己的带货能力呢？可以从两个方面来分析。一是可以在自己的直播间里点开商品的页面，查看商品的销售情况；二是可以根据直播间各项数据，合理进行分析。

商品的销售情况是判断主播带货能力的一个直接依据，许多商家都会以此判断主播的带货能力，而商品的销售情况一般取决于两个因素，如图 4-19 所示。

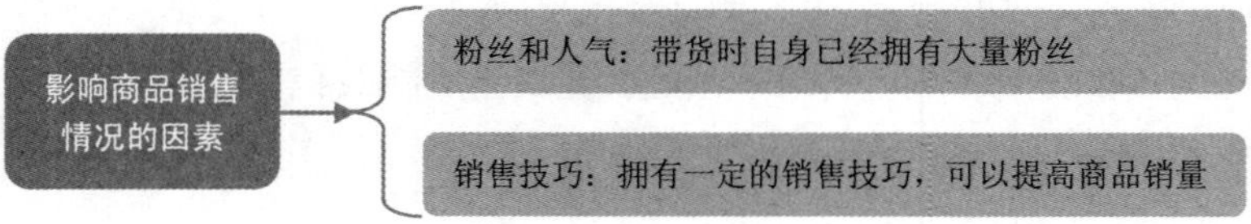

图 4-19　影响商品销售情况的因素

但是，在判断一个主播的带货能力时，不能仅仅关注商品的销售情况。只以销量情况来判断主播的带货能力是不可取的，因为除了销量之外，一个主播的带货能力还和很多其他因素有关，如图 4-20 所示。

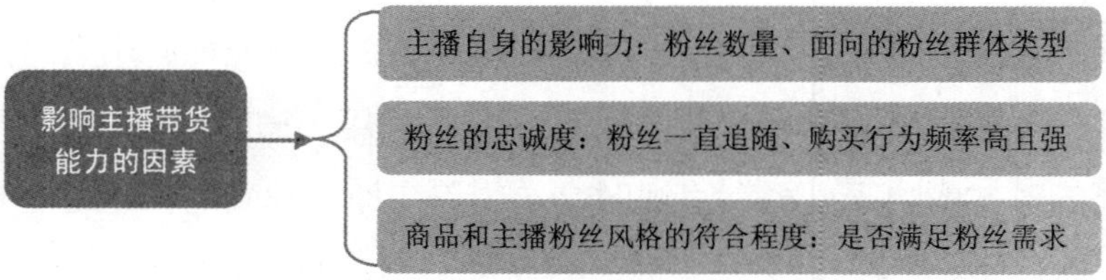

图 4-20　影响主播带货能力的因素

主播在分析自己的带货能力时，可以针对上述因素，根据自身的实际情况来判断一下自己的带货能力。而在向其他主播学习时，主播可通过两个关键点去判断对方的带货能力，一是交易数据，即带货完成之后的交易数据；二是粉丝数，即直播间的店内销量、挚爱粉的数量。

4.2.3　态度决定一切

在抖音直播中，态度很重要。抖音电商学习中心甚至认为直播带货中态度决定一切，如果运营者和主播做事、做人和学习的态度良好，会更容易打动观众，增加直播的订单量，如图 4-21 所示。

图 4-21　抖音直播中的态度

4.2.4　良好的沟通能力

主播在与用户互动的过程中一定要十分注意自己的一言一行，作为一个公众人物，主播的言行举止会对用户产生巨大的影响。此外，主播还要避免一些可能会对受众造成心理伤害的玩笑。主播在与用户沟通交流时要重点考虑三个问题，如图 4-22 所示。

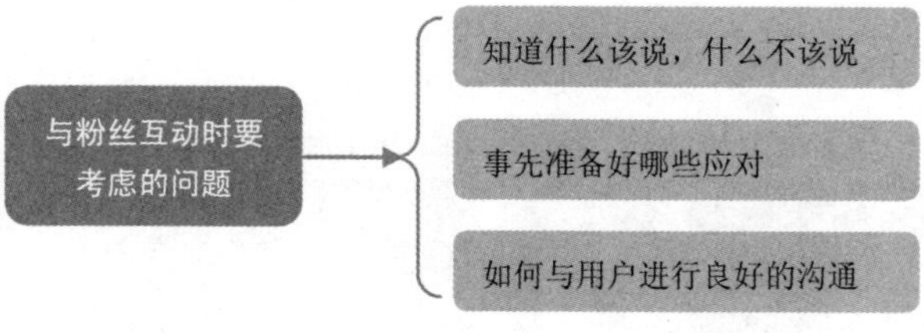

图 4-22　与用户互动时要考虑的问题

注意说话的时机是反映一个人良好的语言沟通能力的重要表现，所以主播在说话之前必须把握好用户的心理状态，考虑对方的感受。

例如，在现实生活中，当你向某人提出意见或请求时，如果他当时正在气头上，那么你说什么他都听不进去；如果你选择在他遇到好事而高兴的时候讲，他可能就会欣然接受，马上答应你的请求。可见，之所以会产生两种截然不同的结果，关键在于说话的时机及听话人当时的心理状态。

在主播与用户的互动过程中，虽然表面上看起来好像是主播在主导话题，但实际上却要以用户的需求为主。主播想要了解用户的需求和痛点，就一定要认真地倾听他们的诉求和反馈。

主播在和用户沟通交流时，姿态要谦和，态度要友好。聊天不是辩论比赛，尽管每个人的观点、主张都不一样，但没必要分出个对错输赢。所以主播要明白，人与人之间的交流最重要的是彼此尊重、互相理解。有的时候，对并没有用。主播在与用户交流沟通的时候，应该要做好三个方面的工作，即理性思考和对待问题、灵活应对尴尬的窘境及把握沟通交流的分寸。

在主播的直播互动过程中，有时候会遇到这样的用户群体，他们敏感、脆弱，容易发脾气，容不得别人说他的不是，否则就会觉得自己的尊严受到了侵犯。

这一类人建议尽量不要去触碰他们的敏感神经。他们完全以自我为中心，听不进其他意见，也不会顾及他人的感受。

4.2.5 极具特色的个人风格

抖音平台中的直播有很多，如果主播在直播中没有自己的风格，将难以从众多主播中脱颖而出。那么，主播要如何打造具有个人特色的直播风格呢？抖音电商学习中心认为，主播可以从长相、性格、说话和职业等方面来打造极具特色的个人直播风格，如图 4-23 所示。

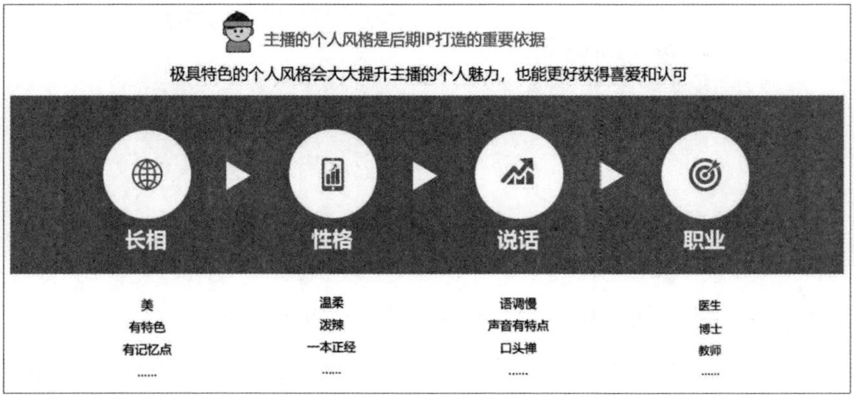

图 4-23 主播个人风格的打造

4.3　高级能力：明星主播的成长之路

很多主播不满足简单地做一个带货达人，他们更希望能够提升自身的影响力，成为一个真正的明星。当然，成为明星主播并不是一件容易的事，主播要达到目的还得提升自身的能力，不断地成长。

4.3.1　不同阶段商家需要的主播类型

不同阶段的商家需要不同类型的主播，主播要想获得更多商家的青睐，就需要不断提升自身能力，满足各阶段商家的需求。下面具体讲解各阶段商家需要的主播类型。

1. 新手阶段

新手阶段的商家，团队结构比较简单，而且可用于雇用员工的资金也比较有限，此时商家需要的是能够兼顾多个角色的主播，当然这个阶段商家对于主播的直播能力要求不是很高，如图 4-24 所示。

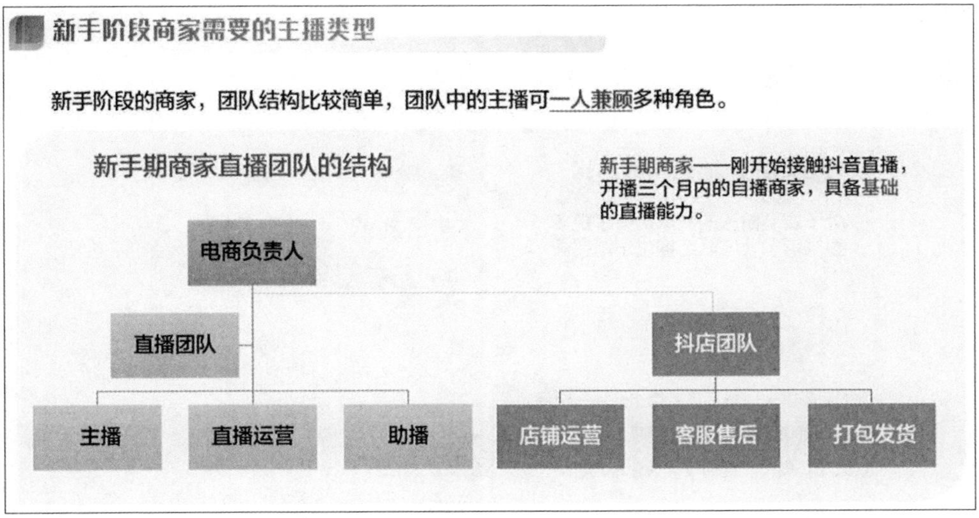

图 4-24　新手阶段商家需要的主播类型

前面说到新手阶段的商家需要能够兼顾多个角色的主播，那么这个阶段的主播具体要兼顾哪些角色呢？抖音电商学习中心给出了这个问题的答案。图 4-25 所示为新手阶段商家的主播需要兼顾的角色分工及工作职责。从图中可以看出，这个阶段的主播负责的工作是比较庞杂的。

所属团队	岗位	角色介绍	岗位职责
达人主播团队	主播	主播是一场直播出镜最多的人，也是最熟悉产品的讲解和直播间氛围的人	直播前熟悉流程和产品，直播时讲解产品
	副播	副播是协助主播直播的人，通常负责补充讲解产品和回答粉丝问题	直播前熟悉流程和产品，直播时讲解产品并解答直播间问题
	经纪人	经纪人是主播日常直播流程和活动的负责人，通常负责给主播排期	给主播做直播排期并负责部分活动/资源的对接
直播团队	直播运营	直播运营是推进直播工作的人，包括产品卖点提炼、直播玩法、官方活动等	推动直播等产品、内容、服务三方面，提高直播可看性和直播产出结果
	活动运营	活动运营是策划直播活动的人，对接官方活动并报名参加，争取活动资源和流量	策划自运营直播活动，并关注平台官方活动和各地区政府、产业带的活动
	直播场控	直播场控是在直播时提升直播间粉丝活跃和互动氛围，提高粉丝停留和购买兴趣的人	提升直播间粉丝活跃和互动氛围，提高粉丝停留和购买兴趣
	直播策划	直播策划是策划直播间内容文案的人	确定直播间流程、脚本、提词等（不少团队直播运营兼任直播策划）
	运营助理	运营助理是协助直播运营开展工作的人	协助直播运营开展工作，比如记录直播数据，统计竞争对手数据等
招商团队	渠道招商	渠道招商是利用各类渠道招募直播商品的人	招募直播产品
	招商BD	招商BD是寻找拥有优质产品的商家并达成合作的人	寻找拥有优质产品的商家并达成合作
选品团队	直播选品	直播选品是对招商招募的产品进行试用、评估、筛选的人	对招商招募的产品进行试用、评估、筛选，和团队确认直播的选品

图 4-25　新手阶段商家的主播需要兼顾的角色分工及工作职责

> 专家提醒：BD 是 Business Development 的缩写，意为商务拓展。

2. 发展阶段

相比于新手阶段，发展阶段的商家对主播的要求有所提高。该阶段商家需要的主播类型，如图 4-26 所示。

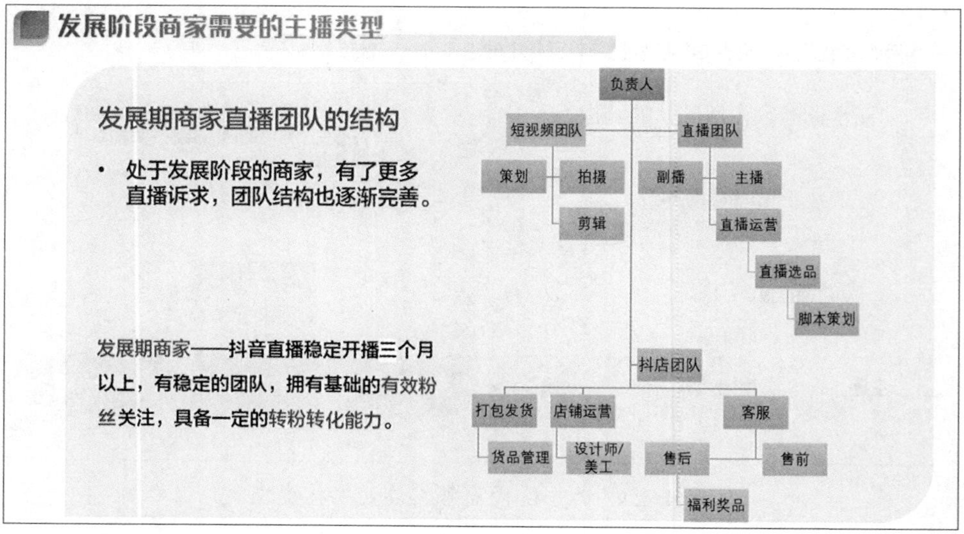

图 4-26　发展阶段商家需要的主播类型

3. 成熟阶段

成熟阶段的商家已经组建了完备的直播团队，每个团队成员只需做好自身的工作即可。这个阶段的商家通常需要专业能力较强、影响力相对较高的主播。

图 4-27 所示为成熟阶段商家需要的主播类型。

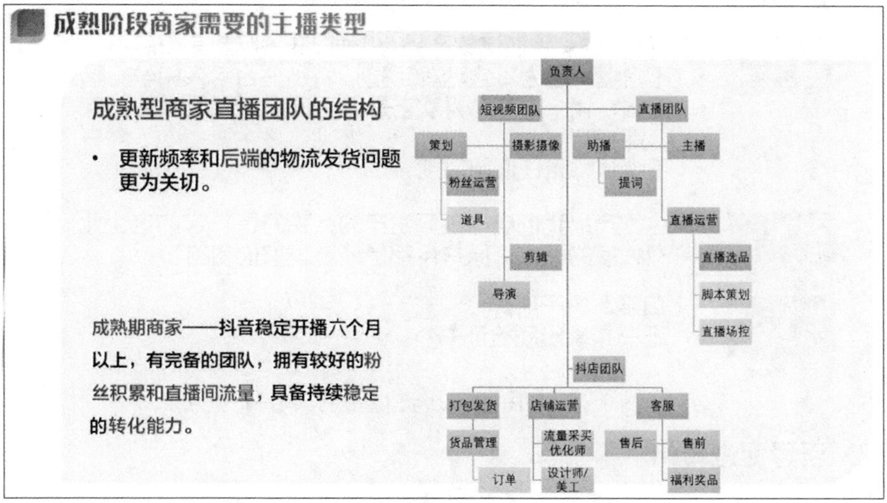

图 4-27 成熟阶段商家需要的主播类型

4.3.2 高转化直播间的营销技巧设计

主播要提高自身影响力，成长为明星主播，就得提高直播间的转化，用带货能力来体现自身的价值。对此，主播需要通过营销技巧的设计来打造高转化的直播间。那么，主播要如何设计高转化的营销技巧呢？抖音电商中心认为，需要重点做好以下三个方面的工作。

1. 提炼商品卖点

主播要将商品卖出去，就得在直播中通过说话技巧展现商品的卖点。当然，在展现卖点之前，还得先找到卖点，因此主播需要在直播之前先提炼出商品的卖点。那么，如何快速提炼商品的卖点呢？

抖音电商学习中心认为，可以通过“FBAE”法来提炼商品的卖点。其中，F 表示 Feature（特点），即商品的独特卖点；B 表示 Benefit（利益），即维护用户的利益，站在用户的角度看问题；A 表示 Advantage（优点），即商品的优点；E 表示 Evidence（证据），即如何证明。以某饼干为例，主播可以借助“FBAE”法提炼出一些卖点，如图 4-28 所示。

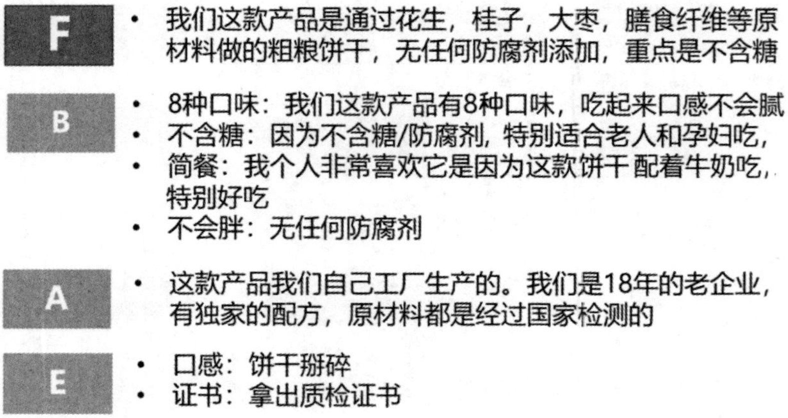

图 4-28　用“FBAE”法提炼出的某饼干卖点

2. 引导促进转化

提炼出卖点之后，运营者需要在直播过程中熟练掌握并运用商品营销流程来促进转化。具体来说，商品营销流程主要分为六步，即引导需求、刺激痛点、提出卖点、竞价对比、使用体验和促进下单。

3. 用爆款留住用户

为了促进直播间的转化，主播有时候需要借助爆款将用户留住。在此过程中，主播可以通过沟通技巧给出一个必买的理由，并根据用户的购买目的，确定每个商品营销流程的时间占比，如图 4-29 所示。

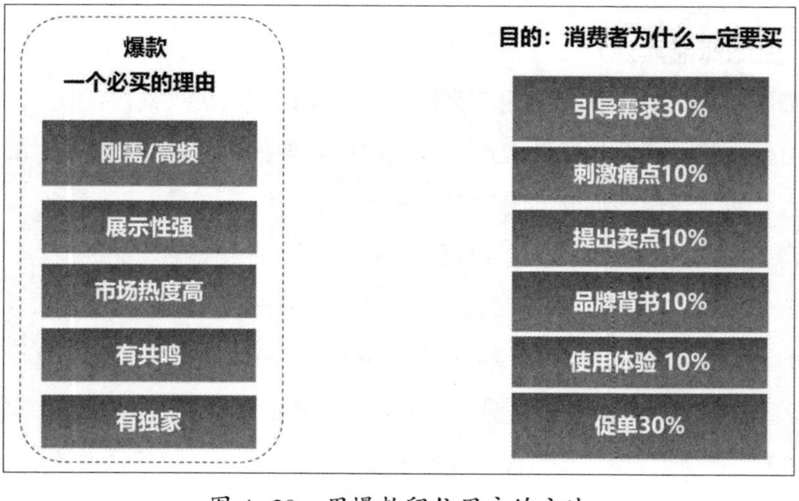

图 4-29　用爆款留住用户的方法

4.3.3 分析直播数据，评估直播的效果

主播可以根据直播数据评估直播的效果，并在此基础上看到自身的不足之处，找到策略针对性地提高相关数据。具体来说，抖音电商学习中心给出了直播间数据的评估标准，如图 4-30 所示。主播可以根据该标准来评估自身的直播效果。

核心指标参考值（仅作参考）	0～60分	合格直播间	成熟直播间	TOP直播间
GMV	<5W	5W~15W	15～70W	70W+
UV价值	<1.0	1.0~1.5	1.5～2.5	>2.5
观看人次（直播5～8个小时为例）	<5W	5W～15W	10W～30W	30W+
用户停留时长	<50秒	50秒～1分钟	1分钟～2分钟	>2分钟
直播间平均在线/在线峰值	<100/低于100	100～200/500	200～1 000/1 000+	1000+/3 000+

图 4-30 直播间数据的评估标准

专家提醒：GMV 是 Gross Merchandise Volume 的缩写，可以理解为商品交易总额；UV 是 Unique Visitor 的缩写，可以理解为网站独立访客。

另外，主播还可以找到对应数据的提升方案和判断指标，有针对性地提高某项数据。图 4-31 所示为观看人次数据的提升方案和判断指标。

核心指标		对应直播间提升点	提升办法	判断指标
观看人次	用户停留时长	人货场配置，带货节奏	1. 卖爆品（UV价值高的单品） 2. 商域流量补入	至少和所在层级直播间停留时长匹配（不拖后腿）
	直播间在线历史峰值参考值	1. 充足流量补入 2. 主播有承接能力 3. 合适的货品转化	1. 自然流量增加、商域流量补入 2. 主播及时适应直播间高在线状态，强节奏。强人设 3. 卖爆品(高转化率+高客单价，即UV价值高的单品)	在线人数出现锯齿状峰值后，主播可承接；下一场直播，该直播间多次出现该峰值，直至平均在线人数突破至下一个层级
	观看人次	1. 直播时长 2. 直播推荐 3. 商域流量补入	1. 延长开播时间。 2. 做好直播间内容，提高直播推荐。 3. 总投产高于考核值状态下，增加广告投入，提升在线数值人数	观看人次提升
	转粉率	新进流量转私域流量	卖爆品，加上转粉沟通技巧	转粉率百分之二以上

图 4-31 观看人次数据的提升方案和判断指标

4.3.4 主播薪资及晋升考核方案设计

运营者和商家可以通过对主播薪资及晋升考核方案进行设计来提升主播的工作积极性。从薪资制度设计来看，运营者和商家可以提供多种不同的方案，如小时制（根据直播时长算主播的薪资）、提成制（根据直播销售额计算主播的薪资）、供货制（商家供货给主播，主播自行定价赚取差价）和混合制（多种薪资制度混合在一起）。当然，不同的薪资制度适配的情况也不相同，具体分析如图 4-32 所示。

制度类型	优　点	缺　点	适配阶段	适配类型
小时制	结算简单	试错成本高，无激励	冷启动期、稳定期	品牌直播
提成制	能者多得，强激励	对用人单位要求高，招聘难度大	增长期、稳定期	品牌直播、自运营直播
供货制	强成本把控，强激励	对用人单位要求高，招聘难度大	增长期、稳定期	自运营直播、达人直播
混合制	自由组合，灵活多变	结算体系复杂，磨合时间长	全阶段	全类型

图 4-32　薪资制度的适配情况分析

另外，为了提高主播的竞争力、留住优秀的主播，运营者和商家需要为主播提供晋升渠道，并对主播的晋升进行考核。通常来说，运营者和商家可以从面试、笔试和日常考核三个方面进行配比，对主播进行晋升考核，如图 4-33 所示。具体实行时，运营者和商家只需根据实际情况确定面试、笔试和日常考核的具体配比即可。

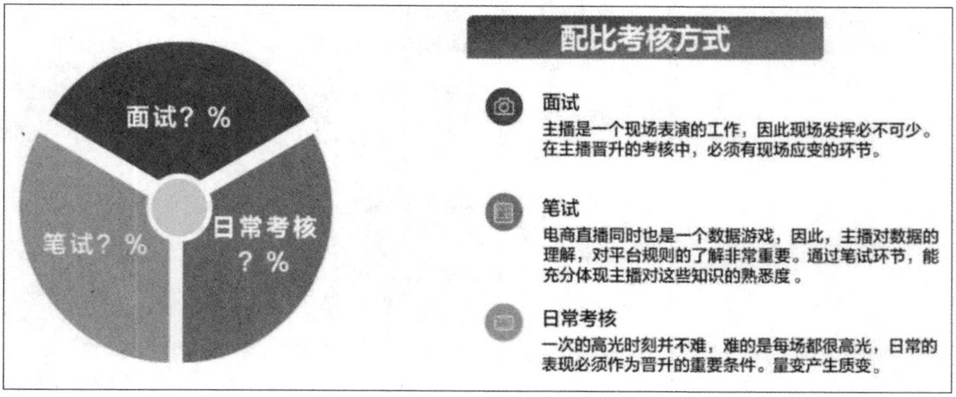

图 4-33　主播的晋升考核方式

第 5 章

直播运营：从零搭建抖音直播体系

在抖音直播带货的过程中，直播的运营非常重要。本章从开播设置和流量获取两方面，教大家从零开始搭建抖音直播体系，增强直播的卖货能力。

5.1 开播设置：直播间的核心搭建要素

在正式开播之前，运营者需要了解直播间的核心搭建要素，并对相关信息进行设置。本节讲解抖音直播开播的一些基础知识，帮助读者更好地进行开播设置。

5.1.1 直播间的常用设备

开播之前，运营者需要用心准备好各项直播设备。下面介绍直播间的常用设备。

1. 电脑和手机

现如今的抖音电商直播可谓是红红火火，很多人都想借此来“捞金”。抖音直播的载体有两种，一种是电脑，另一种是手机。那么，如何选购适合进行直播的电脑和手机呢？接下来笔者进行分析。

（1）电脑

从事专业直播的人群一般来说都有一定的才艺技能、理论普及和经济能力，他们采用的直播设备就是台式电脑和笔记本电脑，而直播对于这类设备的配置要求都是比较高的，高性能的电脑与主播直播的体验是成正比的。接下来从电脑配件的各部分参数进行分析，给主播推荐合适的电脑设备，以帮助大家提升直播的效果。

CPU 处理器。CPU 的性能对电脑的程序处理速度来说至关重要，CPU 的性能越高，电脑的运行速度也就越快，所以在 CPU 的选择上千万不能马虎或将就。一般来说选择酷睿 i5 或 i7 的处理器比较好。

运行内存条。内存条的选择和 CPU 一样，要尽量选择容量大。因为运行内存的容量越大，电脑文件的运行速度也就响应得越快。对于直播的需求来说，电脑内存容量的选择不能低于 8GB，如果预算充足，选择 8GB 以上的内存条更佳。

硬盘类型。现在市面上流行的硬盘类型有两种，一种是机械硬盘，另一种是固态硬盘。这两种硬盘各自的比较，如图 5-1 所示。

随着科学技术的不断进步，固态硬盘的生产技术也越来越先进成熟，所以，这也导致了固态硬盘的销售价格不断降低，容量单位也在不断扩大，也就不用担心选购固态硬盘的成本预算问题了。

显卡。体现电脑性能的另一个关键配件就是显卡，显卡配置参数的高低会影响电脑的图形处理能力，特别是在运行大型游戏及专业的视频处理软件时，显卡的性能就显得尤为重要。电脑显卡对直播时的效果也会有一定的影响，所以尽量选择高性能的显卡型号。

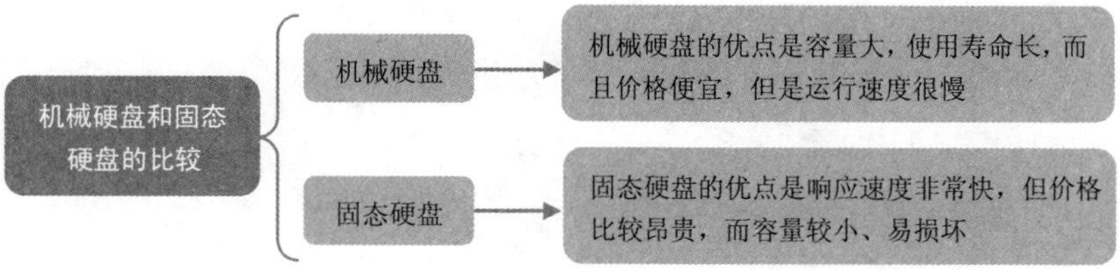

图 5-1　机械硬盘和固态硬盘的比较

（2）手机

随着移动通信技术的不断进步，手机的网速也越来越快。4G 网络普及后手机的网速已经能够达到流畅地观看视频的地步，这就为手机直播的发展提供了必要的前提条件。

与电脑直播相比，手机直播的方式更加简单和方便，主播只需要一部手机，然后安装一款直播平台的 App，再配上一副耳机即可进行直播。当然，如果觉得手持手机直播有点累，也可以为手机加个支架固定。

手机直播适用于那些把直播当作一种生活娱乐方式的人或者刚进入直播领域的新人，因为手机的功能毕竟没有电脑强大，有些专业的直播操作和功能在手机上是无法实现的。所以直播对手机配置的要求没有电脑那么高，虽然如此，对于手机设备的选购也是需要经过一番仔细地考虑和斟酌。

手机的选购和电脑一样，也要稍微注意一下手机的配置参数，然后在预算范围内选择一款自己喜欢的手机款式即可。

2. 灯光

摄影是用光的艺术，直播也是如此。为什么有的主播直播间看上去很明亮耀眼，有的主播直播间却是黯淡无光呢？这是灯光造成的不同效果。直播间的灯光主要分为以下五种。

（1）主光

主光灯须放在主播的正面位置，且与摄像头镜头光轴的夹角不能超过 15°。这样做能让照射的光线充足而均匀，使主播的脸部看起来很柔和，从而起到磨皮、美白的美颜效果。但是这种灯光设置略有不足之处，那就是没有阴影效果，会使画面看上去缺乏层次感。

（2）辅助光

辅助光宜从主播的左右两侧与主光呈 90° 夹角摆放。当然，还有一种更好的设置方法，可以将辅助光放置在主播左前方 45° 或右后方 45° 进行照射。这样做可以使主播的面部轮廓产生阴影，并产生强烈的色彩反差，有利于打造主播外观的立体质感。但需要注意的是灯光对比度的调节要适度，防止面部过度曝光或部分地方太暗的情况发生。

（3）轮廓光

轮廓光要放置在主播的后面，以便形成逆光的效果，这样做不仅能让主播的轮廓分明，还可以突出主播的主体作用。在使用轮廓光时必须要注意把握光线亮度的调节，因为光线亮度太大可能会导致主播这个主体部分过于黑暗，同时摄像头入光也会产生耀光的情况。

（4）顶光

顶光是从主播头顶照射下来的主光线，其作用在于给背景和地面增加亮度，从而产生厚重的投影效果，这样有利于塑造轮廓的造型，起到瘦脸的功效。但要注意顶光的位置离主播的位置尽量不要超过 2 米，而且这种灯光也有缺点，那就是容易使眼睛和鼻子的下方产生阴影，影响美观。

（5）背景光

背景光的作用是烘托主体，为主播的周围环境和背景进行照明，营造各种环境气氛和光线效果。但是在布置的过程中需要注意，由于背景光的灯光效果是均匀的，所以应该采取低亮度、多数量的方法进行布置。

以上五种灯光效果的设置在打造直播环境时必不可少，每种灯光都有各自的优势和不足，主播需要进行不同的灯光组合来取长补短。当然，在设置直播间灯光时，运营者还需要注意一些事项，如图 5-2 所示。

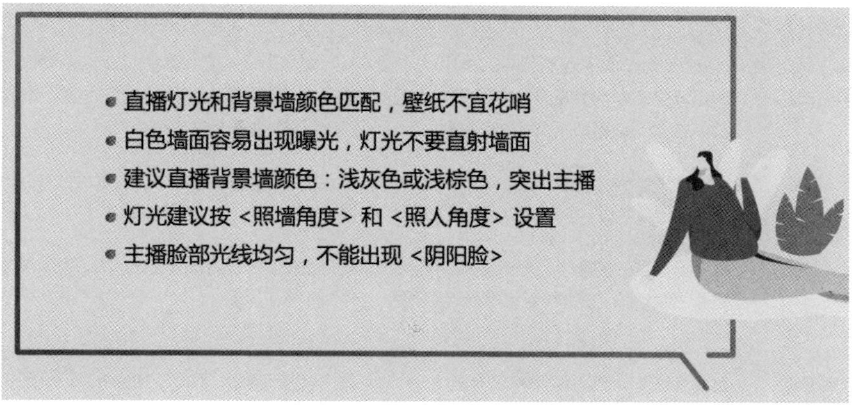

图 5-2　直播间灯光设置的注意事项

3. 道具

除了电脑、手机和灯光设备之外，运营者还可以使用一些道具类的设备来提升直播的效果，如小黑板和倒计时秒表等。图 5-3 所示为小黑板和倒计时秒表在直播间的作用。

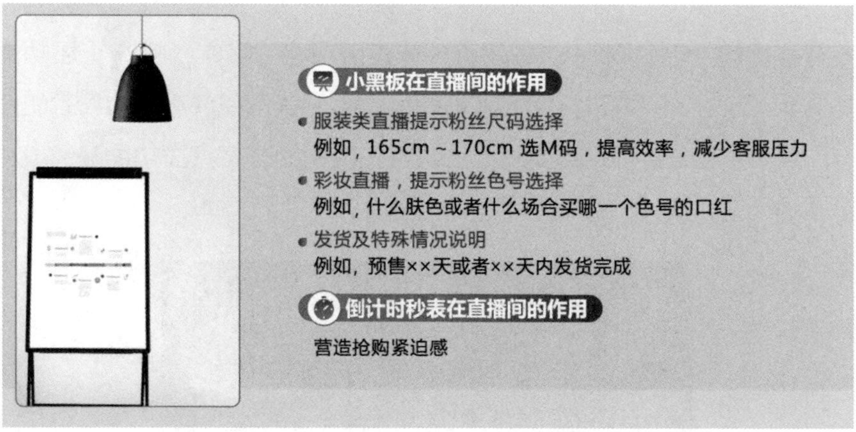

图 5-3　小黑板和倒计时秒表在直播间的作用

5.1.2　直播团队的人员角色

为了保障抖音电商直播的效果，运营者有必要在开播之前组建一个直播团队，并根据需要明确直播团队中的各个岗位角色及其对应的岗位职责。图 5-4 所示为直播团队的常见人员角色和岗位职责。

岗位角色	角色介绍	岗位职责
直播运营	直播运营是推进直播工作的人，包括产品卖点提炼、直播玩法、官方活动等	推动直播等产品、内容、服务三方面，提高直播可看性和直播产出结果
活动运营	活动运营是策划直播活动的人，对接官方活动并报名参加，争取活动资源和流量	策划自运营直播活动，并关注平台官方活动和各地区政府、产业带的活动
直播场控	直播场控是在直播时，提升直播间粉丝活跃和互动氛围，提高粉丝停留和购买兴趣的人	提升直播间粉丝活跃和互动氛围，提高粉丝停留和购买兴趣
直播策划	直播策划是策划直播间内容文案的人	确定直播间流程、脚本、提词等（不少团队直播运营兼任直播策划）
运营助理	运营助理是协助直播运营开展工作的人	协助直播运营开展工作，比如记录直播数据，统计竞争对手数据等

图 5-4　直播团队的常见人员角色和岗位职责

5.1.3　抖音直播的开播方法

抖音直播转化获利的基础是开通抖音直播功能。其实，抖音直播功能开通起来很简单，运营者只需进行实名认证即可。实名认证完成后，如果系统发来系统通知，告知你已获得开通抖音直播的资格，就说明抖音直播功能开通成功了，如图 5-5 所示。

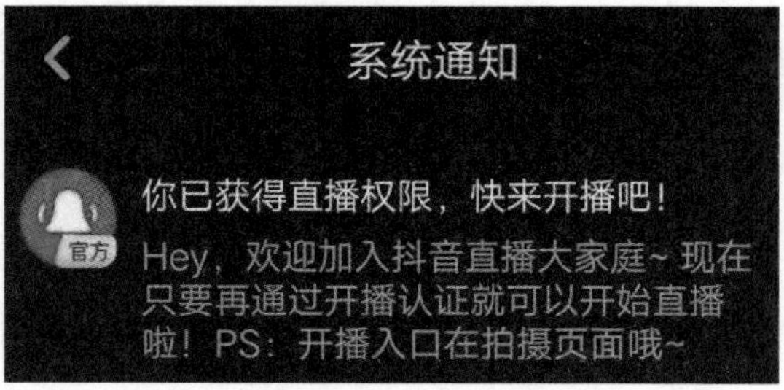

图 5-5　获得开通抖音直播权限的系统通知

对于运营者来说，抖音直播可谓是一种促进商品销售的重要方式。那么，究竟要如何进行抖音直播呢？图 5-6 所示为抖音直播的整体流程。

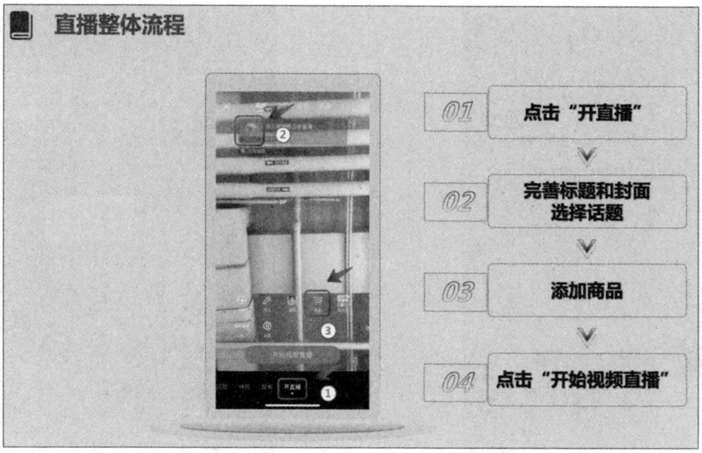

图 5-6　抖音直播的整体流程

步骤 01　登录抖音短视频 App，点击“首页”界面中的[+]图标，如图 5-7 所示。

步骤 02　进入“快拍”界面，点击“开直播”按钮，如图 5-8 所示。

图 5-7　点击[+]图标

图 5-8　点击“开直播”按钮

步骤 03　进入“开直播”界面，如图 5-9 所示。

步骤 04　在“开直播”界面中，❶设置直播标题和封面；❷点击“选择话题”按钮，如图 5-10 所示。

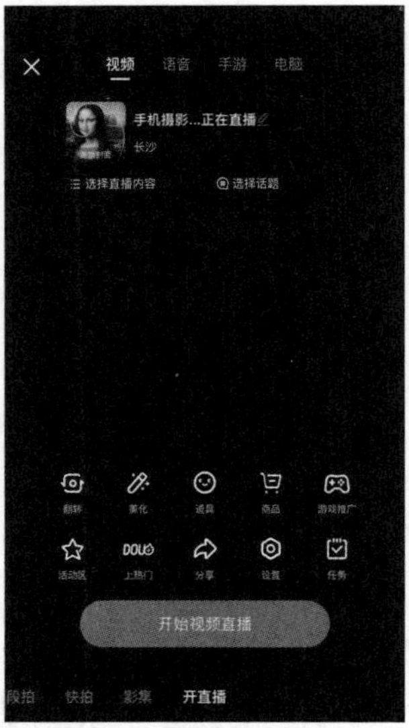

图 5-9　进入“开直播”界面

图 5-10　点击“选择话题”按钮

步骤 05　在“选择话题”面板中点击面板上方的“搜索或自定话题”按钮，如图 5-11 所示。

步骤 06　在弹出的“搜索或自定话题”面板中，❶输入话题名称，如“手机摄影”；❷点击“提交”按钮，如图 5-12 所示。

图 5-11　点击“搜索或自定话题”按钮

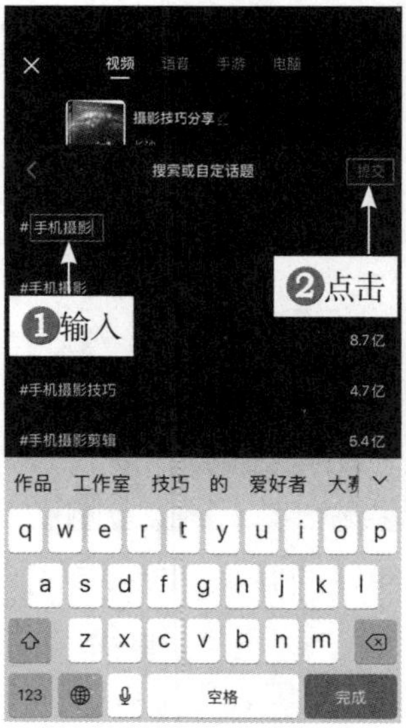

图 5-12　点击“提交”按钮

步骤 07　返回“开直播”界面，会显示话题“添加成功”。点击“商品”按钮，如图 5-13 所示。

步骤 08 进入“添加商品”界面，点击需要添加的商品后面的“添加”按钮，如图 5-14 所示。

图 5-13 点击“商品”按钮

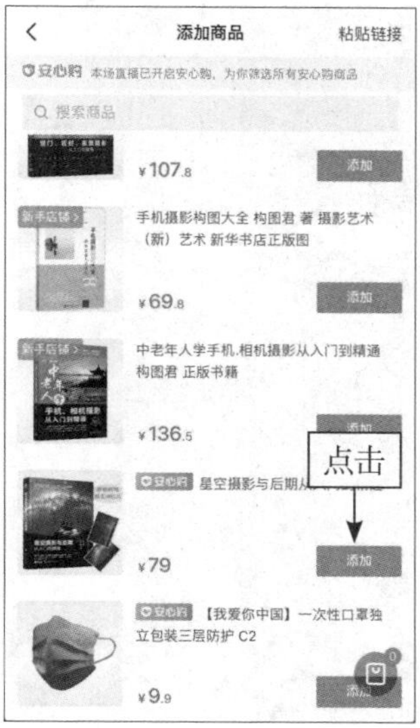

图 5-14 点击“添加”按钮

步骤 09 显示“商品已添加到购物袋”，如图 5-15 所示。

步骤 10 返回“开直播”界面，商品图标的上面会出现已添加的商品数量，点击“开启视频直播”按钮，如图 5-16 所示。

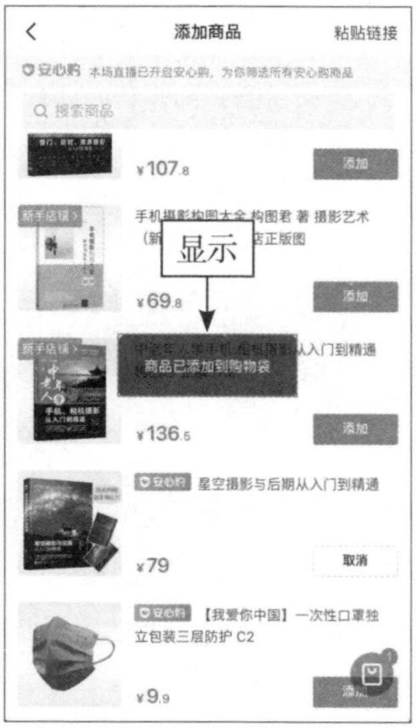

图 5-15 显示“商品已添加到购物袋” 图 5-16 点击“开启视频直播”按钮

步骤 11 出现直播开启倒计时，如图 5-17 所示。

步骤 12　倒计时结束后，如果进入直播间界面，就说明抖音直播开启成功了，如图 5-18 所示。

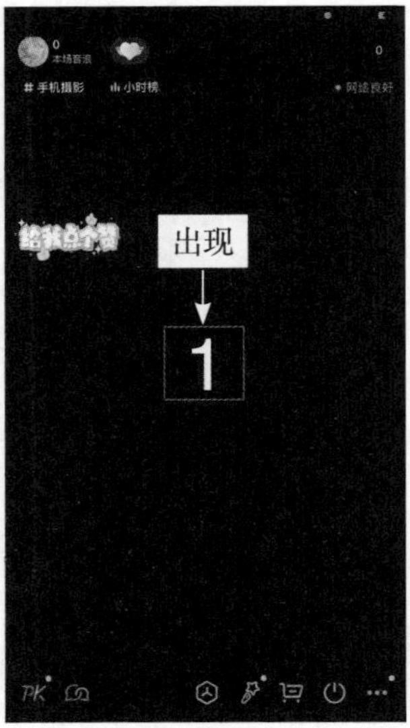

图 5-17　出现直播开启倒计时

图 5-18　抖音直播开启成功了

5.1.4　直播商品的添加与删除

抖音电商直播中要想将商品销售出去，最直接的方法就是在购物车中添加商品，为用户提供购买渠道。当然，当商品库存不足时，为了保证能及时发货，运营者还需要将购物车中的商品删除。那么，运营者要如何添加和删除直播商品呢？下面分别进行说明。

1. 添加商品

在抖音直播中可以通过两种方法添加商品，一种是在开播时通过“开直播”直接添加商品，另一种是在直播过程中添加商品。下面介绍在直播过程中添加商品的方法。

步骤 01　进入抖音直播界面，点击图标，如图 5-19 所示。

步骤 02　在弹出的“直播商品”面板中，点击“管理”按钮，如图 5-20 所示。

图 5-19　点击 图标

图 5-20　点击“管理”按钮

步骤 03　进入直播商品的管理界面，点击“添加”按钮，如图 5-21 所示。

步骤 04　进入“添加商品”界面，点击“添加”按钮，如图 5-22 所示。

步骤 05　如果界面中显示“商品已添加到购物袋”，就说明商品添加成功了，如图 5-23 所示。

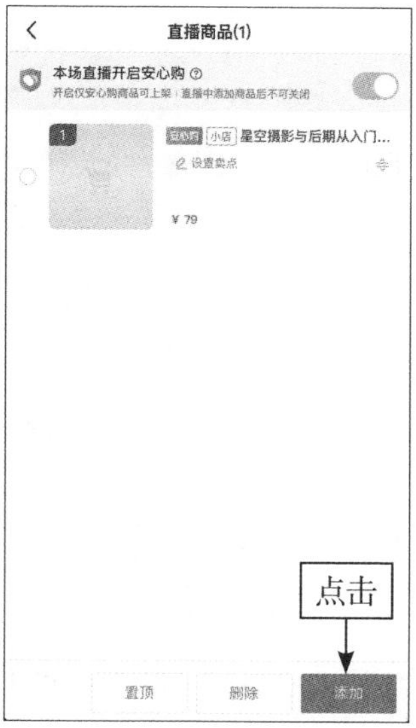

图 5-21　点击“添加”按钮

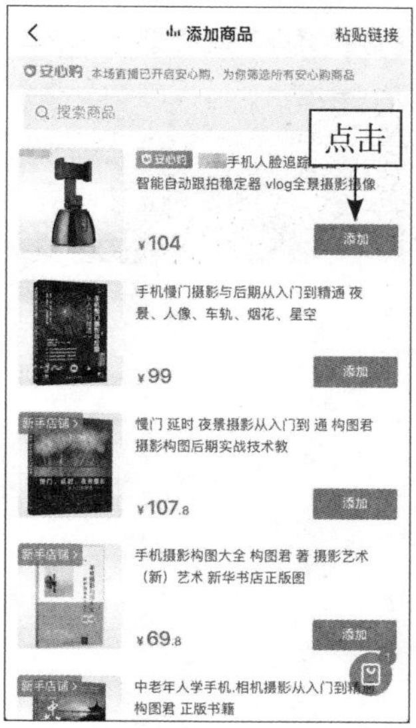

图 5-22　点击“添加”按钮

步骤 06　另外，如果运营者此时返回“直播商品”面板，会看到面板中出现了刚刚添加的商品，如图 5-24 所示。

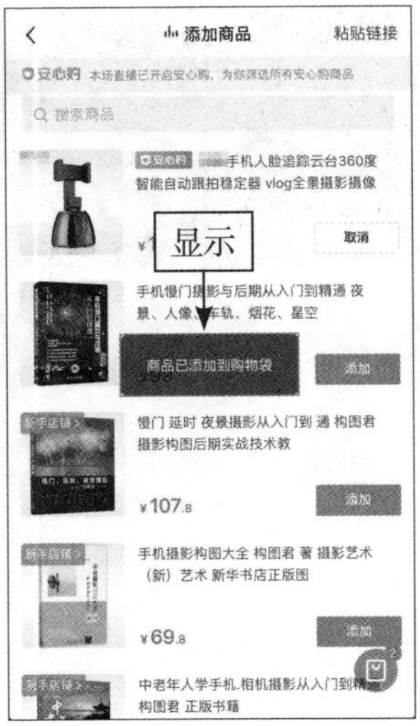

图 5-23　显示“商品已添加到购物袋”

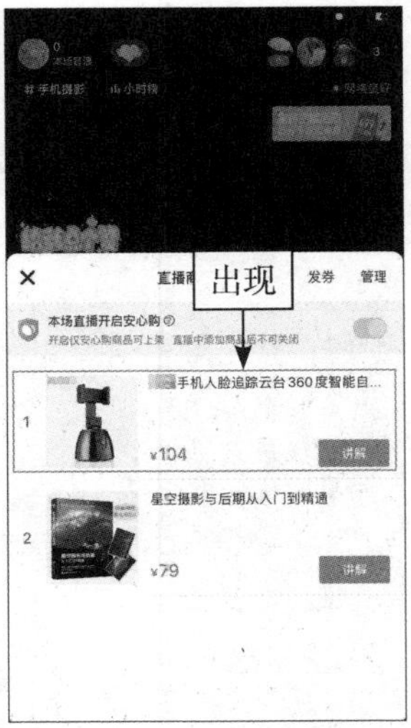

图 5-24　出现刚刚添加的商品

2. 删除商品

运营者可以直接在直播过程中删除商品，具体操作方法如下。

步骤 01　进入“直播商品”面板，点击“管理”按钮，如图 5-25 所示。

步骤 02　进入“直播商品”界面，❶选中需要删除的商品前方的单选按钮；❷点击“删除”按钮，如图 5-26 所示。

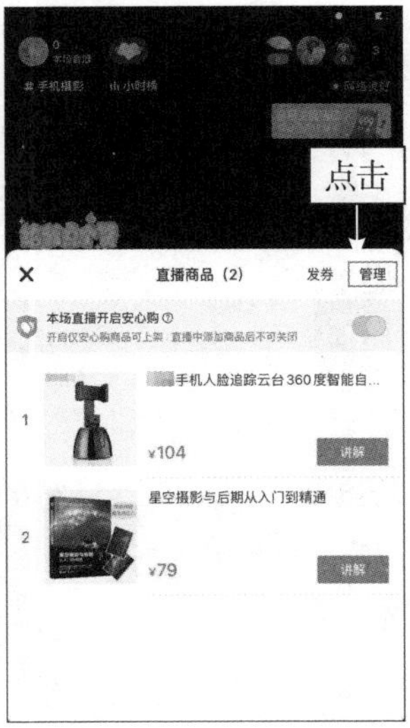

图 5-25　点击“管理”按钮

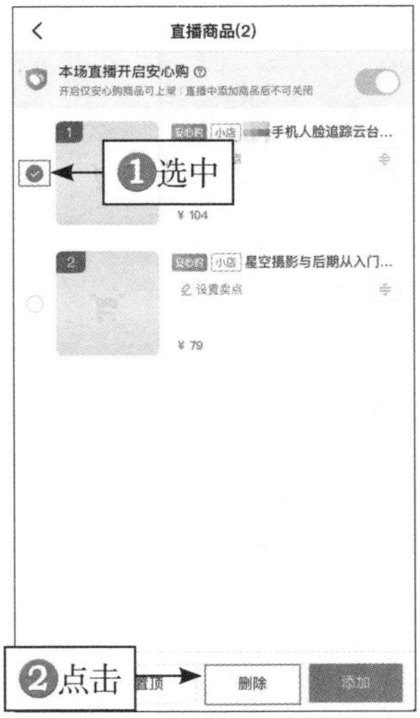

图 5-26　点击“删除”按钮

步骤 03　弹出“要删除选择的商品吗？”提示框，点击提示框中的“删除”按钮，如图 5-27 所示。

步骤 04　返回“直播商品”面板，如果步骤 02 中选择的商品消失了，就说明商品删除成功，如图 5-28 所示。

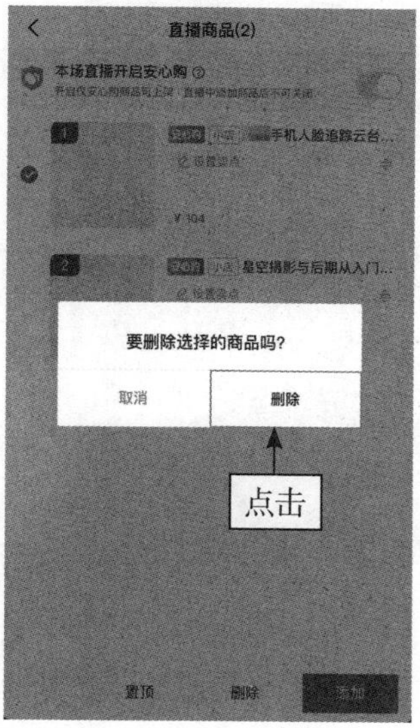

图 5-27　点击“删除”按钮

图 5-28　商品删除成功

5.2　流量获取：开播快速积蓄大量粉丝

在抖音直播带货的过程中，流量的获取是关键。通常情况下，一个直播获得的流量越多，增加的粉丝量和获得的销量也会越多。那么，有没有什么方法增加直播间的流量，让直播间快速积累大量粉丝呢？本节分享六种直播间引流增粉的方法。

5.2.1　通过爆款短视频吸粉

运营者可以通过打造爆款短视频为直播间引流增粉，这主要是因为爆款短视频会被很多用户看到，而且如果用户在看短视频时，抖音号正好在直播，那么抖音号头像中会显示“直播”这两个字。此时，如果用户点击抖音号头像，便会自动进入直播间，这无疑可为直播间带来一定的流量，如图 5-29 所示。

图 5-29　通过爆款短视频吸粉

5.2.2　使用主播券吸粉

利用优惠券吸粉是比较常见的吸粉方式之一，在抖音直播中，运营者可以使用的优惠券种类比较多，主播券便是其中之一。那么，什么是主播券？使用主播券能有什么好处呢？这些问题在抖音电商学习中心的“主播券－定义”中给出了答案，如图 5-30 所示。

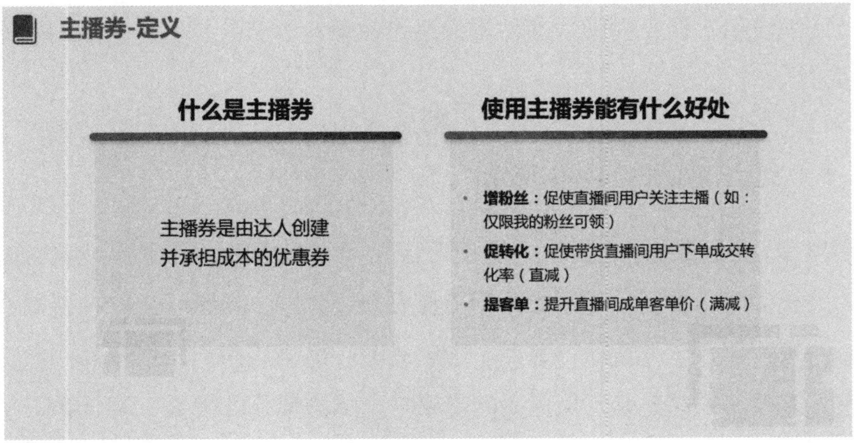

图 5-30　主播券的定义

既然使用主播券对直播带货有好处，那么运营者要怎样使用主播券呢？下面介绍主播券的使用步骤。

步骤 01　进入巨量百应平台的后台，❶依次单击“直播管理”按钮和“主播券管理”按钮；❷单击“主播券”板块中的“充值”按钮，如图 5-31 所示。

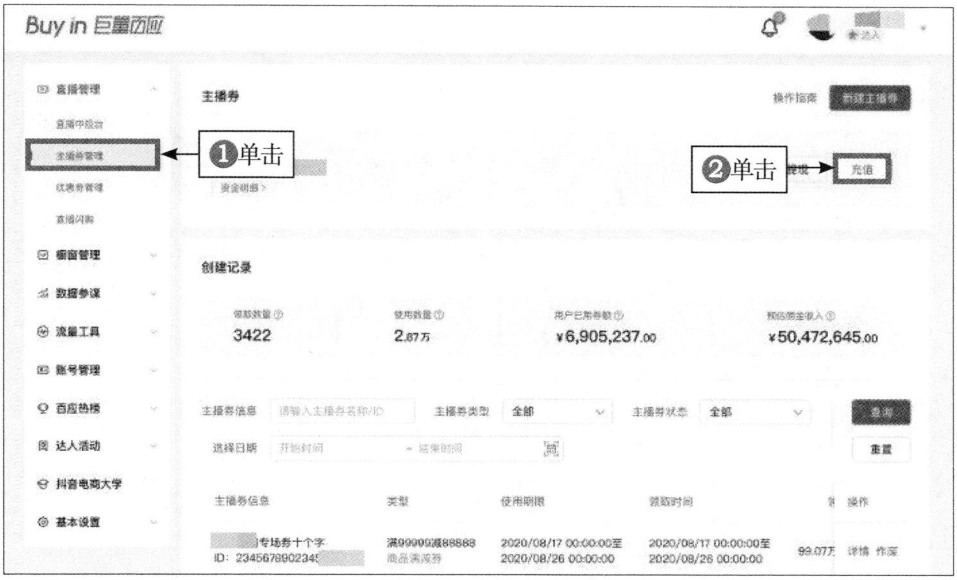

图 5-31　单击“充值”按钮

步骤 02　弹出“充值创券资金”面板，❶选择需要充值的金额；❷单击“充值”按钮，如图 5-32 所示。

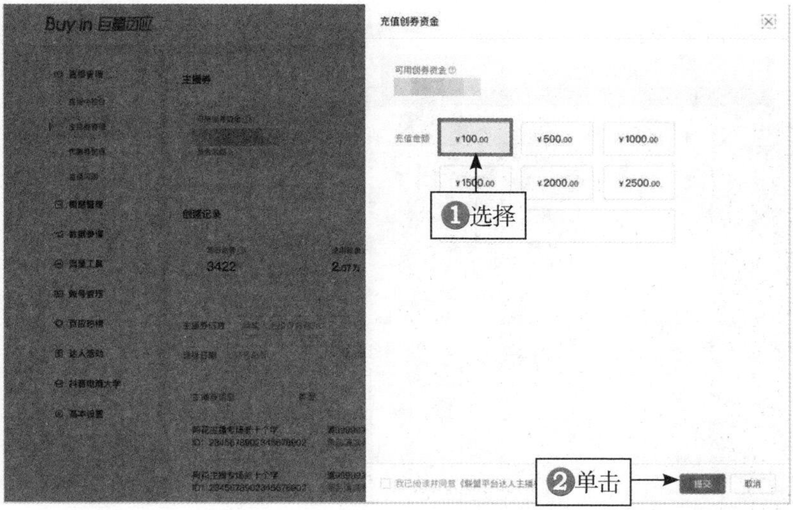

图 5-32　选择需要充值的金额

步骤 03　单击“主播券”板块中的“新建主播券”按钮，如图 5-33 所示。

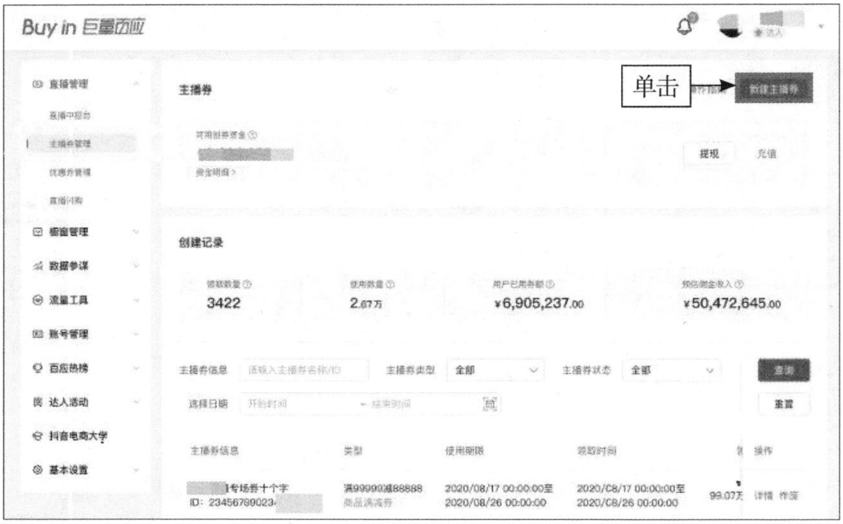

图 5-33　单击“新建主播券”按钮

步骤 04　在弹出的“新建主播券”板块中，设置主播券的相关信息，如图 5-34 所示。

步骤 05　在“直播管理”界面中，❶依次单击“直播间发券”按钮和“主播券”按钮，进入“主播券”板块；❷单击对应主播券后面的“立即发券”按钮，即可发送主播券，如图 5-35 所示。

步骤 06　如果运营者要暂停发放主播券，只需单击“主播券”板块中，对应主播券后面的“暂停发券”按钮即可，如图 5-36 所示。

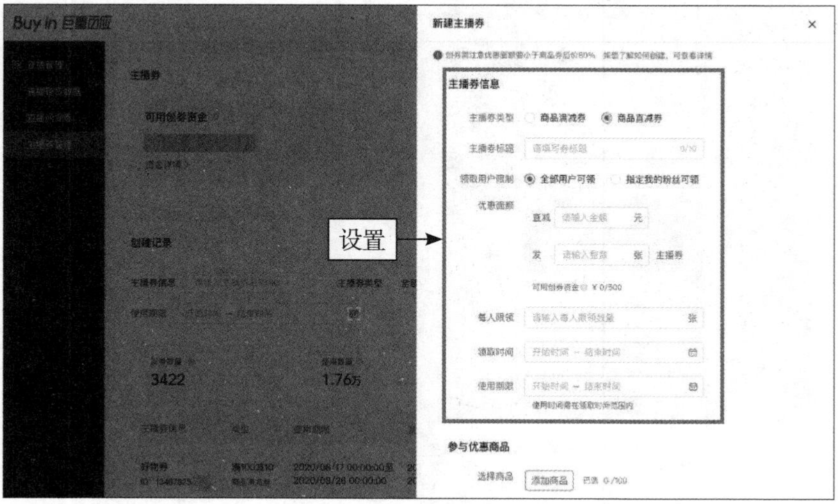

图 5-34　设置主播券的相关信息

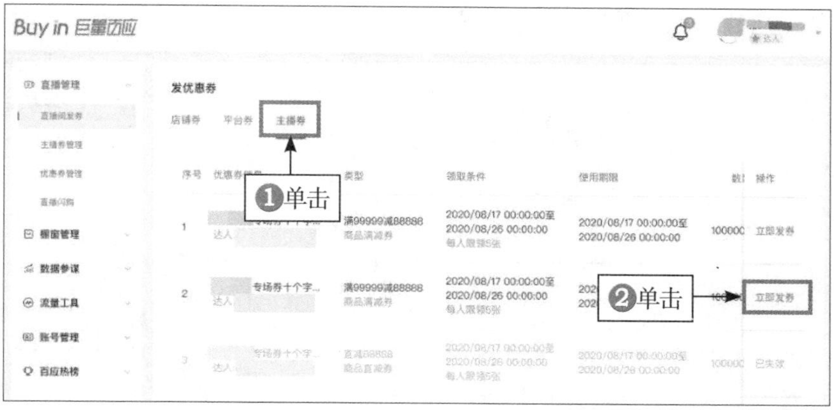

图 5-35　单击“立即发券”按钮

图 5-36　单击“暂停发券”按钮

另外，在发放主播券的过程中，运营者还有几个需要特别注意的事项，如图 5-37 所示。

注意事项

- 自卖商品/非小店商品/商家关闭达人营销授权商品，暂不可设置主播券。
- 如商家关闭达人营销授权，达人可联系商家进行授权，授权后，达人可为该商品创建主播券。

图 5-37　发放主播券的注意事项

5.2.3 使用达人定向券吸粉

可能“达人定向券”这个名字，许多人都没有听过。那么，什么是达人定向券？为什么要使用达人定向券呢？抖音电商学习中新的“达人定向券 - 定义”中给出了答案，如图 5-38 所示。

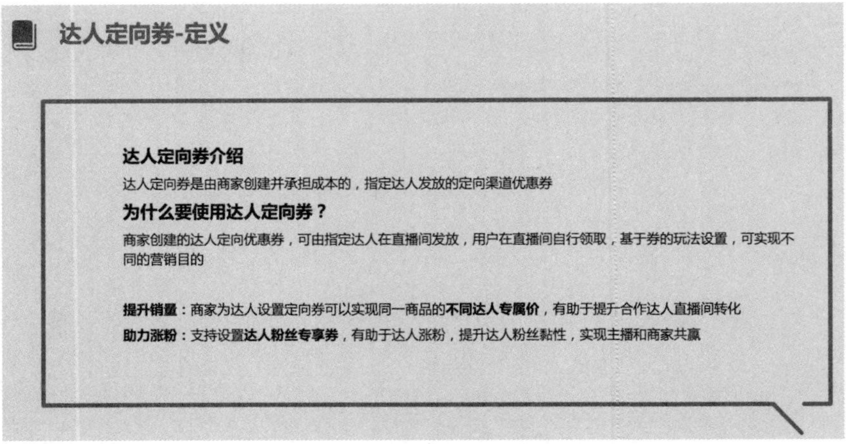

图 5-38 达人定向券的定义

很显然，发放达人定向券对于提升销量和助力涨粉是有一定作用的，那么要怎样发放达人定向券呢？抖音电商中心的“定向券发放教程”中提供了两种发放达人定向券的方式，如图 5-39 所示。

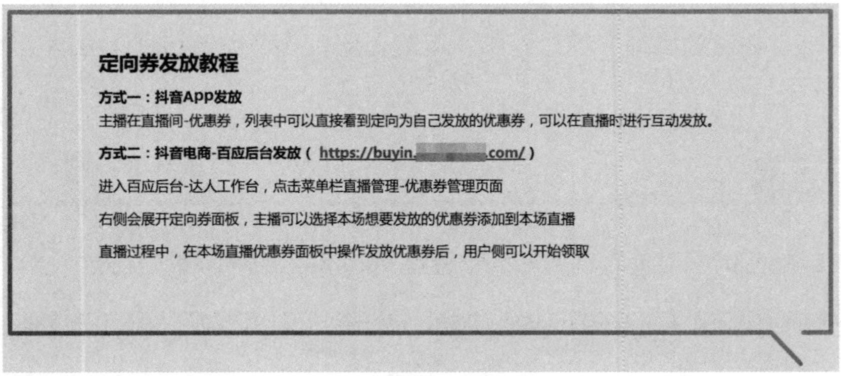

图 5-39 达人定向券的发放方法

5.2.4 通过粉丝专享券吸粉

粉丝专享券是指只有抖音号粉丝能够领取和使用的一类优惠券。正是因为只有抖音号的粉丝才能领取和使用，所以只要粉丝专享券设置得好，就能快速达到引流增粉的目的。那么，运营者要怎样设置和发放粉丝专享券呢？具体的操作步骤如下。

步骤 01　进入抖店平台，单击“首页”界面上方的“营销中心”按钮，如图 5-40 所示。

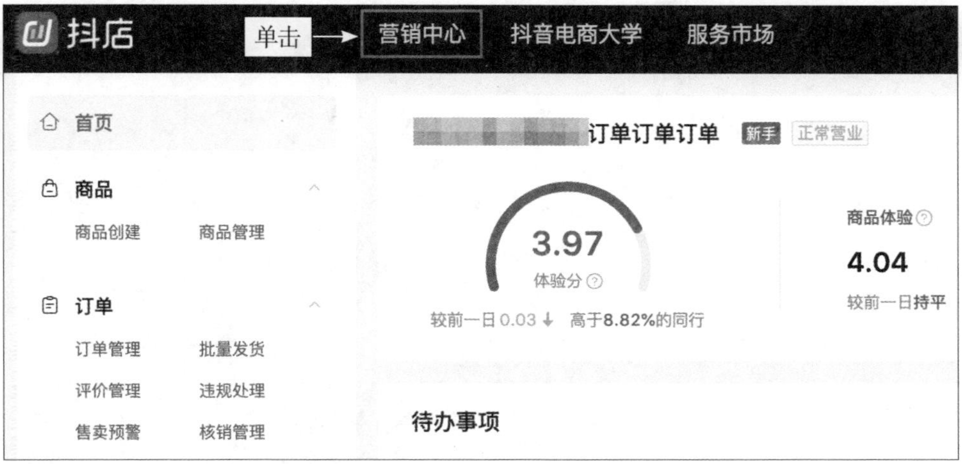

图 5-40　单击“营销中心”按钮

步骤 02　在“抖店 | 营销中心”界面中，❶依次单击“营销工具”按钮和“优惠券”按钮，进入优惠券设置界面；❷单击界面中的“新建批次券”按钮，如图 5-41 所示。

图 5-41　单击“新建批次券”按钮

步骤 03　进入“新建批次券”界面，❶选择“粉丝专享券”选项；❷设置粉丝专享券的相关信息；❸单击“提交”按钮，如图 5-42 所示。

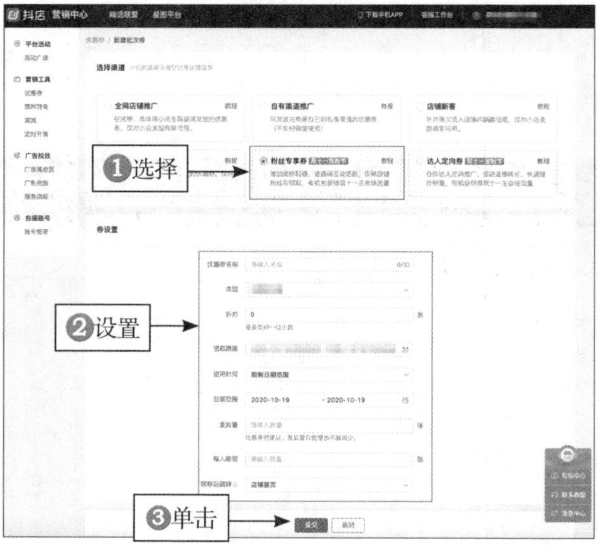

图 5-42　单击“提交”按钮

步骤 04　进入抖音直播间的“优惠券”板块，单击对应粉丝专享券后方的“立即发券”按钮，即可发放粉丝专享券，如图 5-43 所示。

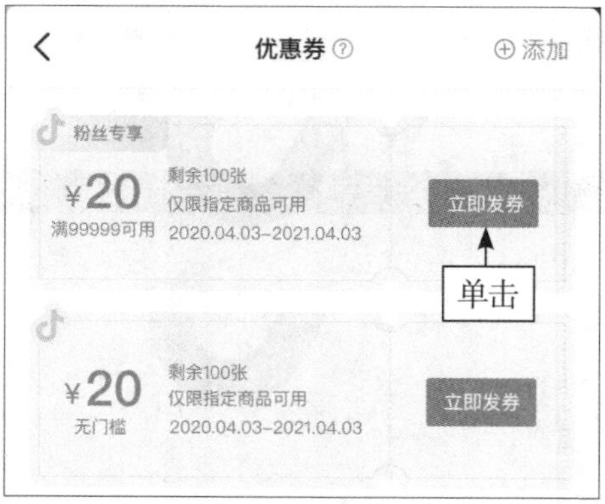

图 5-43　单击“立即发券”按钮

5.2.5　通过直播公告吸粉

如果移动电商运营者确定了直播的时间和内容，可以通过直播公告，将具体的开播时间和内容告知用户，让更多用户第一时间观看你的直播，从而达到引流增粉的目的。具体来说，运营者可通过如下步骤设置直播公告。

步骤 01 登录抖音短视频 App，点击“快拍”界面中的“开直播”按钮，进入“开直播”界面，点击“设置”按钮，如图 5-44 所示。

步骤 02 弹出“设置”面板，点击“直播公告”后面的“去填写”按钮，如图 5-45 所示。

图 5-44 点击“设置”按钮

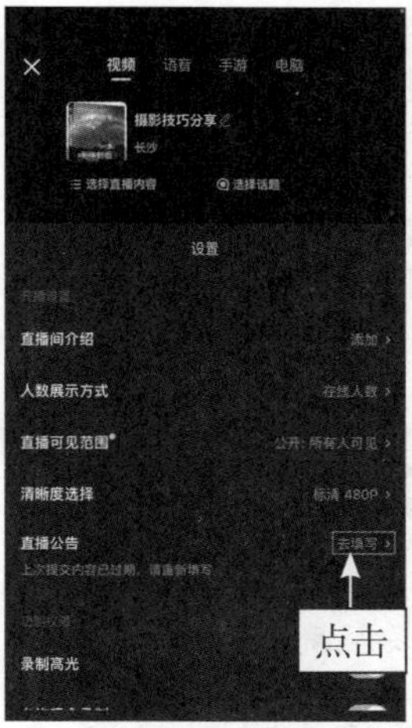

图 5-45 点击“去填写”按钮

步骤 03 弹出“直播公告”面板，点击“启用直播公告”后面的图标，如图 5-46 所示。

步骤 04 图标会变成图标，点击“开播时间”后面的“请选择”按钮，如图 5-47 所示。

图 5-46 点击图标

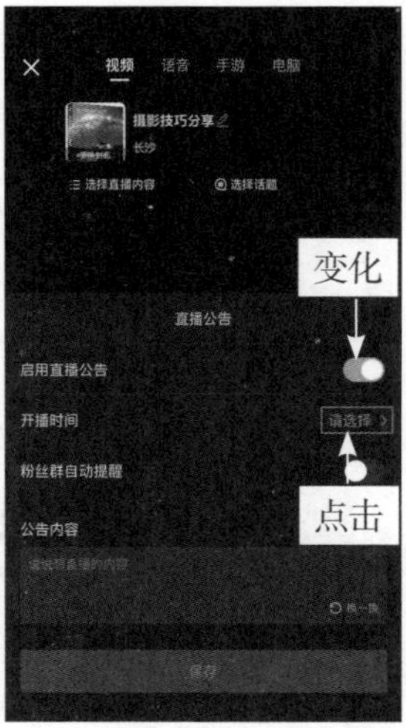

图 5-47 点击“请选择”按钮

步骤 05　在弹出的“预告开播时间”面板中，❶设置开播时间；❷点击“保存”按钮，如图 5-48 所示。

步骤 06　返回“直播预告”面板，会显示设置的开播时间。❶设置直播公告内容；❷点击“保存”按钮，如图 5-49 所示。

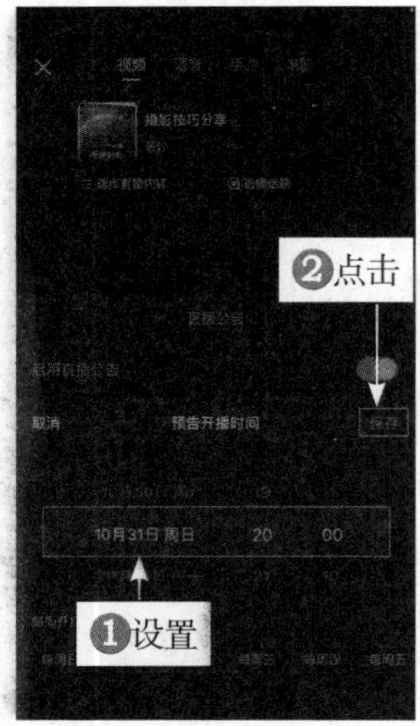

图 5-48　点击“保存”按钮（1）

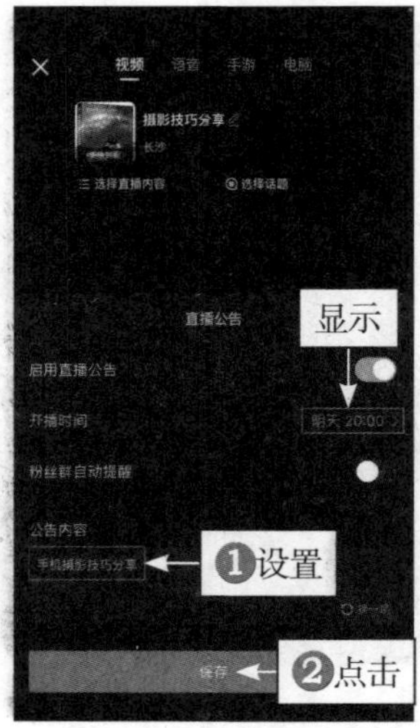

图 5-49　点击“保存”按钮（2）

步骤 07　抖音官方发送“直播公告审核结果”的通知中会显示“已为你开启直播公告”，就说明预告直播时间设置成功了，如图 5-50 所示。

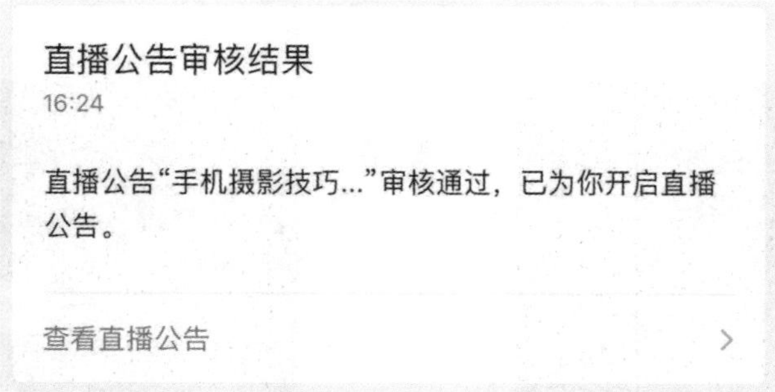

图 5-50　预告直播时间设置成功

5.2.6　通过 DOU＋上热门吸粉

运营者可以在“开直播”界面中开启“DOU＋上热门”功能，让抖音平台将直播间推送给更多的用户，从而起到引流增粉的作用，具体操作步骤如下。

步骤 01　登录抖音短视频 App，点击“快拍”界面中的“开直播”按钮，进入“开直播”界面，点击界面中的“上热门”按钮，如图 5–51 所示。

步骤 02　在弹出“DOU + 直播上热门”面板中点击“立即加热”按钮，如图 5–52 所示。

图 5–51　点击“上热门”按钮

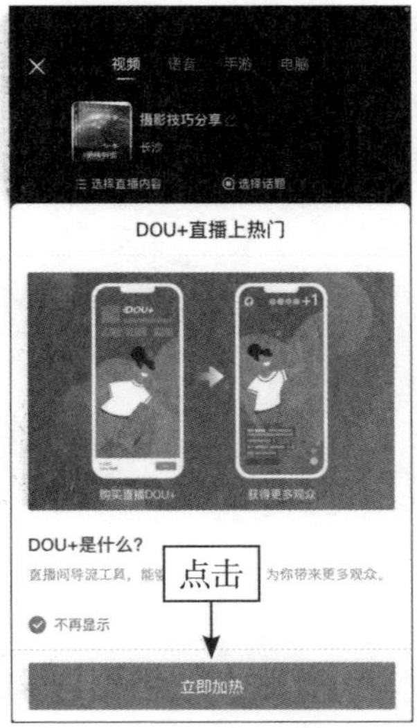

图 5–52　点击“立即加热”按钮

步骤 03　在“DOU + 直播上热门”面板中，❶设置下单金额、在意的项目、想吸引的观众类型、加热方式和期望曝光时长等信息；❷点击“支付”按钮，如图 5–53 所示。

图 5–53　点击“支付”按钮

步骤 04　运营者即可借助“DOU + 上热门”功能获得更多的流量。

第6章 卖货技巧：成为千万级成交额主播

什么事情都是有技巧的，抖音直播卖货也是如此。如果主播能够掌握实用的直播卖货技巧，就有可能成为千万级成交额的大主播。本章介绍抖音直播卖货的技巧，让大家更好地提升直播的卖货能力。

6.1　直播策划：提升直播间的转化效果

一场直播短则几十分钟，长则几个小时。这么长的时间，如果不进行策划，将难以保证直播的正常、有序进行。而且运营者和商家要想提升直播间的转化效果，还得通过策划事先做好准备。需要特别说明的是，直播策划不只是简单的列出直播内容，还得做好选品工作，并设计好互动方案。

6.1.1　直播新手选品的常用步骤

做好选品对于直播新手来说是一个考验，因为缺乏经验，直播新手很难快速选择合适的商品。其实，直播选品是有方法的，直播新手只需通过如下步骤，即可选到比较适合的商品。

1. 选择品类

直播选品的第一步就是确定要销售的商品品类。在这个过程中，运营者和商家需要根据自身存在的优势来选择合适的品类。具体来说，运营者和商家可以从自身（包括主播）的职业、形象、内容、粉丝和货品优势来确定要销售的商品品类，如图 6-1 所示。

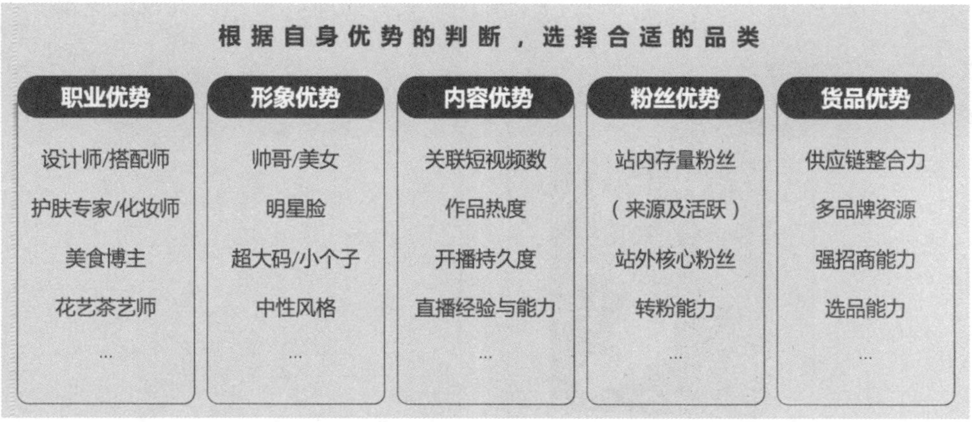

图 6-1　根据自身优势选择品类

2. 制定规划

确定了商品的品类之后，运营者和商家便可以根据自身的直播情况，制定选品规划。例如，运营者和商家可以根据每周的直播情况，做好一周的选品规划，如图 6-2 所示。

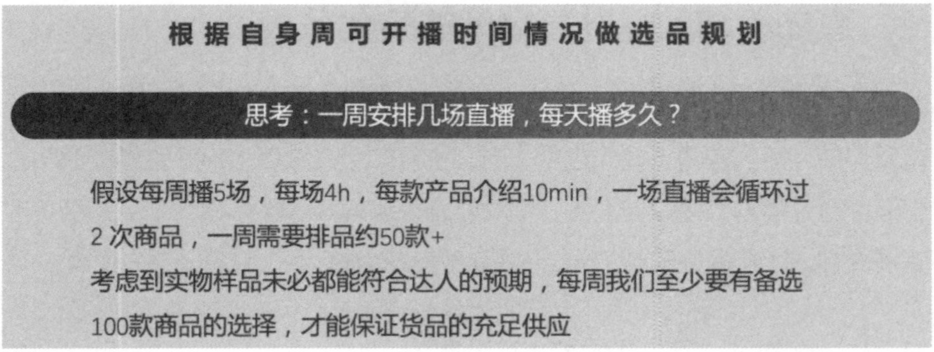

图 6-2　根据每周直播情况做好选品规划

3. 确定商品

每个商品品类包含的商品很多，运营者和商家可以根据自身情况缩小商品的范围，选择与账号定位更贴合的商品进行销售。在有必要的情况下，还可以将选品确定到某个具体的商品。

4. 评估商家

确定商品之后，运营者和商家可以在抖音“精选联盟”平台中搜索商品，并点击搜索结果，查看“商品推广信息”界面中的商家信息，对商家进行评估。例如，在某店铺销售的《手机短视频拍摄与剪辑从新手到高手》推广信息界面中，可以看到商家体验分为 4.95 分，向上滑动界面，还可以看到该商家的商品、物流和服务体验分，如图 6-3 所示。

图 6-3　《手机短视频拍摄与剪辑从新手到高手》的“商品推广信息”界面

专家提醒：通常来说，在抖音“精选联盟”平台中会有多个店铺销售同一种商品。运营者和商家在选品时，可以综合考虑这些店铺的各项评分，然后选择其中评分相对较高的店铺进行合作。因为用户在抖音直播中购物时，也会将店铺的评分作为一个重要的参考因素，如果店铺评分比较低，用户会觉得购买的商品得不到保障。

6.1.2 高成交直播间的选品逻辑

除了选品的步骤之外，运营者和商家还需要明白高成交直播间的选品逻辑，例如，什么样的商品会更容易受到用户的欢迎。对此，运营者和商家在选品时可以参考四个原则，如图 6-4 所示。

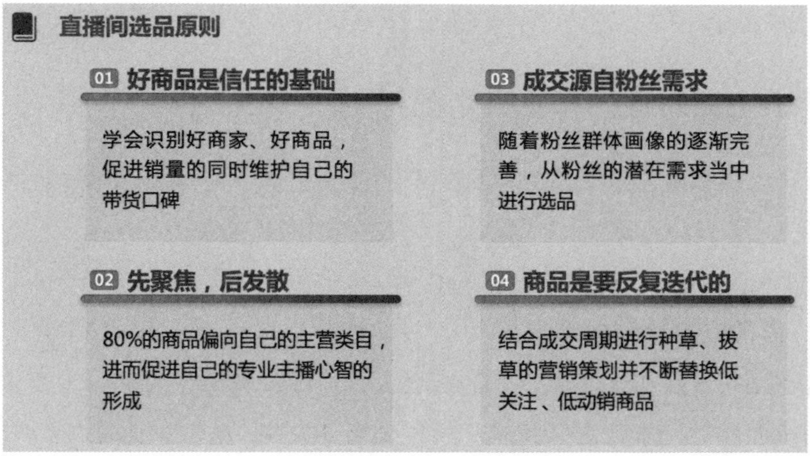

图 6-4 直播间选品的原则

通常来说，一场直播中需要销售多种商品，那么运营者要如何进行组货（即组合商品）呢？对此，运营者和商家可以根据直播中要销售的商品，选择合适的组合类型，然后根据组合类型来进行选品。图 6-5 所示为抖音直播选品常见组货类型的具体分析。

专家提醒：SKU 是 Stock Keeping Unit 的缩写，可以理解为库存量单位，即库存进出计量的单位。

	货品类别	SKU数量	优势	不足
单一款式类组货	全部为同一品类产品 如全部为美妆或食品	常见情况为1～5款 主推1～2款产品	组货成本低 操作简单 操作门槛低	受众过于单一 转化成本较高 通常对广告流量依赖度高
垂直品类组货	全部为同一品类产品或相关产品 如全部为美妆或食品	垂类直播间SKU数量较多，场均30款以上且定期更新	货品品类集中有利于吸引同一类人群，从而提高转化率直播爆发潜力大	货品垂直粉丝也趋于垂直兴趣 拓展直播品类时需要逐渐测试拓开
多品类组货	通常包含五个及以上的产品品类，其中食品、美妆、家居、珠宝、服饰最常见	常见为30～80款产品	品类多样，受众范围广，引流简单，直播间停留时间长	人设不稳时很难树立心智 容易被多样化需求带偏节奏 对直播团队能力要求较高
品牌专场组货	全部同一品牌或衍生品牌产品，比如全部为"A品牌"产品或"B品牌"产品	一般品牌专场商品数量在20～50款	品牌背书可提升信任度 专场合作可以拿到更大优惠 利于直播间转粉及转化	单一品牌组货难度较大
平台专场组货	与多品类组货类似 货品来源不同 一般由某大型平台商家/大型供应链商家单独提供	常见为30～80款产品	货品资源更加优质 优惠力度大 平台背书能提高购买意愿	平台组货成本较高 资源获取难度系数大

图 6-5　抖音直播选品常见组货类型的具体分析

6.1.3　电商直播的脚本策划技巧

运营者要想通过直播策划达到预期的销售目标，还得重点做好直播脚本内容的策划。接下来，通过直播脚本策划的内容和模板的解读，帮助大家更好地进行直播脚本的策划。

1. 直播脚本策划的内容

直播脚本一般包含九个方面的内容，即目标、类型、简介（主要内容）、人员安排、时间、主题、流程细节、推广分享及总结。它们的具体内容分别如下。

（1）目标

明确达到的目标是什么，这个目标要尽可能的具体量化，只有这样你才会有方向和动力。比如，观看人数、转化率和成交额等。

（2）类型

要确定直播的类型，可以根据自己的爱好或者特长来选择适合自己的分类。类型的确定实际上就是锁定目标群体，从而更好地形成自己的风格和特色。

（3）简介

简介是对直播的核心内容进行提炼和概括，能让用户一眼明白和了解直播的大概内容。

（4）人员安排

直播包含的环节比较多，一个人要完成一场直播是比较困难的。所以这时候就需要组建专门的运营团队，安排人员来协助完成各项工作，这样才能集众人的力量把直播做得更好。

（5）时间

确定时间是直播脚本的一个重要组成部分。直播时间需要根据相关人员的时间安排来定。毕竟，只有在相关人员都有时间的情况下，才能保证直播的顺利进行。另外，直播时间还需要迎合粉丝群体的生活习惯和需求。例如，周一至周五，这段时间绝大部分人白天都在工作或者读书，所以直播最好选择在晚上进行；而周六或周日，则下午或者晚上都可以直播。选择合理的直播时间能够增加直播的观看人数。

确定好时间之后一定要严格地执行，尽量使时间段固定下来，这样能够将策划好的脚本内容落到实处，提高工作效率。

（6）主题

主题本质上就是告诉用户做直播的目的是什么，明确主题能够保证内容的方向不会跑偏。主题可以从不同角度来确定，比如产品的效果展示、功能特色、优惠福利或者方法技巧教程等，需要注意的是主题要足够清晰。

（7）流程细节

流程细节就是指所有步骤环节都有对应的细节和时间节点可以把控。

（8）推广分享

直播的推广分享是必不可少的。通过推广分享，可以吸引更多用户观看直播，从而有效地提高直播的热度。

（9）总结

直播结束之后，运营者要对整个过程进行回顾，总结经验和教训，发现其中存在的问题和不足，对于一些好的方法和措施要保留和继承，以此来不断地完善和改进自己的工作。

2. 直播脚本策划模板

前面提到了直播内容的流程细节，那么一个完整的直播脚本策划究竟应该有那些环节和步骤呢？下面以某直播为例，介绍直播带货的脚本策划模板，帮助读者策划好直播脚本。

（1）直播主题

直播的主题可以体现在直播间的标题上。某直播的主题为：“微胖妹妹冬季显瘦穿搭”，可以将该主题作为直播的标题。

（2）主播及介绍

此次直播的主播是：“微胖女生穿搭”。该主播的身份是：品牌主理人、时尚博主、模特儿。

（3）直播时间

2021 年 11 月 12 日 14:00—18:00。

（4）内容流程

该直播的内容流程一共分为 12 个环节步骤，具体内容如下。

① 前期准备

直播开始之前的前期准备工作包括：直播宣传、明确目标、人员分工、设备检查和产品梳理等。

② 开场预热

14：00—14：15：先与观看直播的用户适度互动，并进行自我介绍等。

③ 品牌介绍

14：15—14：30：强调关注店铺和预约店铺。

④ 直播活动介绍

14：30—15：00：直播福利、简介流程和福利性引导。

⑤ 产品讲解

15：00—16：00：从外到内，从宏观到微观，语言生动真实。

⑥ 产品测评

16：00—16：30：从用户的角度全方位地体验产品。

⑦ 产品性观众互动

16：30—17：00：为用户进行案例讲解、故事分享、疑问解答等。

⑧ 试用分享、全方位分析

17：00—17：15：客观性，有利有弊，切忌夸夸其谈。

⑨ 抽取奖品

17：15—17：30：抽奖互动，穿插用户问答。

⑩ 活动总结

17：30—17：45：再次强调品牌、活动以及自我调性。

⑪ 结束语

17：45—18：00：准备下播，引导关注，预告下次内容和开播时间。

⑫ 复盘

直播结束之后，运营者和商家要对整个过程及时进行复盘，发现问题、调整脚本、优化不足等。

以上就是直播脚本策划的整个流程和步骤，制订一份详细、清晰和可执行的脚本，并且还要考虑各种突发状况的应对方案，这样才能更好地保证直播的顺利进行和达到预期的带货效果。

需要注意的是，直播脚本的内容并不是一成不变的，只有不断地优化和调整直播脚本才能对直播的操作更加游刃有余。一份出色的脚本是直播取得不错效果的必要条件，可以让你的直播有质的提升和飞越。

6.1.4 直播带货的用户互动方法

运营者和商家可以对直播带货的粉丝互动方法进行策划，确定具体的实施方案。图 6-6 所示为常见的直播带货粉丝互动方法。运营者和商家可以从中选择几种具体的方法来提高用户的互动意愿。

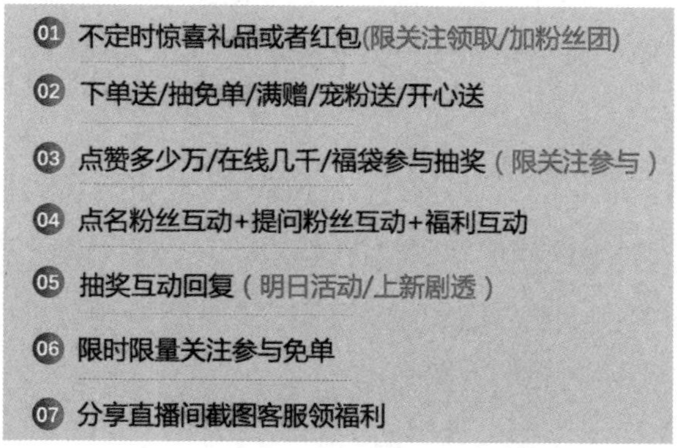

图 6-6　常见的直播带货用户互动方法

以福袋抽奖为例，运营者和商家可以将参与抽奖的商品添加到直播中，并设置抽奖的时间。这样一来，用户只要打开购物车便可以看到开奖的倒计时，而且点击“参与抽奖”按钮，还可以看到参与抽奖的方法，如图 6-7 所示。因此，用户看到参与抽奖的方法之后，为了获得抽奖资格，会更加积极地进行互动。

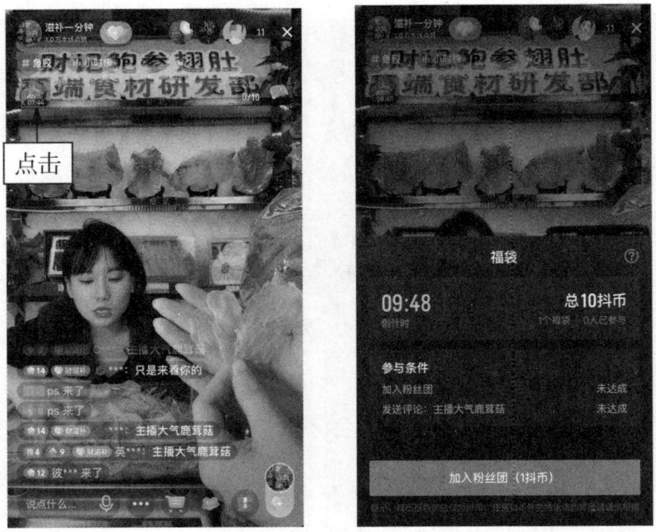

图 6-7　通过福袋抽奖增加互动

6.2　提升销量：掌握直播间用户的购物路径

对于运营者和商家来说，直播间商品的销量与收益直接相关，如果能够提升销量，就能获得更多的收益。当然，用户从查看直播间内容到完成购物是有一定路径的，运营者和商家要提升销量，就要掌握直播间用户的购物路径，一步步地引导用户完成购物，甚至是让用户进行复购。

6.2.1　提高直播间的点击率

运营者和商家要想让用户在直播间购买商品，首先得让用户进入直播间。对此，运营者和商家可以通过增加直播间曝光和内容吸引力来提高直播间的点击率，让更多用户愿意进入你的直播间。

通过增加直播间曝光和内容吸引力的方法有很多，这里讲解两种方法。一种是对直播间进行定位，让同城用户可以看到你的直播；另一种是编写对用户有吸引力的直播标题。

运营者和商家只需在“开直播”界面设置信息时，显示自身定位，那么开启直播之后，同城板块中会出现直播入口。具体来说，运营者和商家显示直播定位之后，用户点击“首页”界面的同城按钮（图中的“岳麓”按钮，这个按钮会根据定位变化），可在同城板块中看到同城的直播，如图 6–8 所示。如果用户对直播内容感兴趣，还可以点击界面中除标题和按钮以外的任意位置进入直播间。

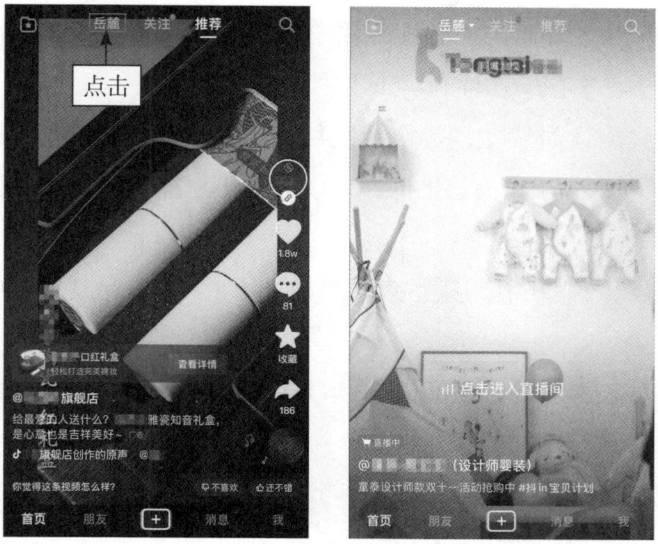

图 6–8　同城板块中的直播

而编写直播标题时，则可以通过增加与低价和福利相关的字眼来吸引用户点击查看直播内容。图 6–9 所示为两个直播的标题，可以看到这两个标题中增加了“2.9 元起”和“秒杀”等对用户比较有吸引力的字眼。

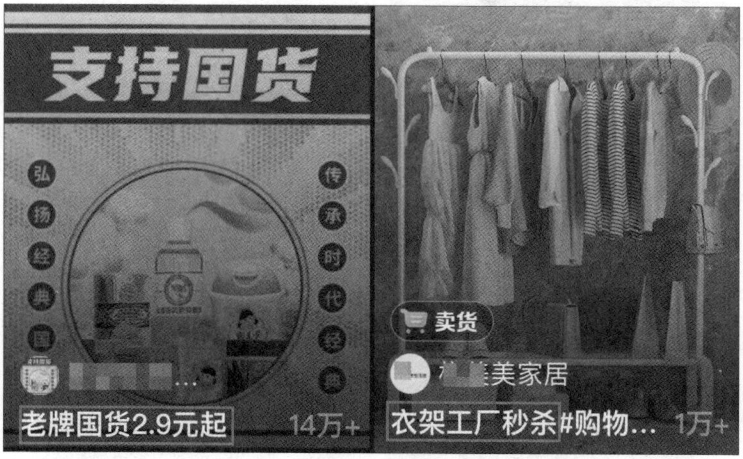

图 6–9　对用户有吸引力的标题

6.2.2 优化用户的停留与互动

用户点击进入直播之后，如果觉得内容没有吸引力，可能会选择马上离开。因此，如果运营者和商家要提升销量，就需要优化用户停留与互动，通过增加与用户的接触时间来增加用户的下单概率。优化用户停留与互动的方法有很多，其中比较常见的方法有以下四种。

（1）发放倒计时红包，等倒计时结束之后，用户才可以领取。图 6-10 所示，为 OPPO 的某个官方直播间，可以看到该直播间给用户发放了一个倒计时红包。

（2）根据直播间的在线人数来做活动，如当在线人数达到 1 000 的倍数时进行秒杀活动。

（3）根据直播间的点赞量和关注量为用户提供福利，如当直播间点赞量达到 100 万次时，进行一波抽奖。

（4）要求用户进行评论，并给参与评论的用户免费赠送物品，如通过“超级福袋”功能进行评论抽奖。图 6-11 所示为真维斯的某个直播间，可以看到该直播间便是通过“超级福袋”功能来引导用户评论。而且因为要等到倒计时结束之后才能开奖，所以大多数用户都会坚持到倒计时结束才会离开。

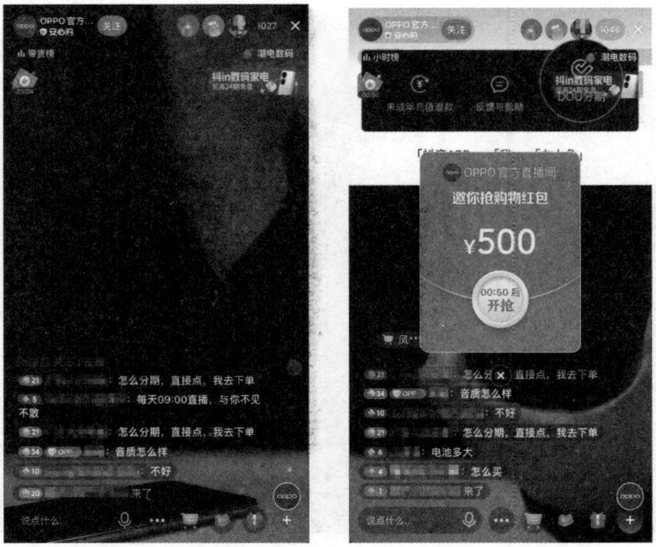

图 6-10　OPPO 官方直播间发放的倒计时红包

图 6-11　真维斯的官方直播间的“超级福袋”

6.2.3　增加直播商品的点击率

除了让用户停留在直播间之外，运营者和商家还得想办法增加商品的点击率，并引导用户进行下单。那么，如何增加直播商品的点击率呢？比较关键的一点在于增加直播商品的曝光率，让用户看到商品之后愿意查看商品详情。

对此，运营者和商家可以在直播中对商品进行详细展示，重点介绍其优势，增加用户对商品的了解，如图 6-12 所示。如果用户对商品比较感兴趣，自然会愿意点击查看商品的相关信息。

图 6-12　在直播中对商品进行展示

另外，当直播中正在讲解某个商品时，运营者和商家可以进入“直播商品”面板，点击该商品信息中的“讲解”按钮，如图 6-13 所示。这样就会在直播中为用户提供一个查看商品信息的入口。

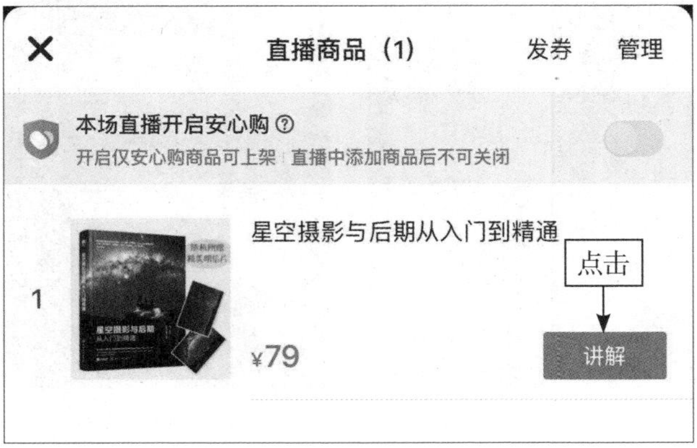

图 6-13　点击“讲解”按钮

具体来说，运营者和商家点击“直播商品”面板中某个商品信息后面的“讲解”按钮之后，直播间的右下方会出现一个小弹窗，并显示该商品正在讲解中，用户点击小弹窗后，可直接查看商品的相关信息，如图 6-14 所示。

图 6-14　查看讲解中的商品

这比通过直播间查找商品并查看对应商品的信息要方便得多。因此，如果直播间出现小弹窗，而用户又对正在讲解的商品感兴趣，那么大多数用户都会愿意点击查看讲解中的商品。

6.2.4 提高直播订单的转化率

让用户点击查看商品信息，只是增加了商品的曝光率。如果运营者和商家的目的是提升销量，那么还需要在增加商品曝光率的基础上，提高订单的转化率，让更多用户购买商品。

对此，运营者和商家需要通过直播增加商品对用户的吸引力，让用户觉得在你的直播间购物是划得来的。为了达到这个目的，运营者和商家可以通过直播间展示商品的各种优势，还可以通过各种活动给用户一定的福利，让用户觉得此时购买你的商品物超所值。

图 6-15 所示为部分直播间的画面，可以看到这些直播间便是通过贴纸展示满赠（即购物金额达到一定数量时，免费赠送物品）信息的方式来吸引用户下单的。也正是因为满减力度比较大，再加上直播间中的部分商品本来就对用户有一定的吸引力，所以直播间的部分用户都会愿意在这两个直播间购买商品。而这样一来，这两个直播间的订单转化率自然也就提高了。

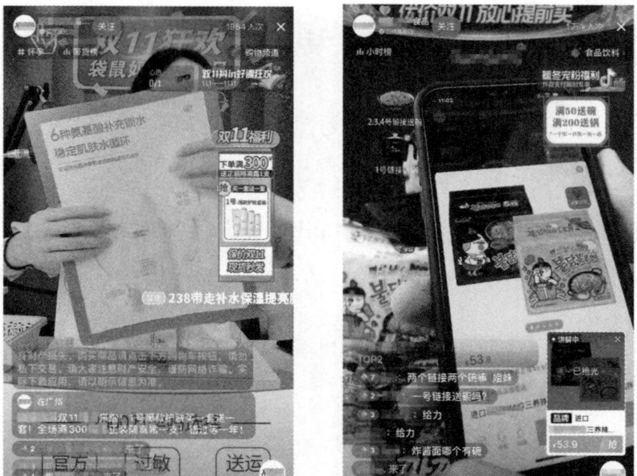

图 6-15 展示直播满赠信息

6.2.5 提升直播间的复购率

对于部分运营者和商家来说，虽然直播的订单量和转化率还算比较高，但是直播间的复购率却难以获得提升。长此以往，直播间的订单量很有可能会变得越来越少，获得的效益也会逐步递减。

那么，运营者和商家要如何提升直播间的复购率，让用户持续贡献购买力呢？运营者和商家可以参考以下几个策略。

（1）提高售后服务水平，让用户在得到商品的同时，还能享受优质的服务。

（2）给用户一些意外之喜，在不告知用户的情况下，免费赠送一些小物品。例如，用户买手机壳时，可以免费赠送手机膜。

（3）给用户发送购物红包，让用户下次购物时可以享受到一定的优惠。例如，运营者和商家可以在包裹中放入购物红包的二维码，让用户收到商品之后，通过扫码获得购物红包。

6.3 直播卖货：提升直播间的转化效果

直播卖货的关键在于提升直播间的转化效果，让更多用户愿意购买商品。本节讲解几个直播卖货的技巧，让读者可以有效地提高直播间的订单量，获得更多的收益。

6.3.1 选择合适的带货主播会更有信服力

在抖音电商直播中，直播的效果与出镜的主播有着很大的关系，如果运营者和商家选择的是比较有说服力的主播，用户在看到主播的表现之后会更愿意下单购买商品。那么，运营者和商家要如何选择合适的主播呢？

运营者和商家可以先了解主播的招收方法，这样会更容易招到满意的主播。通常来说，主播的招收方法主要有四种，每种招收方法都有对应的优缺点，如图 6-16 所示。

了解了主播的招收方法之后，运营者和商家还可以根据需要确定要选择的主播类型。如果运营者和商家要选择的是萌新主播，那么可以重点从意愿度、性格类型、抗压能力和情商四个角度考察主播，如图 6-17 所示。

图 6-16　主播的招收方法和对应的优缺点

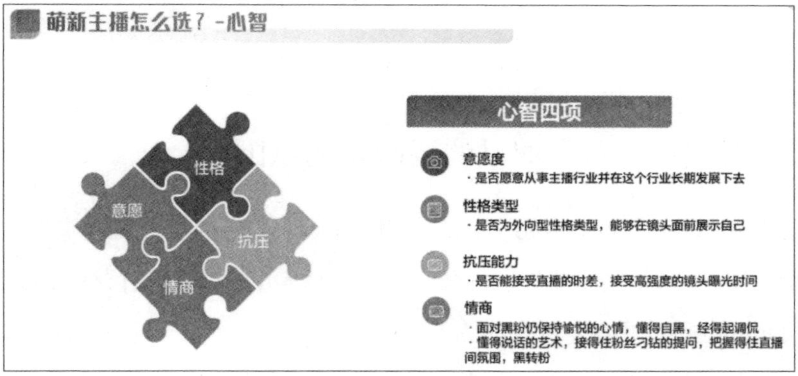

图 6-17　萌新主播的选择方法

如果运营者和商家选择的是成熟主播，那么可以重点从镜头感、表现力、匹配性和熟练度四个角度考察主播，如图 6-18 所示。

图 6-18　成熟主播的选择方法

另外，运营者和商家在选择主播时，也需要从外形、技能、薪资和作息四个方面，对主播的匹配度进行评估，如图 6-19 所示。

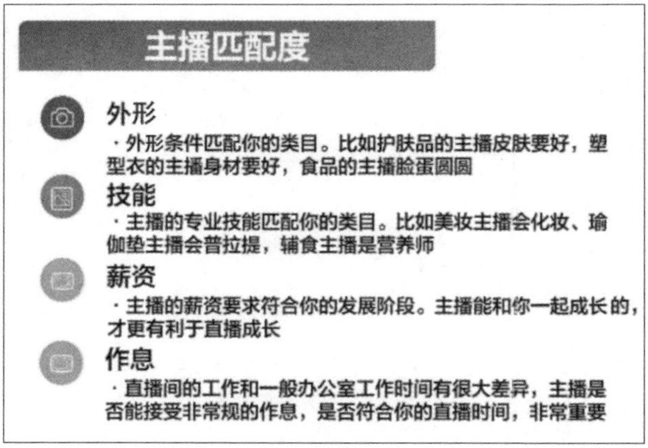

图 6-19　主播匹配度

6.3.2　通过秒杀营造商品的稀缺抢购氛围

为了提高用户的下单意愿，运营者和商家可以通过秒杀来营造商品的稀缺抢购氛围。具体来说，运营者和商家在做商品秒杀时，可以设置秒杀倒计时，展示已经完成抢购的比例和剩余的商品数量，如图 6-20 所示。这样，用户如果对商品有购买需求，就会把握机会，在倒计时结束或者商品抢购完之前，下单购买商品。

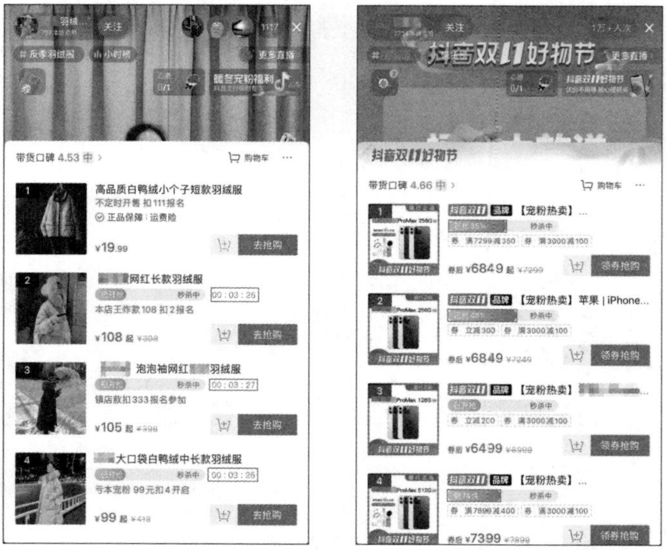

图 6-20　通过秒杀营造商品的稀缺抢购氛围

6.3.3 主播和助理深度互动出单配合技巧

有时候直播中要处理的事情比较多，此时便可以给主播配备助理（即助播），让主播和助播进行深度互动，更好地提升用户的下单意愿。通常来说，在与主播配合的过程中，主播助理需要做好一些工作，如图 6-21 所示。

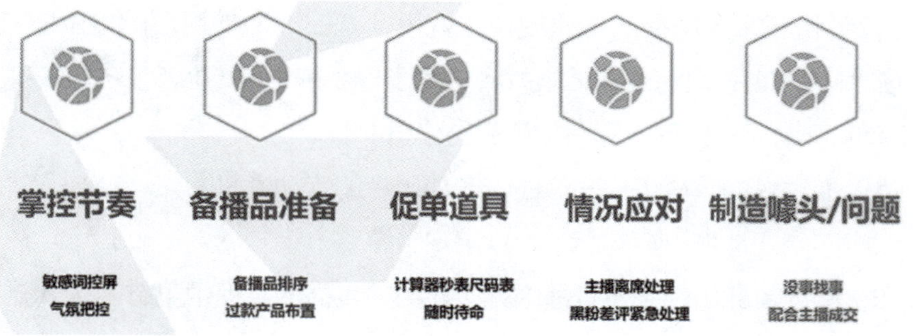

图 6-21　主播助理需要做好的工作

以制造噱头 / 问题为例，运营者和商家可以通过三种方法让主播和主播助理配合起来，如图 6-22 所示。

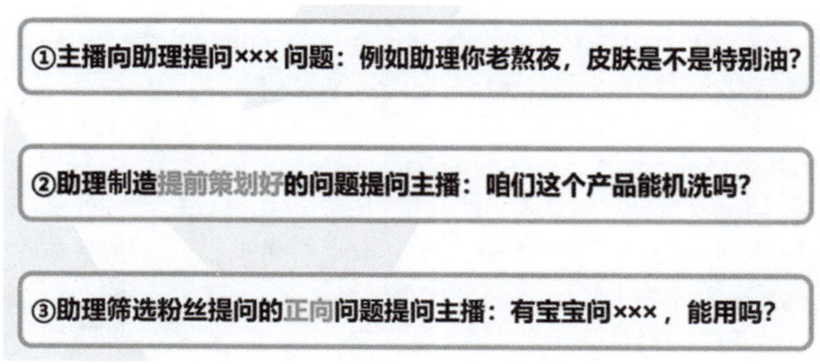

图 6-22　制造噱头 / 问题的技巧

6.3.4 趣味收尾感恩回馈与设置下场悬念

为了让更多用户进入下场直播，运营者和商家可以用感恩回馈的方式来设置趣味收尾，具体方法如下。

（1）告知用户下场直播有热卖商品返场，错过了就很难买到了。

（2）告知用户下场直播会有活动，或者会有新商品进行出售。

（3）下播之前进行一波抽奖，告知用户下场直播开播时开奖。

专家提醒：优质的带货主播不仅要懂得引导用户进行购物，还要为之后的直播做好铺垫和预热。这样可以吸引更多用户持续关注直播间，从而获得更高的直播收益。

6.3.5 增加用户停留时长维护直播间气氛

运营者和商家要想提升直播的转化效果，就需要增加用户的停留时长，维护好直播间的气氛，只有这样才能找到更多引导用户下单的机会。通常来说，运营者和商家可以通过如下方法增加用户的停留时长。

（1）通过直播获得用户的信任，增加用户的互动意愿。

（2）不定期地推出福利活动，让用户自愿留下来。

（3）根据目标用户制作直播内容，让用户直播的过程中更有表达欲望。

而直播间气氛，则可以从增加信任、引导关注、弹幕飘屏和念粉丝名字四种方式来进行维护，如图 6-23 所示。

图 6-23　直播间气氛维护的主要方式

6.3.6 裂变营销让粉丝成为直播的推广者

运营者和商家团队的力量是比较有限的，要想通过直播裂变营销来提升直播的转化效果，就有必要让粉丝成为推广者。对此，运营者和商家可以将直播间分享给粉丝，并承诺给出一定的奖励，让粉丝自愿推广直播间。具体来说，运营者和商家可以通过如下步骤将直播间分享到粉丝的微信中。

步骤 01　点击直播间下方的···图标，如图 6-24 所示。

步骤 02　在弹出的面板中点击“分享”按钮，如图 6-25 所示。

图 6-24　点击…图标

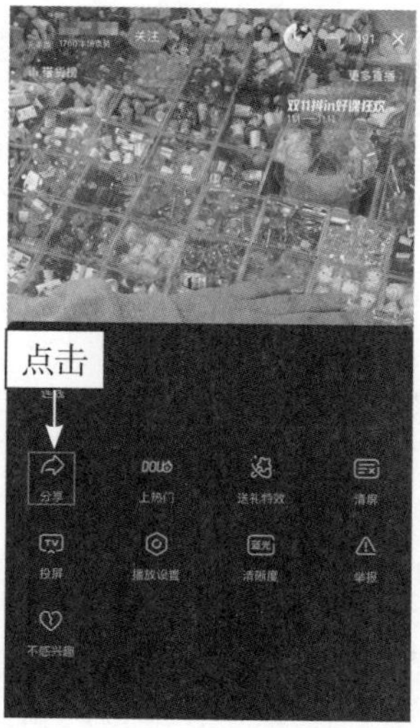

图 6-25　点击“分享”按钮

步骤 03　弹出“私信给朋友”面板，点击“微信”按钮，如图 6-26 所示。

步骤 04　弹出“你的口令已复制”提示框，点击“去微信粘贴”按钮，如图 6-27 所示。

图 6-26　点击“微信”按钮

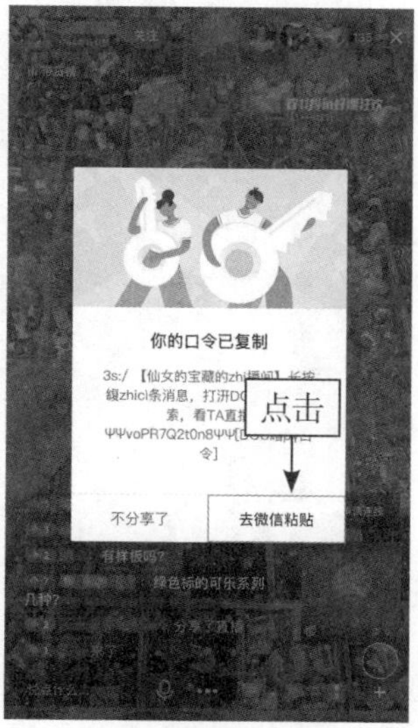

图 6-27　点击“去微信粘贴”按钮

步骤 05　进入“微信”界面，选择需要分享直播间的粉丝微信聊天栏，如图 6-28 所示。

步骤 06　进入微信聊天界面，❶在输入栏中粘贴口令；❷点击“发送”按钮，如图 6-29 所示。

图 6-28　选择粉丝的微信聊天栏

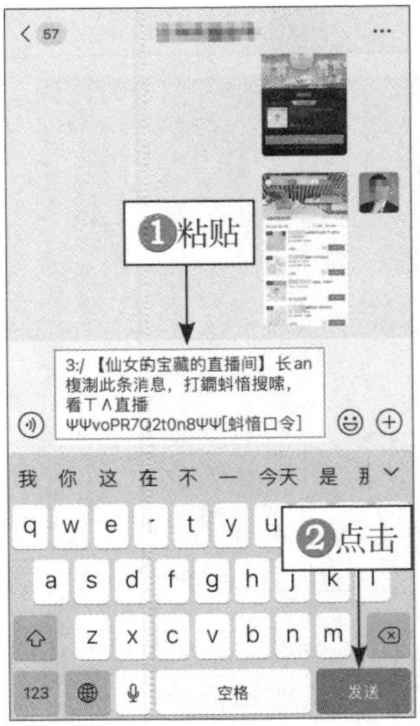

图 6-29　点击“发送”按钮

步骤　07　微信聊天界面中会出现口令，❶粉丝可以长按口令；❷点击弹出面板中的“复制”按钮，如图 6-30 所示。粉丝可以将口令分享给自己的好友，对直播间进行推广。

步骤　08　收到口令的用户只要打开抖音，弹出直播间信息提示框，如图 6-31 所示。用户点击提示框中的“打开看看”按钮，即可进入直播间。

图 6-30　点击“复制”按钮

图 6-31　弹出直播间信息提示框

第7章

知识产品：用产品化思维包装知识

对于运营者来说，知识产品可以从两个方面来理解，一是把知识变成产品；二是用知识对产品进行营销推广。在打造知识产品时，运营者要用产品化思维包装知识，让你的产品或服务更加符合用户的需求，让用户更愿意购买你的产品或服务。

7.1 痛点挖掘：根据需求为用户提供产品

每种产品或内容的目标客户都不尽相同，运营者在通过知识产品转化获利的过程中，需要做好受众人群定位，找到他们的痛点，并有针对性地提供产品或服务。那么，运营者要如何打造痛点内容，根据需求为用户提供产品或服务呢？本节，介绍几个技巧。

7.1.1 知识产品的定位方法

运营者要想通过知识产品转化获得更多收益，就需要对知识产品进行定位，找准目标受众群体的需求。那么，运营者要怎样进行知识产品定位呢？下面介绍几个实用的技巧。

1. 根据账号类型做产品定位

运营者通常都会确定好自己账号的类型，并根据账号的类型来发布对应的内容。例如，摄影类账号发布的通常都是与摄影相关的内容。因此，在做知识产品定位时，运营者可以根据自身账号的内容来打造短视频，然后提供与内容相关的产品。

例如，某个摄影类抖音号中主要是分享各类摄影技巧，而在讲解摄影技巧时，有时候需要用到八爪鱼这种器材。于是运营者专门发布了一条短视频，对八爪鱼进行了介绍，并为用户提供了购买链接，如图 7-1 所示。

图 7-1 通过短视频对八爪鱼进行介绍并提供购买链接

专家提醒：对于运营者来说，知识产品转化获利可以分为两种，一种是将知识变成产品，并将其出售给用户；另一种是用自己已有的知识对产品进行营销推广，从而获得收益。因此，在做知识产品定位时，如果自身拥有的知识不好进行转化获利，那么也可以根据自身的知识选择产品进行销售。

2. 根据市场风口做定位

风口就是顺应时代潮流、市场潜力巨大的行业或领域。根据市场风口做产品定位，就是提供市场需求量大的产品或服务。与其他定位方法相比，根据市场风口做定位主要有以下几个好处。

（1）用户的需求量大

通常来说，处于市场风口中的产品或服务，用户的需求量会更大一些。这一点很好理解，既然是风口，就说明市场的潜力巨大。因此，只要运营者提供的知识产品顺应了市场风口，就会获得更多用户的欢迎。

例如，随着短视频行业的飞速发展，许多人都想通过短视频来进行创业，因此短视频就成为一个风口。于是，部分运营者便根据该风口来为用户提供知识产品，例如，某运营者就为用户提供了一个短视频拍摄教程，如图 7-2 所示。许多用户对短视频拍摄的技巧是有需求的，所以只要该课程物有所值，那么这些用户很可能就会下单购买。

图 7-2　为用户提供短视频拍摄教程

（2）收益比较可观

通常来说，运营者顺应风口销售知识产品时，只要产品质量足够好、营销推广做到位，就可以获得比较可观的收益。这主要是因为顺应风口的产品市场需求量大，运营者不仅可以通过薄利多销来增加整体收益，还可以通过利润空间的控制来保障自身的收益。

例如，运营者要通过知识对他人的三脚架进行营销推广获得佣金时，可以在抖音电商精选联盟中，❶搜索“三脚架”；❷点击“佣金率”按钮，如图 7-3 所示。执行操作后，系统会根据佣金率从高到低的顺序为运营者展示产品，如图 7-4 所示。运营者可以从中选择佣金率比较高的商品进行销售。例如，当运营者选择佣金率为 50% 的商品进行销售时，每单可以获得的佣金便可以达到销售额的一半。

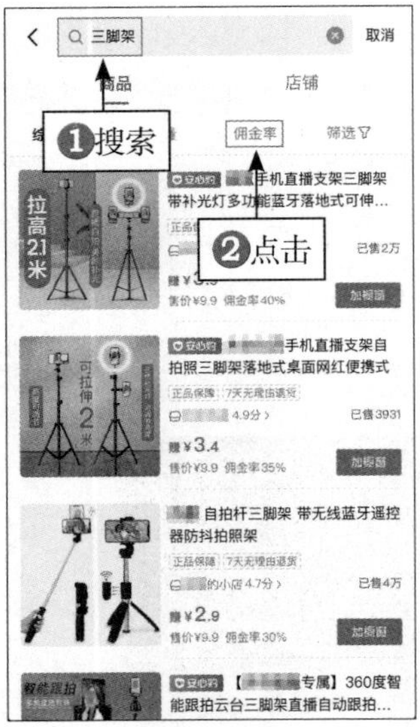

图 7-3　点击“佣金率”按钮

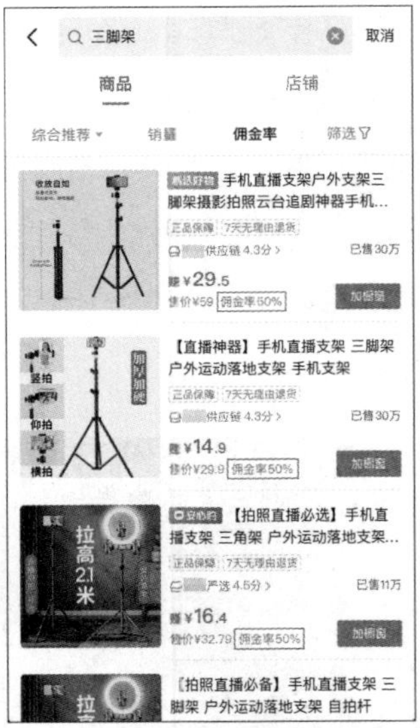

图 7-4　据佣金率从高到低的顺序展示产品

（3）更容易打造成爆款

正是因为顺应风口的产品需求量大，所以只要运营者做好营销推广和产品质量管控，那么这类产品会比其他产品更容易被打造成爆款。例如，图 7-4 中的多款三脚架便获得了超过 10 万订单。

3. 根据目标人群做定位

根据目标人群做知识产品定位，就是在确定目标消费人群之后，为其提供需要的产品或服务。那么，运营者要如何根据目标人群做知识产品定位呢？下面讲解几个实用的技巧。

（1）根据目标人群的年龄分段

不同年龄段的人群需要的产品或服务也会有所差异，运营者可以对目标人群的年龄段进行划分，并为特定年龄段的人群提供知识类产品或服务。

具体来说，运营者可以查看账号粉丝的年龄分布情况，分析哪个年龄段的粉丝比较多。图 7–5 所示为某抖音号粉丝的年龄分布占比情况，可以看到该账号中 25 ～ 30 岁的粉丝比较多。

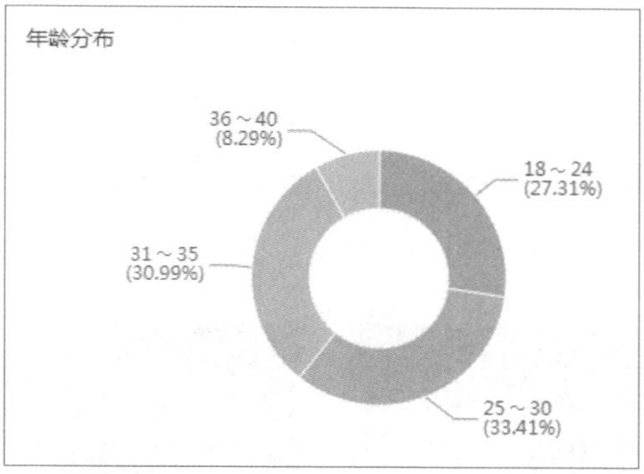

图 7–5　某抖音号粉丝的年龄分布占比情况

了解了粉丝的年龄分布占比情况之后，运营者可以为占比较高的年龄段的用户提供特定的商品或服务。例如，某抖音号中 30 岁左右的粉丝比较多，所以该账号的运营者便为 30 岁左右的人群推荐了一本书，如图 7–6 所示。

图 7–6　为特定年龄段的人群推荐产品

> 专家提醒：有时候抖音号相邻两个年龄段的粉丝人群占比都比较高，此时运营者便可以通过技巧引导将同一产品推荐给这两个年龄段的粉丝。例如，某账号 25 ～ 30 岁和 30 ～ 35 岁的粉丝占比都比较高，运营者可以推荐 30 岁适合学习的课程。运营者可以对 25 ～ 30 岁的用户说：学习这个课程能帮用户提前达成目标；对 30 ～ 35 岁的用户说：学习这个课程可以弥补自身的知识漏洞。

（2）找到目标人群的兴趣爱好

关注同一个抖音号的人群通常都有某个共同的兴趣爱好。对此，运营者可以找到目标人群共同的兴趣爱好，然后据此有针对性地提供产品和服务。

例如，某个抖音号主要是通过短视频为用户分享吉他弹奏方面的内容，因此关注该账号的用户通常都对弹吉他比较感兴趣。也正因如此，该账号的运营者在某个短视频中添加了一个吉他课程（这个课程的主要内容是教用户怎么弹吉他），如图 7–7 所示。

图 7–7　根据目标人群的兴趣爱好提供课程

7.1.2　垂直细分确定购买人群

有时候用户需要的产品或服务可能是比较具体的，如果运营者提供的产品或服务所包含的范围远大于用户的具体需求，那么用户可能会觉得其中有很多东西自己根本用不上，而且由于产品或服务过于宽泛，自己的具体需求可能得不到满足。

例如，用户只是想掌握直播技巧，但是运营者提供的却是抖音运营的课程，那么用户很可能就不会购买了。这主要是因为，在用户看来，为了直播技巧这个要点购买整个课程有些划不来，而且很多用户会觉得课程中对于直播技巧的讲解可能不够细致。

对此，运营者可以根据购买人群进一步对产品和服务进行细分，让产品和服务更加适合用户的需求。例如，在为学生家长推荐产品时，运营者可以根据学生所在的年级来确定购买人群。图 7-8 所示为某抖音号运营者发布的短视频，可以看到该短视频中便将产品购买人群确定为一年级学生的家长。

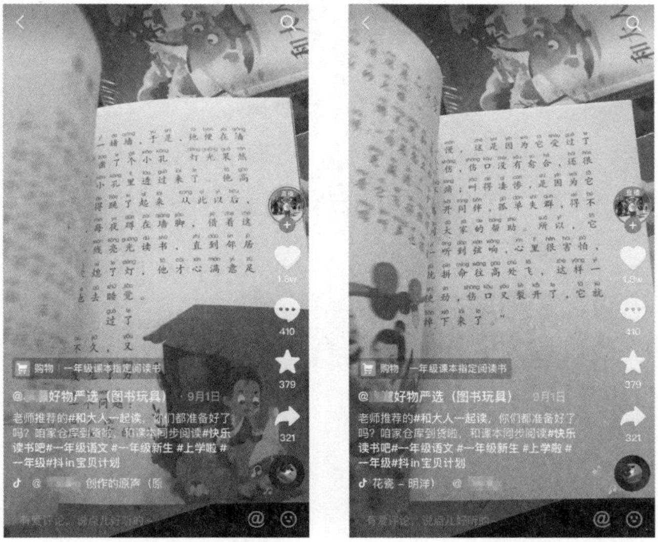

图 7-8　将产品的购买人群确定为一年级学生的家长

7.1.3　挖掘目标人群的痛点需求

通常来说，大多数人在消费时都是比较理性的，只有运营者提供的产品和服务满足了自己的痛点需求，人们才会更愿意下单进行购买。因此，在进行知识转化获利的过程中，运营者有必要挖掘出目标人群的痛点需求。当然，在挖掘目标人群的痛点需求时，运营者还得先了解痛点的相关知识。下面讲解与痛点相关的几个基础知识。

1. 什么是痛点

痛点是指用户在做某件事时感到痛苦、难办的地方。通常来说，用户的痛点与需求直接相关，找到了用户的痛点，就相当于找到了用户的核心需求。

例如，对于很多运营者来说，有效地提高抖音转化收益就是一个痛点。因为这些运营者尝试了很多方法，获得的抖音转化收益可能也达不到预期。

2. 挖掘目标人群的痛点有什么好处

对于运营者来说，挖掘目标人群的痛点主要有以下两个好处。

（1）打造符合用户需求的产品

因为痛点与核心需求直接相关，所以挖掘出目标人群的痛点，就相当于找到了潜在消费者的核心需求。因此，挖掘出目标人群的痛点之后，运营者便可以据此打造产品，让产品更加符合用户的具体需求。

（2）产品的转化收益更有保障

当运营者提供的产品与用户的痛点一致时，用户只要购买产品便可以满足自身的核心需求。因此，与用户痛点一致的产品会更受用户的欢迎。这样一来，该类产品的销量通常比较高，而运营者则可以通过销售这类产品获得较为可观的收益。

3. 如何挖掘目标人群的痛点

挖掘目标人群的痛点通常有两种方法：一种是站在目标人群的角度思考有哪些痛点，或者结合自身实践总结出痛点；另一种是为目标人群提供一个反馈渠道，让他们主动将痛点说出来。

图 7-9 所示为某运营者发布的一条短视频，可以看到该短视频中赫然写着“还想看哪些装修的细节告诉我”（这里的语序有点问题，正确的语序应该是“告诉我，还想看哪些装修的细节”）。这相当于就是为目标人群（对装修感兴趣的人群）提供一个反馈渠道，了解目标人群的痛点。如果有用户在短视频的评论区说出了具体的装修细节，那么这些细节就是目标人群的痛点。

> 专家提醒：在通过短视频为目标人群提供反馈渠道时，目标人群可能存在多个痛点。对此，运营者可以根据评论区中各痛点的点赞数量来进行排序，先为点赞数量高的痛点提供解决方案。

图 7-9　为目标人群提供痛点的反馈渠道

7.1.4　讲故事获得情感上的认同

有的人比较感性，当运营者认真讲好故事时，便可获得部分用户的情感认同，让用户觉得你推荐的产品或服务他们也需要。而且相比于一味地介绍产品的各种优势，结合真实的故事对产品进行展示，对用户的吸引力会更强一些。

那么，运营者在为用户推荐产品时，要如何讲好故事呢？运营者要保证讲述的故事有一个完整的框架，让用户能够快速地了解故事中的信息，而且所讲故事要与你推荐的产品具有相关性。

另外，为了让用户有更加真切的感受，运营者在讲故事时也可以用第一人称将自己的经历说出来。例如，某个运营者在推荐某本图书时，便用第一人称讲述了一个故事：有一次在上课时，学生问故宫的某处地方具体在哪里，但是因为该运营者没去过故宫，也没有相关的地图，所以他也无法回答学生的问题，当时就感觉有些窘迫，如图 7-10 所示。后面主播看到自己推荐的这本图书时，发现这本书里面就有一张故宫的地图。因此，买了这本书之后，运营者便可以回答学生的问题了。

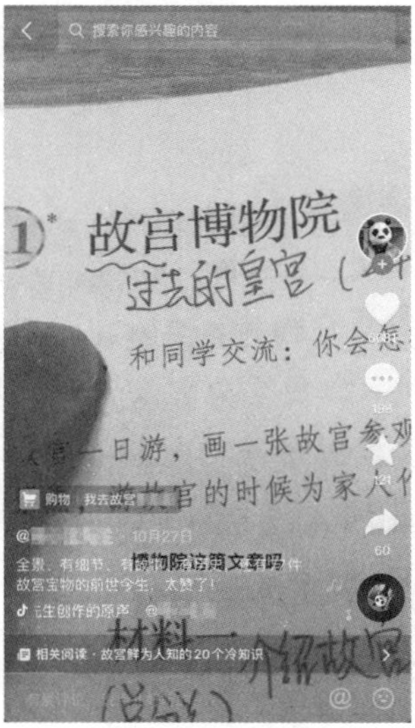

图 7-10　用第一人称讲述故事

其实，有的学生家长也遇到过与该主播相同的问题，所以听到这个故事之后会有些感同身受。而且受影视作品的影响，有的低年级学生对故宫里的建筑分布也比较感兴趣。因此，很多学生家长看到运营者的短视频之后，便下单购买了短视频中推荐的图书。

7.1.5 以目标人群的需求为中心

部分运营者在提供产品或服务时，会看自己有什么，自己有什么就提供什么。有时候这样做获得的效果很难达到预期，因为如果运营者提供的产品或服务是用户不太需要的，那么大多数用户都会觉得没有购买的必要。因此，有时候与其把自己的产品或服务一股脑儿地提供给用户，还不如以目标人群的需求为中心，根据目标人群的需求来提供产品。

例如，有的用户想要学习爵士舞，但对爵士舞所知甚少，所以某运营者便以这部分用户的需求为中心，开发了爵士舞的基本功课程，并在发布的短视频中为用户提供了课程的购买链接，如图 7-11 所示。

图 7-11　根据目标人群的需求提供产品

7.2 价值塑造：提高产品对用户的吸引力

在通过自身的知识为用户推荐产品或服务时，运营者可以通过价值塑造，让用户看到产品或服务的价值，从而吸引更多用户下单进行购买。本节介绍产品或服务的价值塑造方法，帮助运营者提高产品或服务对用户的吸引力。

7.2.1 通过场景描述引起用户的共鸣

对于用户来说，产品或服务的价值主要表现在它对自己的用处，但是有时候如果不说出具体的场景，用户可能发现不了产品或服务的用处。对此，运营者可以通过场景描述引起用户的共鸣，让用户看到产品或服务对自己的用处。

所谓场景描述，就是对产品或服务的场景进行描述，让用户明白在什么样的情况下可以用到你的产品或服务。当然，运营者在进行场景描述时，最好营造出画面感，让用户快速感受到自己描述的场景。

具体来说，场景的描述通常就是将用户存在的某个具体问题提出来，让用户觉得你的产品或服务能解决该问题。例如，抖音平台中的某个课程就是提出“新手如何快速打开直播流量池？”这个问题来进行场景描述的，如图 7-12 所示。

图 7-12 通过提出问题进行场景描述

7.2.2 将碎片化知识整理成系统知识

所谓碎片化知识，就是某个方面获得的一些浅显知识，通常表现为某种方法、技巧。这种知识比较细碎，只能解决某个具体的问题。图 7-13 所示为某运营者发布的一条短视频，该短视频中为用户分享了安卓手游直播去黑边的方法，这个方法属于碎片化的知识。

图 7-13　通过短视频分享碎片化的知识

系统知识则是将多个碎片化知识进行整理形成完整的知识体系，让这些碎片化知识之间产生一定的联系。一个课程、一本书中，通常都包含了系统的知识。图 7-14 所示为某运营者发布一条短视频，该短视频中为运营者分享了一个短视频入门课程，该课程中包含了系统的知识。

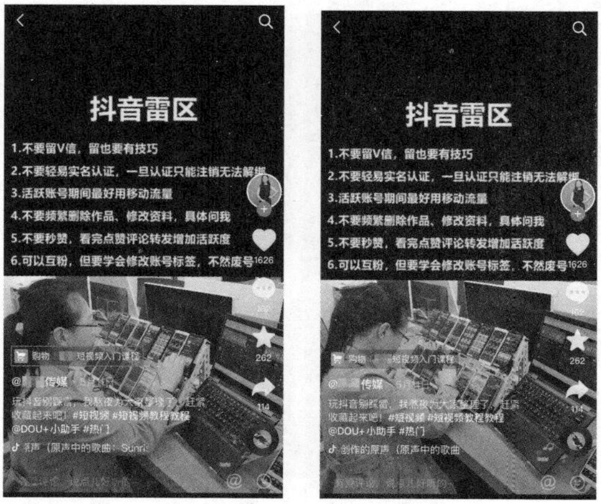

图 7-14　通过短视频分享系统的知识

对于用户来说，碎片化知识的价值比较有限，很少有用户愿意花钱购买某个碎片化知识。因为碎片化知识能够解决的问题，用户通常可以通过网络搜索来寻找答案。所以运营者在进行知识转化获利的过程中，要懂得将碎片化知识整理成系统知识，从而构建出具有价值的知识体系。

7.2.3 通过内容展示塑造产品的价值

有时候，为了让用户看到知识产品的价值，运营者有必要将部分内容展示出来。那么，运营者可以通过哪些形式对知识产品的内容进行展示呢？下面进行具体讲解。

（1）摘要式

所谓“摘要式”，就是提炼知识中的要点，并通过简洁的文字展示出来。当然，在具体展示内容时，运营者还可以对提炼的要点进行讲解，让要点内容更加直观地呈现出来。例如，运营者可以用较大的字号、较为显眼的字体颜色，将要点内容进行展示。

图 7-15 所示为某运营者发布的一条短视频，可以看到在介绍拉爆效果的拍摄技巧时，运营者便用较大字号的加粗字体，对拍摄的要点进行了展示。

图 7-15　用较大字号的红色字体对拍摄要点进行展示

> 专家提醒：拉爆效果是指通过利用变焦镜头营造的一种向外扩散的动态效果。拉爆画面效果中的主体清晰，但主体周边的元素被模糊化处理了，因此，在看该类画面时，观众会将视线聚集到主体上。

（2）提纲式

所谓“提纲式”，就是将知识中的重点内容进行系统化整理，并展示出主要知识点之间的联系。

如图 7-16 所示，某运营者在讲解抖音直播带货时，将知识要点整理出来制作了一个思维导图，这属于知识的提纲式展示。

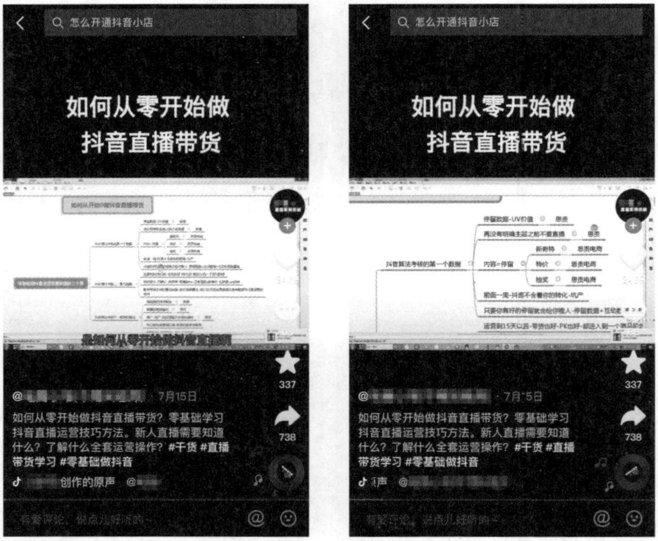

图 7-16　通过思维导图对主要知识进行提纲式展示

（3）表解式

所谓“表解式”，就是通过结合表格对相关内容进行展示，让内容的呈现更加直观。例如，运营者结合具体的表格对 Excel 的操作技巧进行说明时，便是通过表解式来展示内容。

（4）图解式

所谓“图解式”，就是将知识信息整理成图片，并结合图片来进行讲解。因为有图片的配合，所以内容的呈现会更加生动、直观。

如图 7-17 所示，某运营者在讲解摄影的相关知识时，便配备了具体的图片。相比于纯文字的内容，图片内容更容易被用户记忆。而且因为图像的呈现非常直观，所以用户能够快速把握相关知识的要点。

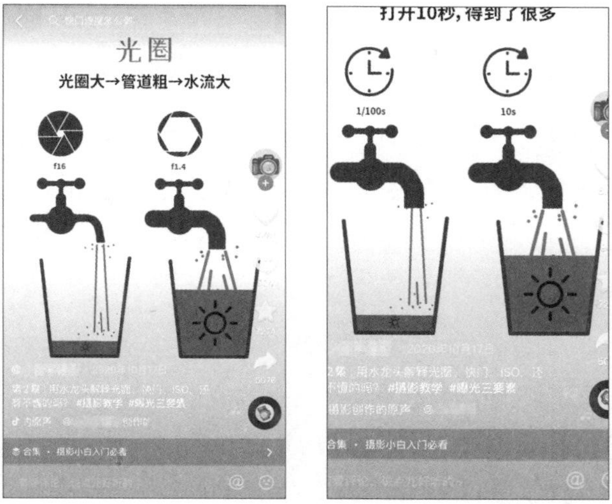

图 7-17　图解式的内容展示

另外，很多用户可能只能用碎片化的时间来获取相关知识，所以为了提高用户的学习效率，运营者还可以在呈现内容时，对关键信息进行总结，让用户快速把握关键信息。

如图 7-18 所示，某运营者在通过短视频讲解反光板的选择方法时，便在短视频的末尾展示了总结表。用户只需查看该总结表，便可快速地把握各种反光板的特点和适用情况。

图 7-18　通过总结表展示关键信息

7.2.4 将优质的内容打造成知识产品

如果运营者要将自己的知识制作成产品，并将其销售给用户，那么就需要保证产品中包含的内容足够优质。因为此时内容的质量会与知识产品的价值直接相关，当内容的质量达不到要求时，知识产品对于用户的价值也会大打折扣。

那么，什么样的内容才是优质内容呢？优质的内容必须要满足用户某个方面的需求。例如，用户要想了解某方面的技巧，此时包含对应使用技巧的内容，对用户来说就是优质内容。

因此，运营者要想将优质的内容打造成知识产品，就得对目标用户及其具体需求进行分析，了解什么样的内容对用户的价值比较高。

7.2.5 用合适的方式输出内容的价值

有时候，同样的知识产品，选择的内容输出方式不同，对用户的吸引力也不同。对此，运营者可以为知识产品选择合适的输出方式，更好地体现相关内容的价值。具体来说，常见的内容输出方式有以下三种，运营者可以从中进行选择。

1. 答疑解惑

很多用户在学习某个新事物的过程中一般都会遇到一些疑问。运营者在输出内容时，可以根据自身的专业素养进行答疑解惑。图 7-19 所示为某运营者发布的一条短视频，该运营者结合个人心得，通过短视频对“指弹到底如何入门”这个问题进行解答。

图 7-19 通过答疑解惑输出内容

2. 干货分享

当运营者要输出的内容都是各种技巧时，便可以通过干货分享的方式输出内容. 让用户一看你分享的内容，便能感受到相关知识产品的价值，如图 7-20 所示。

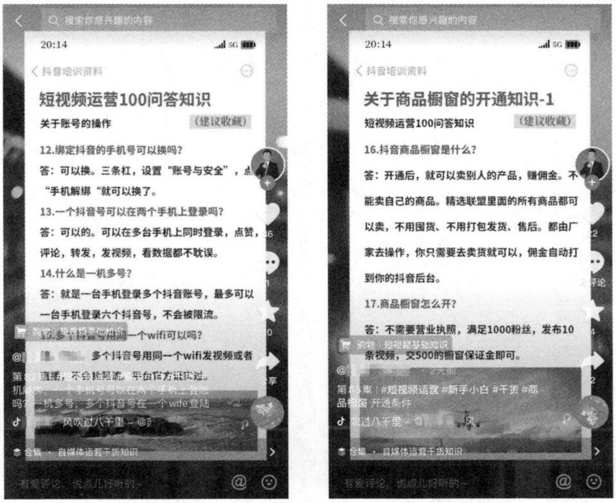

图 7-20　通过干货分享输出内容

3. 利益回馈

如果运营者在输出内容时，能够通过利益回馈适当的让利，用户会更愿意购买你的知识产品。图 7-21 所示为某运营者发布的一条短视频，该短视频中在讲解某课程的内容时，在标题上列出了优惠信息和赠送的礼盒，这便属于一种利益回馈。

图 7-21　通过利益回馈输出内容

专家提醒：如果运营者要增强知识产品的吸引力，也可以同时使用多种内容输出形式。例如，运营者可以在分享知识产品的干货内容时，将知识产品当前的优惠进行说明，让用户以相对优惠的价格购买到自己需要的内容。

7.3 爆款打造：让更多用户为你的产品付费

虽然知识产品只是目标人群有购买需求，但是只要运营者做好营销推广，让用户看到它的价值，知识产品也可以打造成爆款。本节介绍知识产品的爆款打造技巧，让更多用户为你的知识产品付费。

7.3.1 选择知识产品的营销推广方式

营销推广可以增加知识产品的曝光量，让更多有购买需求的用户看到你的知识产品。在对知识产品进行营销推广时，运营者可以通过短视频、直播等方式，展示知识产品的相关内容，并为用户提供购买渠道。

例如，某运营者通过一条短视频对某个绘画教程进行了营销推广，在该短视频中不仅展示了教程中的部分优质内容，还为用户提供了该教程的购买链接，这无疑便可增加用户的购买欲望，如图 7-22 所示。

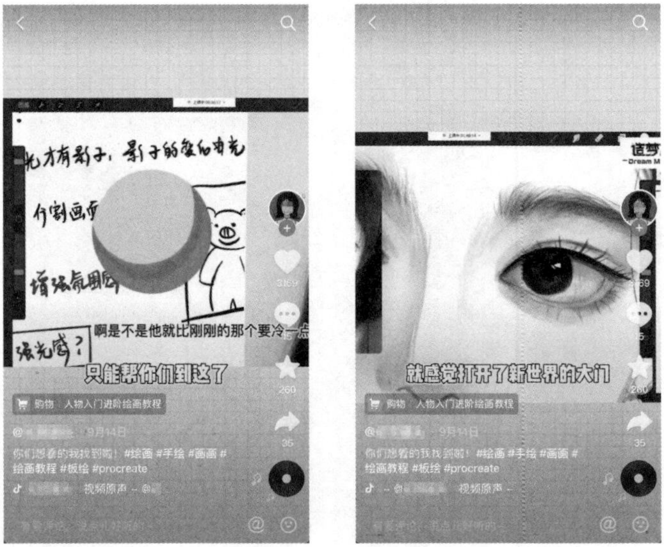

图 7-22 通过短视频对知识产品进行营销推广

又如，某运营者为了对某个 CAD（Computer Aided Design，计算机辅助设计）课程进行营销推广，开了一场直播。在该直播中，主播对课程中的部分操作技巧进行了展示，让用户可以更加直观地把握该课程的价值，如图 7-23 所示。因此，部分用户看到主播的操作技巧之后，觉得该课程中有很多自己需要学习的内容，便下单购买了该课程。

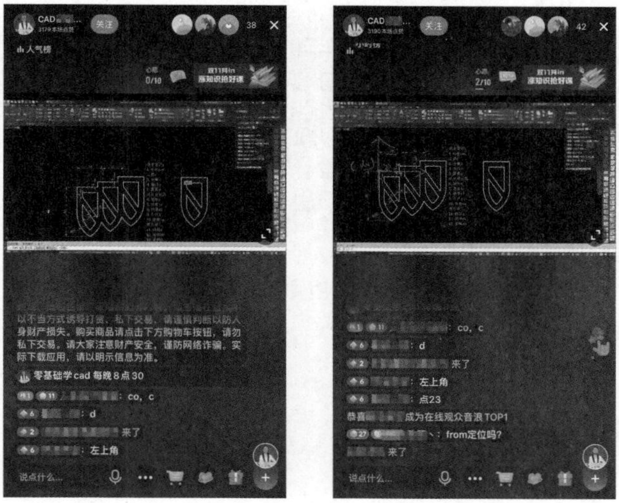

图 7-23　通过直播对知识产品进行营销推广

7.3.2　爆款知识产品的内容设计路径

知识产品就是将一个个具体的内容进行系统整理之后制作成产品，所以知识产品包含的具体内容会直接影响整个产品的价值。因此，为了更好地打造爆款知识产品，运营者需要对具体内容进行设计，提高知识产品的整体质量。具体来说，运营者可以通过如下路径对知识产品的内容进行设计。

1. 确定选题

确定选题就是选择要制作的知识产品类型，例如，当运营者要编写一本图书时，确定选题就是做选题策划，定下这本书的名称。

2. 列出大纲

列出大纲就是根据确定的主题列出知识产品的总纲和要点，这不仅可以为运营者打造知识产品的内容提供一个大体的参照，也可以让用户更好地判断该知识产品对自己的价值。

例如，运营者编写一本书时，列出大纲就相当于是列出各章的内容，确定每章的名称。某运营者在写摄影图书时，列出了每个章节的名称，这些章节的名称便可看作是该图书的大纲，如图 7-24 所示。

⊞第 1 章　入门：用手机就能拍出美的照片
⊞第 2 章　构图：学会取景拍出专业的照片
⊞第 3 章　光线：巧用光与影打造视觉大片
⊞第 4 章　专题：手机实战拍摄不同的题材
⊞第 5 章　基础：用手机拍出震撼的短视频
⊞第 6 章　运镜：拍摄视频常用的镜头技法
⊞第 7 章　取景：捕捉电影级别的视频画面
⊞第 8 章　延时：拍摄时光飞逝的精彩画面
⊞第 9 章　热门：别具一格的视频拍摄方法
⊞第 10 章　修图：使用 App 修出想要的效果
⊞第 11 章　剪辑：使用剪映制作热门短视频

图 7-24　某图书各章的名称

3. 制作目录

列出大纲之后，运营者便可以根据大纲来细化内容，确定每个具体的知识点，并据此制作一个目录。图 7-25 所示为某摄影图书的目录。

目录
CONTENTS

■ 核心 1：手机摄影篇 ■

第 1 章　入门：用手机就能拍出美的照片
1.1　6 个拍出好照片的基本要素
1.1.1　稳定拍摄提高成像质量
1.1.2　对焦拍摄获得清晰照片
1.1.3　利用构图提高照片美感
1.1.4　借助光线营造摄影效果
1.1.5　调整分辨率保证画质清晰
1.1.6　打开网格为构图提供参照
1.2　3 个正确拿手机的手势
1.2.1　双手横握手机
1.2.2　单手竖握手机
1.2.3　熟悉抓拍姿势
1.3　5 个专业模式控制曝光
1.3.1　设置光圈控制光线数量
1.3.2　设置快门控制曝光时间
1.3.3　设置 ISO 控制感光度

图 7-25　某摄影图书的目录

4. 编写内容

编写内容就是根据制作的目录来编写每个知识点的具体内容。运营者在编写具体内容时，尽量让读者一看就懂、一学就会。图 7-26 所示为某图书的具体内容，可以看到这本书是以图文结合的形式来进行内容编写的，相关的操作还展示了具体的步骤。这样编写的内容，用户自然更容易看懂。

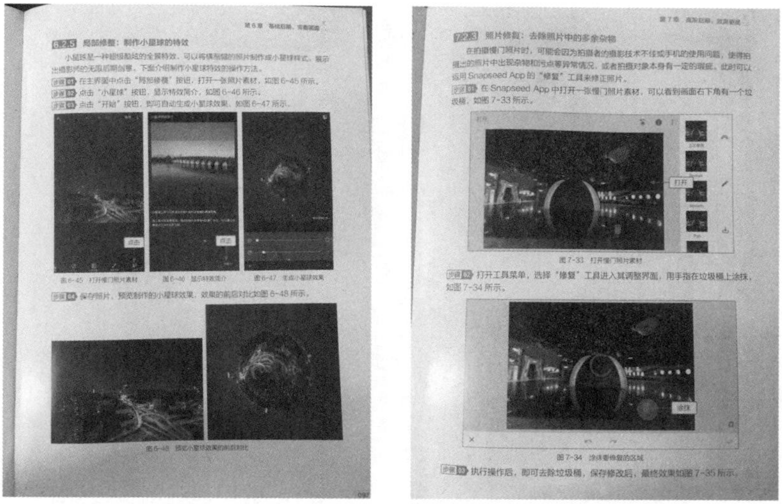

图 7-26　某图书的具体内容

7.3.3　写出让人不可抗拒的产品标题

在知识产品的营销推广过程中，营销标题有时候会起到关键性的作用，因为很多用户会根据标题判断是否要查看营销内容。所以，运营者要尽可能地写出对用户有吸引力的标题，让用户看到标题之后，不可抗拒地想要购买你的知识产品。

那么，运营者要怎样写出对用户有吸引力的知识产品标题呢？在编写知识产品的标题时，运营者要懂得调动用户的情绪，让用户看到标题之后产生触动，忍不住想要查看具体内容。

另外，运营者还需要掌握知识产品标题的编写方法。例如，运营者可以在标题中给出限定时间内学习知识产品产生的变化，让用户直观地把握该知识产品的神奇效果。

图 7-27 所示为某运营者发布的一条短视频，该短视频标题中赫然写着“一天搞定一学期单词”。对于很多人来说，一个学期要学的新英语单词很多，要花很长的时间来进行记忆。所以有的用户看到该短视频标题之后，会忍不住点击购买短视频中推荐的知识产品，学习英语单词的记忆法。

又如，当知识产品有名人（这里的名人包括各类的知名人士）参与或代言时，运营者可以将该名人的名字添加到标题中，让用户看到名人之后，觉得你的知识产品值得信赖。

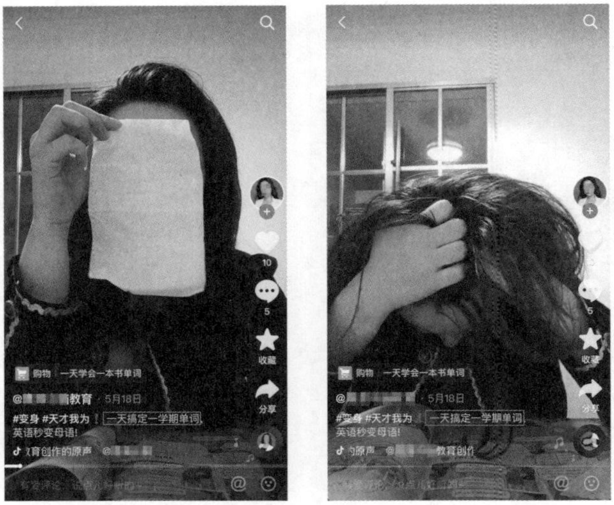

图 7-27　给出限定时间内学习知识产品获得的效果

图 7-28 所示为某运营者发布的一条短视频，可以看到该短视频中便添加了某明星的名字。

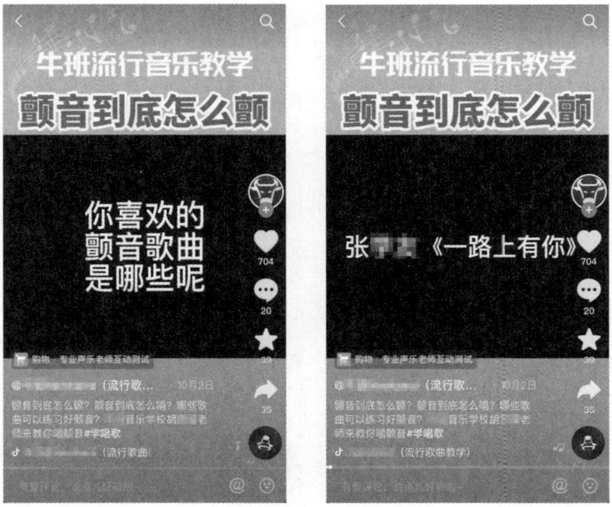

图 7-28　在标题中添加名人的名字

7.3.4　掌握知识产品的常用定价技巧

合理的定价可以刺激用户购买知识产品，增加知识产品成为爆款的概率。

通常来说，在给知识产品定价时，运营者要考虑用户的购买能力，不要把价格定得太高。图 7-29 所示为抖音平台中的部分课程，可以看到这些课程的价格都不是很高。

图 7-29　抖音平台中的部分课程

另外，为了增加知识产品的销量，将其打造成爆款，运营者还可以对知识产品进行低价促销。例如，抖音平台中就有许多价格低于 1 元的课程，如图 7-30 所示。这些课程的价格很低，对用户的吸引力极强。

图 7-30　低价促销的知识产品

第8章 知识转化：将知识转化为获利能力

知识转化就是将自身拥有的知识分享出来，并借此获得一定的收益。本章介绍知识转化的要点，让大家找到更适合自己的转化获利方式，有效地提高知识转化的收益。

8.1 增加流量：知识付费产品的引流技巧

知识转化的一个关键就是增加流量，让更多潜在客户看到你的付费产品。本节重点讲解知识付费产品的引流技巧，帮助运营者获取更多的流量，增加知识转化的收益。

8.1.1 设置引流转化课程

为了增加流量，让更多用户变成你的忠实粉丝，运营者可以设置一些低价，甚至是免费课程。图 8-1 所示为某抖音号运营者销售的两个 PS 课程，可以看到这两个课程的价格都是非常低的。也正因如此，这两个课程的销量都达到数万。也就是说，这两个课程不仅给运营者带来了大量的粉丝，还带来了一定的收益。

图 8-1 某抖音号运营者销售的两个 PS 课程

8.1.2 适当增加试看内容

有时候用户会根据自己的所见、所感来决定是否下单购买商品，如果对商品所知甚少，用户会觉得有太多的未知数。对此，运营者在通过知识付费产品转化时，可以适当地增加试看内容。这样一来，用户看到试看内容之后，如果觉得这些内容对自己是比较有用的，自然就会付费购买整个内容。

当然，试看内容的选择也是有技巧的，运营者应该尽量选择实用的干货内容。

毕竟用户会根据试用内容判断整个内容的价值，如果试用内容对用户没太大的用处，那么用户可能就不会有购买欲望了。

8.1.3　会员可领专享礼物

在为用户提供知识付费产品时，运营者可以采用会员制服务模式，为加入会员的用户提供一些福利，例如为会员提供专享礼物。这样用户看到会员福利之后，会更加愿意加入会员，成为运营者的忠实粉丝。

当然，为了让更多用户加入会员，运营者可以适当降低加入会员的门槛。例如，运营者可以直接提供低价会员卡，让用户支付小额资金便可以加入会员。

8.1.4　私信联系潜在客户

抖音平台本身就有私信功能，运营者可以借助该功能直接联系潜在客户，实现一对一的针对性沟通。具体来说，运营者可以通过如下步骤给潜在客户发私信。

步骤 01　打开抖音 App，点击“我”界面中的“粉丝”按钮，如图 8-2 所示。

步骤 02　进入账号粉丝板块，点击板块中有潜在购买需求的粉丝账号所在的位置，如图 8-3 所示。

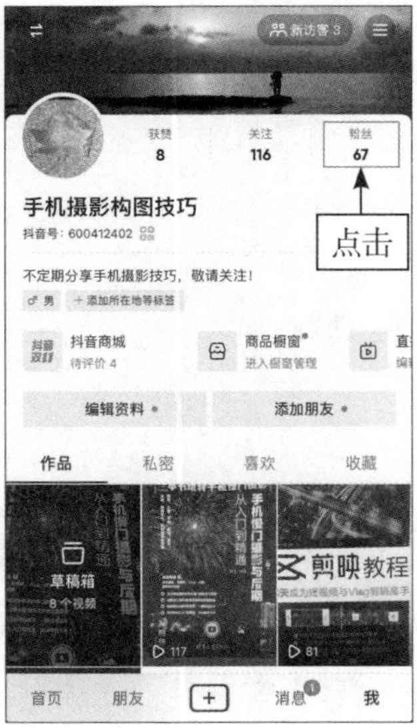

图 8-2　点击“粉丝”按钮

图 8-3　点击有潜在购买需求的粉丝账号所在的位置

步骤 03　进入粉丝的账号主页，点击界面中的“回关”按钮，如图 8-4 所示。

步骤 04　“回关”按钮的位置会出现“互相关注”按钮和“私信”按钮，点击“私信”按钮，如图 8-5 所示。

图 8-4　点击“回关”按钮

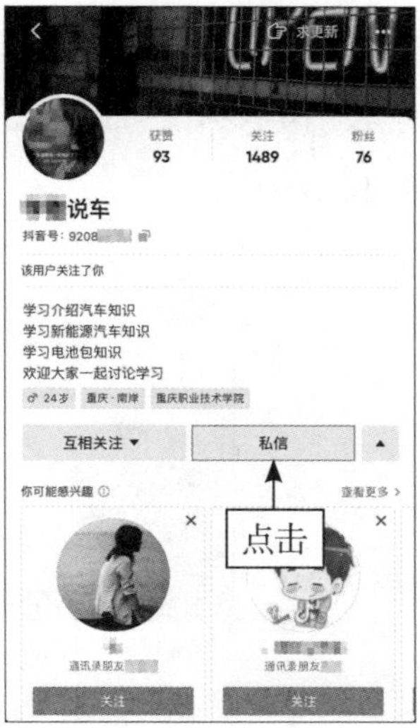

图 8-5　点击“私信”按钮

步骤 05　进入私信聊天界面，在界面的输入框中，❶输入私信内容；❷点击“发送”按钮，如图 8-6 所示。

步骤 06　私信内容会出现在聊天界面中，如图 8-5 所示。

图 8-6　点击“发送”按钮

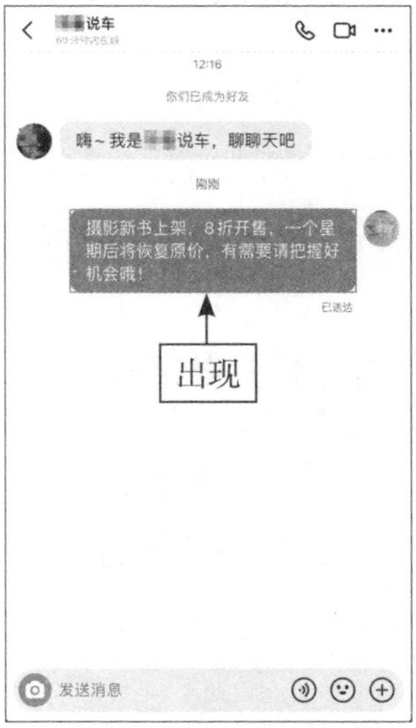

图 8-7　私信内容会出现在聊天界面中

8.1.5 通过社群进行转化

运营者可以专门打造一个社群，然后将用户拉进社群中。这样，当运营者推出新的知识付费产品时，便可以将其发送至社群中，并通过社群来实现转化。当然，为了吸引更多用户加入社群，运营者可以在抖音号简介中展示社群的基本信息，如图 8-8 所示。

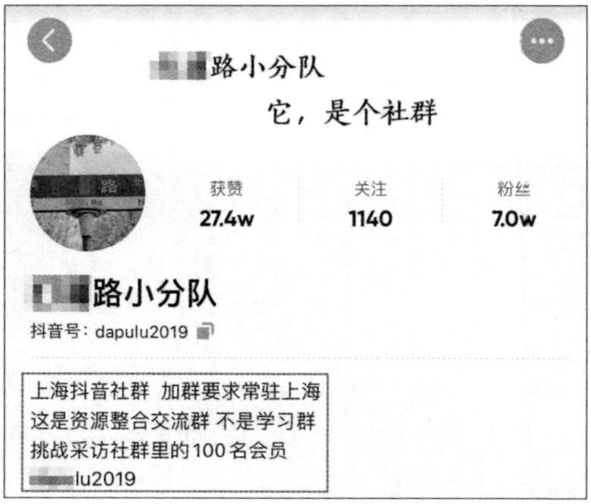

图 8-8 在抖音号简介中展示社群的基本信息

8.2 内容付费：通过售卖来实现商业价值

内容付费是知识转化的一种常见形式，它是指通过有偿提供内容来获得收益。运营者要提高内容付费的收益，就要将内容售卖出去，让内容获得应有的商业价值。本节讲解内容付费的常见方法。

8.2.1 平台订阅付费

如果运营者能够持续产出内容，或者已经在某个平台上上传了很多有价值的内容，便可以通过平台订阅付费来获得收益。简单来说，平台订阅付费指的是运营者将内容上传至平台之后，用户只有订阅并支付一定的费用才可以查看内容。

当然，为了提高平台订阅付费的收益，运营者还得想办法提高内容的订阅量。对此，运营者可以通过抖音短视频对部分订阅内容进行展示，让用户看到它的价值，从而吸引更多用户到对应的平台中进行订阅。

8.2.2 在线教学转化获利

在线教学转化获利就是通过提供线上课程并进行销售来获得收益。对于拥有专业知识的运营者来说，这种转化获利方式是比较简单有效的。运营者只需制作课程，并将其挂在商品橱窗中，或者添加到视频中即可。只要用户购买了课程，运营者便可以获得一定的收益。

例如，某抖音运营者便在商品橱窗中挂上了 CAD 方面的课程，用户只需点击课程的对应位置，便可进入课程的介绍界面，查看 CAD 课程的相关信息，如图 8-9 所示。如果用户对课程感兴趣，可以点击界面下方的“立即购买”按钮，购买课程。

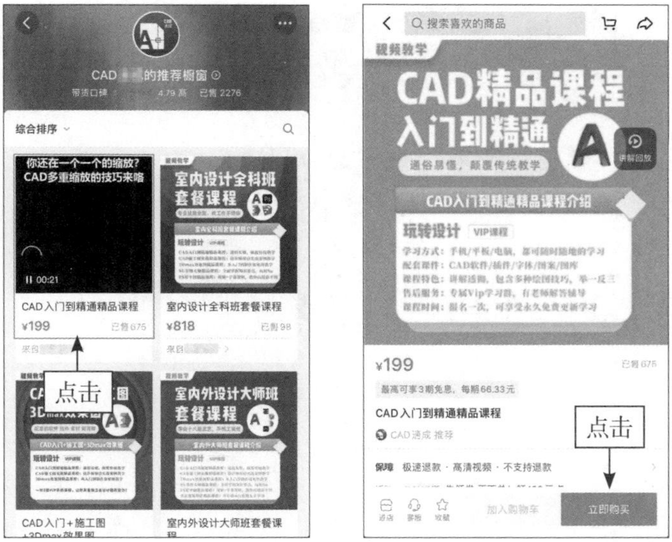

图 8-9　查看 CAD 课程的相关信息

8.2.3 问答咨询付费

问答咨询付费就是有偿为用户提供咨询服务，回答用户的问题。这种转化获利方式比较适合专业性较强的运营者。例如，律师可以为用户提供法律咨询；医生可以为用户提供健康咨询。

需要说明的是，采用这类转化获利方式的运营者必须要有专业的知识，回答问题时必须要说到要点，否则将难以获得用户的持续关注。另外，在咨询费用方面也要考量一下，如果费用太高，用户可能舍不得付费进行咨询。

8.2.4 出版图书转化获利

图书出版，主要是指抖音电商运营者在某一领域或行业经过一段时间的经营，拥有了一定的影响力或者有一定的经验后，将自己的经验进行总结，然后进行图书出版，以此获得收益的盈利模式。

短视频原创作者采用出版图书这种方式去获得盈利，只要抖音短视频运营者本身有基础与实力，那么收益还是很乐观的。例如，抖音号“航拍摄影旅行家 Shawn Wang”的运营者王肖一便是采取这种方式获得盈利的。王肖一通过抖音短视频的发布，积累了 270 多万粉丝。图 8-10 所示为“航拍摄影旅行家 Shawn Wang”的抖音个人主页。

图 8-10　“航拍摄影旅行家 Shawn Wang”的抖音个人主页

因为多年从事摄影工作，王肖一结合个人实践编写了《无人机摄影与摄像技巧大全》一书。该书出版后，许多抖音粉丝纷纷下单，销量很快就破万了。这本书之所以如此受欢迎，除了内容对读者有吸引力之外，与王肖一这个 IP 也是密不可分的，部分抖音用户就是冲着王肖一这个 IP 来买书的。

另外，当你的图书作品火爆后，还可以通过售卖版权来转化获利，小说类别的图书版权可以用来拍电影、拍电视剧或者网剧等，这种收入相当可观。当然，这种方式可能比较适合那些成熟的短视频团队，如果作品拥有了较大的影响力，便可进行版权盈利转化获利。

8.3 广告转化获利：通过帮助品牌推广获得收益

很多品牌都需要通过广告推广来提高自身的名气和知名度，运营者可以通过与这些品牌进行合作来获得收益。常见的广告转化获利方式主要有三种，即流量广告转化获利、商品广告转化获利和品牌代言转化获利。本节分别进行说明。

8.3.1 流量广告转化获利

流量广告转化获利就是通过为品牌广告获得的流量来实现盈利。例如，抖音的星图任务中有时会推出一些按播放量付费的任务，这便属于流量广告任务，如图 8-11 所示。运营者接受这些任务之后，只需按要求发布短视频，便可以根据短视频的播放量来获得收益。

图 8-11　星图任务中的流量广告任务

8.3.2 品牌代言转化获利

当运营者的粉丝量足够多、影响力足够大时，有的品牌就会邀请运营者进行品牌代言。运营者只需根据品牌方的要求拍摄广告，并对品牌进行推广，便可以获得比较可观的收益。

这种转化获利方式比较适合抖音上的大网红，这些网红在某个垂直领域有一定的话语权，而且有一大批粉丝的追随，当其给品牌代言时，粉丝便会争相购买该品牌旗下的商品。

当然，运营者要想通过这种方式进行转化获利，还得认真做好抖音号，增加自身的粉丝量和影响力。毕竟，只有你的粉丝量和影响力达到了要求，品牌方才会考虑让你做代言。

8.3.3 商品广告转化获利

商品广告转化获利就是通过为商品打广告来获得收益。运营者可以结合自身的知识打造一个短视频，为相关商品打广告，对商品信息进行展示，或者直接为用户提供商品的购买链接。

例如，某抖音测评号就发布了一条商品广告短视频，该视频中展示了商品的购买链接，如图 8-12 所示。只要用户点击该链接购买商品，该抖音测评号便可以获得一定的收益。

图 8-12 某抖音测评号中的商品广告短视频

8.4 流量转化获利：抓住了用户就抓住了市场

在抖音平台中需要靠流量来制胜，运营者抓住了用户就等于是抓住了市场。那么，获得流量之后，运营者要怎样将流量变为收益呢？本节重点介绍抖音流量的转化获利技巧。

8.4.1 平台流量分成

平台流量分成是指通过抖音营销将用户引导至其他平台中，从而获得来自其他平台的奖励。通常来说，平台流量分成主要有两种，一种是单纯地将用户引导至其他平台，获得流量带来的收益；另一种是帮其他平台销售商品，从而获得佣金。

例如，抖音平台中的信息流广告便属于将流量引导至其他平台，信息流广告通过一个短视频介绍其他平台中的内容或商品，用户点击短视频播放界面的对应位置便可直接进入其他平台。

图 8-13 所示为京东信息流广告的短视频，用户点击该短视频中的“查看详情”按钮，便可以直接进入京东平台，查看短视频中商品的相关信息。

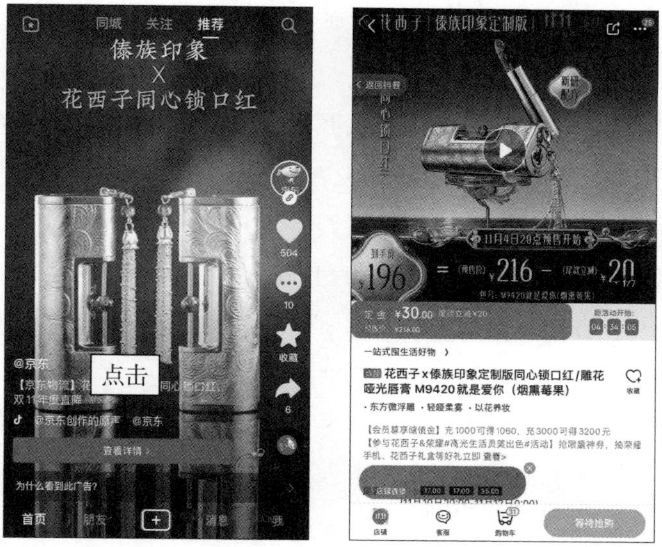

图 8-13　京东的信息流广告

运营者也可以参考这种方式通过为其他平台流量来获得收益。例如，可以直接通过短视频对其他平台的相关内容进行介绍，或者直接在短视频中为用户提供一个进入其他平台的渠道。

8.4.2　付费会员转化

付费会员转化是让用户付费购买知识类产品成为运营者的会员，从而让运营者获得收益。在通过付费会员转化时，运营者可以为用户提供两类内容，一类是普通用户都可以免费查看的基础内容，另一类是付费会员才能查看的干货内容。这样，既能通过免费内容获取一定的流量，也能通过付费内容获得一定的收益。

当然，在通过付费会员转化的过程中也需要运用一定的技巧，让用户觉得付费成为会员是物有所值的。对此，运营者可以设置会员专栏，运用自身的专业知识，定期为用户更新内容，让会员获得更多有价值的信息。

8.4.3 付费社群转化

付费社群转化与付费会员转化有一些相同之处，都是让用户支付一定的费用之后，才能获得有价值的内容或服务。不同的是，付费社群转化是将付费作为进入社群的一个门槛；而付费会员转化则是通过付费对用户进行分类，为不同的用户提供不同的内容和服务。

对于用户来说，付费社群对自己的价值是一个未知数，因为在未进入社群之前，用户对社群中分享的内容所知甚少。因此，为了吸引更多用户进入付费社群，运营者需要展现出付费社群的价值。

具体来说，运营者可以通过两种方式展示社群的价值，一种是详细说明社群中分享的内容，让用户觉得这些内容对自己是有价值的；另一种是展示付费社群的会员数量，让用户觉得进入付费社群便可以获得一定的资源。

图 8-14 所示为某运营者发布的一条付费社群宣传短视频，可以看到该短视频中便对付费社群的会员数量进行重点展示。

图 8-14　付费社群宣传短视频

8.4.4 直播礼物转化

直播礼物转化是通过直播获得用户赠送的礼物，并将礼物变成现金的一种变现方式。对于那些本身有一定专业知识，但却没有商品可以销售的运营者来说，直播礼物转化是一种比较实用的转化获利方式。因为只要运营者的直播内容足够优质，并能通过直播礼物折现获得一定的收益。

图 8-15 所示为一场动物知识讲解的直播，可以看到该直播中是没有购物车的，也就是说，这场直播中是没有销售商品的。但是因为直播中主播的讲解比较吸引人，所以部分用户纷纷送出礼物。这样运营者只需在直播结束后将主播获得的礼物折现，即可将礼物转化为收益。

图 8-15 一场动物知识讲解的直播

8.5 商业模式：借商业手段实现更多盈利

除了内容付费、广告转化获利和流量转化之外，运营者还可以运用商业模式来进行知识转化获利。本节介绍知识转化的常见商业模式，让运营者借助商业手段实现更多盈利。

8.5.1 知识产权开发

运营者可以通过抖音账号的运营，开发属于自己的知识产权（IP），增强

IP 的价值。具体来说，运营者可以结合自身的定位发布短视频，持续积累粉丝，并加深自身 IP 在粉丝心中的形象。这样，随着运营者发布的短视频越来越多，IP 的影响力就会变得越来越大。

例如，“陈翔六点半”就是通过抖音账号运营开发知识产品的一个代表，许多人通过抖音知道了“陈翔六点半”这个 IP，也有很多人在看到短视频之后成为“陈翔六点半”的粉丝。图 8-16 所示为“陈翔六点半”的抖音主页，可以看到该账号获得了超过 6 000 万的粉丝，其影响力可见一斑。

图 8-16　“陈翔六点半”的抖音主页

另外，当运营者在抖音平台上获得了一定的影响力之后，便可以借助抖音平台来为知识产品的打造进行服务，快速提高知识产品的知名度。例如，“陈翔六点半”结合自身的知识产品打造了多部电影，并借助抖音平台进行了宣传。图 8-17 所示为抖音号“陈翔六点半”发布的短视频，可以看到这些短视频中便对电影《陈翔六点半之民间高手》进行了宣传。

图 8-17　电影《陈翔六点半之民间高手》的宣传短视频

8.5.2 MCN 运作模式

MCN，是 Multi-Channel Network 的缩写，意为：多频道网络。MCN 运作模式是比较常见的网红运作模式，它主要是通过将不同类型和内容的网红联合起来，并通过资本的支持，持续输出内容，从而获得稳定的商业收益。

通常来说，运营者可以通过两种方式进行 MCN 运作，将知识进行转化获利。一是加入 MCN 机构，二是打造 MCN 机构。

1. 加入 MCN 机构

如果运营者觉得自己势单力薄，可以加入 MCN 机构，借助 MCN 机构的力量，增强自身的影响力，从而更好地提高转化收益。当然，在加入 MCN 机构之前，运营者还需要先找到适合自己的 MCN 机构。对此，运营者可以借助飞瓜数据抖音版平台来查看 MCN 机构的相关信息。

具体来说，❶运营者可以依次单击飞瓜数据抖音版平台中的“主播查找”按钮和“MCN 资料库”按钮；❷单击对应 MCN 机构后方的图标，如图 8-18 所示。执行操作后，即可查看对应 MCN 机构的相关信息，如图 8-19 所示。

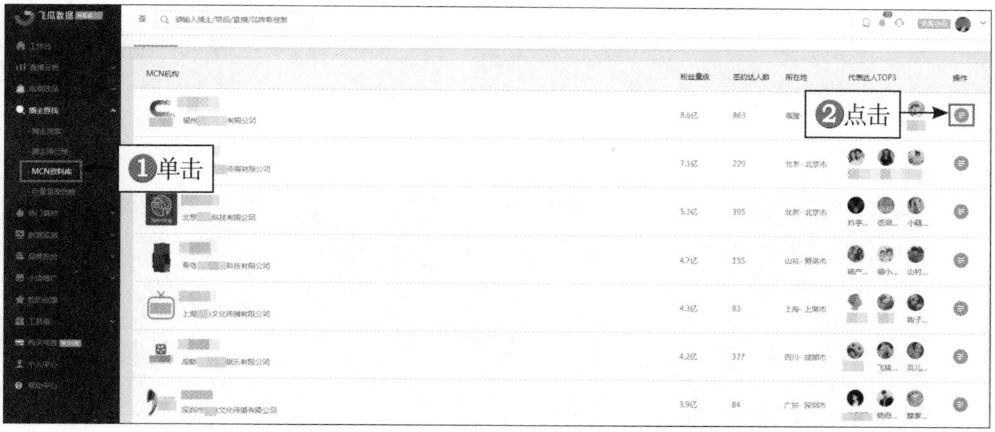

图 8-18 单击图标

如果运营者要加入某个 MCN 机构，可通过电话、微信和邮箱等方式联系 MCN 机构的相关人员，了解合作的相关事宜。

图 8-19　查看 MCN 机构的相关信息

2. 打造 MCN 机构

如果运营者自身的实力比较强，可以自己打造 MCN 机构。当然，MCN 机构打造成功之后，运营者还需要入驻抖音的 MCN 管理平台。这样就可以使用抖音平台提供的相关资源和服务了。

具体来说，运营者可以进入“抖音·MCN”平台，点击默认界面中的“申请入驻”按钮，如图 8-20 所示。即可进入“机构申请入驻”界面，运营者只需根据需求填写相关信息即可完成入驻，如图 8-21 所示。

图 8-20　点击“申请入驻”按钮

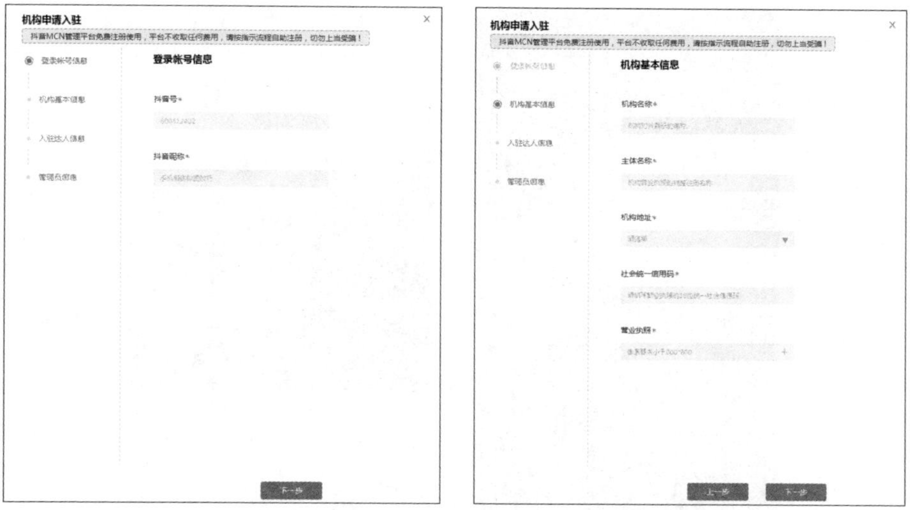

图 8-21　“机构申请入驻”界面

8.5.3　跨界商业合作

跨界商业合作是通过与其他人、团队或者公司进行合作，跨界进入其他领域，增加知识转化获利的渠道，从而获得更多的收益。有的运营者想要跨界进入其他领域，但是自身的实力又比较有限，此时便可以进行跨界商业合作。

跨界商业合作是将合作双方的优势进行结合，实现共赢。因此，在选择合作伙伴时，运营者需要对合作对象进行考察，并选择最适合自己的合作对象。另外，在选择合作对象时，尽量选择业务互补的对象，这样能够避免合作过程中产生业务上的竞争。

8.5.4　知识媒体电商

所谓知识媒体是指将抖音平台作为媒介，通过运营的账号发布各类知识，增加用户对相关内容的了解。通常来说，这种媒体主要起到知识的传达作用，而且它传达出的知识不太好做成知识类产品进行出售。但是如果发布的短视频比较多，这类媒体也会积累大量的粉丝。此时，这类媒体便可以借助抖音的电商功能来获得收益。

“一条”就是典型的知识媒体类账号，该账号中通过发布短视频将各种各样的知识传达给用户。图 8-22 所示为“一条”发布的部分短视频，可以看到这些短视频中都包含了一些知识。

图 8-22　“一条”发布的部分短视频

从图 8-22 中可以看得出来，“一条”的短视频多以传达知识为目的，这些短视频中不太合适向用户直接销售商品，但这并不影响它成为知识媒体电商。因为这个账号通过知识分享吸引了大量用户，所以它借助抖音电商功能获得了很高的销量。

运营者如果点击“一条”抖音主页中的“进入店铺”按钮，便可看到该抖音号旗舰店的销量超过了 10 万，如图 8-23 所示。由此可以看出，只要知识媒体电商做得好，收益还是比较有保障的。

图 8-23　查看“一条旗舰店”的销售情况

第 9 章

粉丝运营：有人气才能提高收益率

对于运营者来说，抖音号的人气与收益密切相关。通常来说，人气较高的账号，获得的收益也会更高一些。那么，如何增加账号的人气呢？其中一种有效的方法就是通过粉丝管理，提高粉丝的互动积极性，从而增加账号的人气。

9.1 用户定位：找到你的精准粉丝人群

每个账号面对的粉丝人群都不尽相同，运营者与其将所有用户作为宣传对象，还不如通过用户定位找准粉丝人群，并有针对性地进行宣传推广。本节重点讲解用户定位的相关技巧，帮助运营者更好地找准粉丝人群，进行有针对性地宣传。

9.1.1 了解不同阶段的粉丝特点

通常来说，抖音粉丝可分为四种，即非粉（普通用户）、轻粉（关注了运营者账号的粉丝）、中粉（加入运营者的粉丝群并进行购物的用户）和铁粉（在运营者的账号中完成多次购物的用户），一个普通用户从非粉到铁粉往往需要经过三个阶段。图 9-1 所示为抖音粉丝的几个阶段。

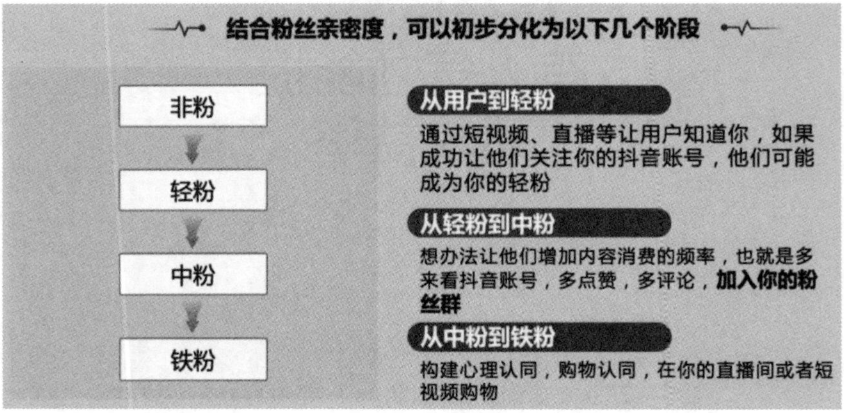

图 9-1 粉丝的几个阶段

另外，不同阶段的粉丝与运营者的情感及互动关系是有所差异的。通常来说，从非粉到铁粉，与运营者的情感联系及互动逐渐增加。图 9-2 所示为不同阶段的粉丝与作者（运营者）的情感与互动关系。因此，在做用户定位时，运营者可以根据粉丝类型，采取不同的措施。

> 专家提醒：运营者可以根据自身要达到的目标来进行用户定位，找准用户的需求，从而更好地达成目标。例如，运营者要将非粉变成轻粉，可以了解非粉的需求，为其提供有价值的内容或商品，让其主动添加关注。

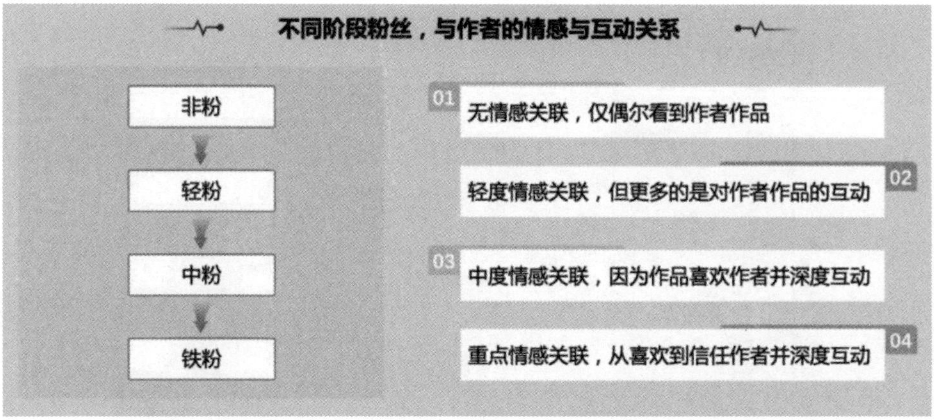

图 9-2　不同阶段的粉丝与作者（运营者）的情感与互动关系

9.1.2　了解直播间粉丝的行为路径

运营者要想引导直播间粉丝进行购物，就得对直播间粉丝的行为路径有所了解。通常来说，直播间粉丝的行为路径主要包括四个关键点，如图 9-3 所示。

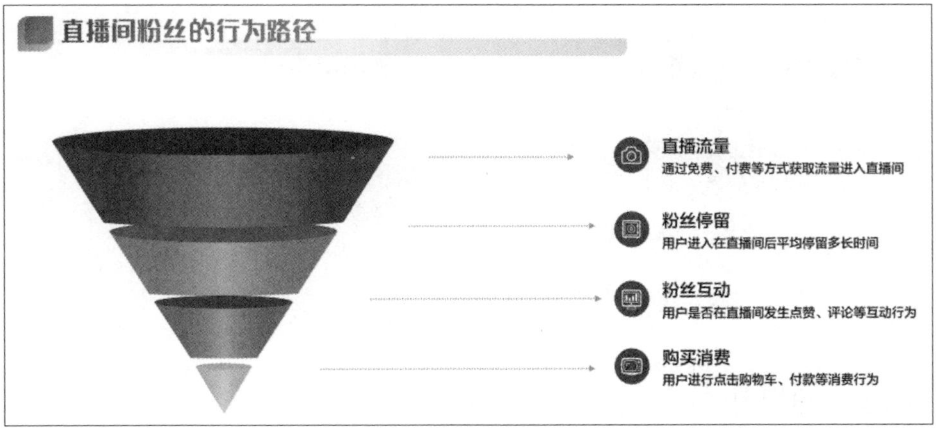

图 9-3　直播间粉丝的行为路径

另外，粉丝的成长会呈现周期性的变化，运营者要想对直播间粉丝的行为路径进行引导，就要根据粉丝的生命周期来采取对应的举措。图 9-4 所示为抖音粉丝的生命周期。在整个生命周期中，粉丝的关注度会随着时间的变化而发生变化。

如果运营者要想增加粉丝的关注，就得了解粉丝关注账号及相关内容的原因。图 9-5 所示为粉丝关注账号及内容的原因分析。运营者可以根据这些原因同时采取多个对应的策略，快速吸引大量用户的关注。

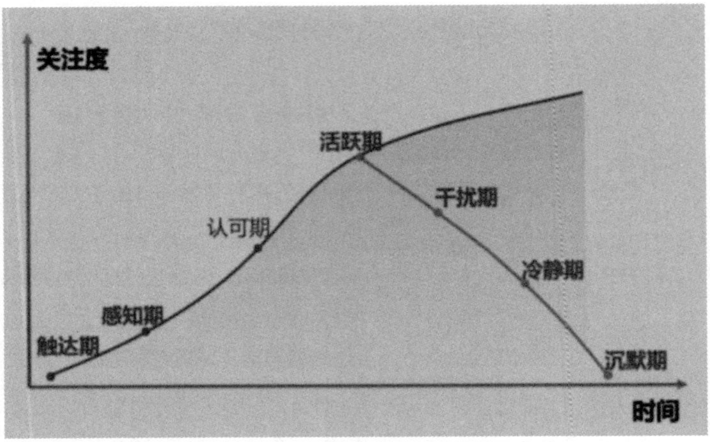

图 9-4　抖音粉丝的生命周期

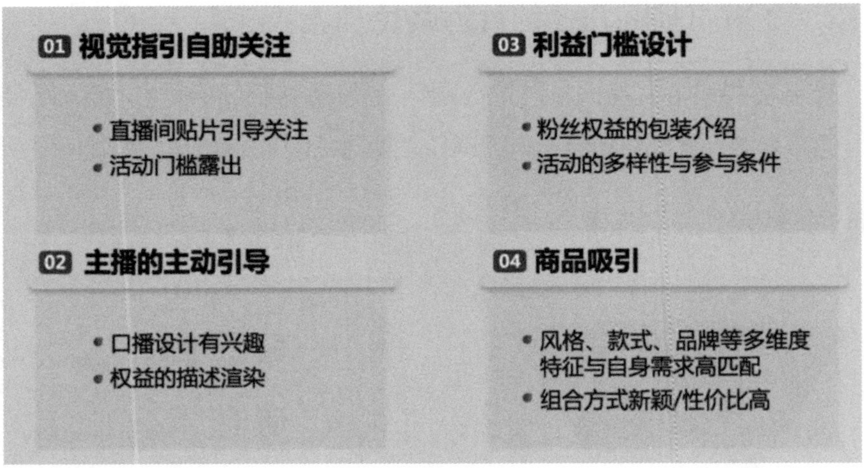

图 9-5　粉丝关注账号及相关内容的原因分析

9.1.3　通过账号人设定位倒推粉丝人群

通常来说，粉丝人群会因为某个人设而关注账号，所以在进行用户定位时，运营者可以通过账号人设定位倒推粉丝人群，即用人设来分析账号粉丝人群的相关信息。

当然，不同的人设具有不同的势能（原意是指物体的位置或位型具有的能量，这里是指与粉丝地位的对比，例如低势能即运营者摆低自己的姿态），运营者可以根据“粉丝人群 - 人设倒推法”来了解人设的势能，判断自身与粉丝的关系。图 9-6 所示为“粉丝人群 - 人设倒推法”的相关介绍。例如，运营者树立的是讨好粉丝的人设，那么就相当于是摆低自己的姿态，用心来拉近与粉丝人群的关系。

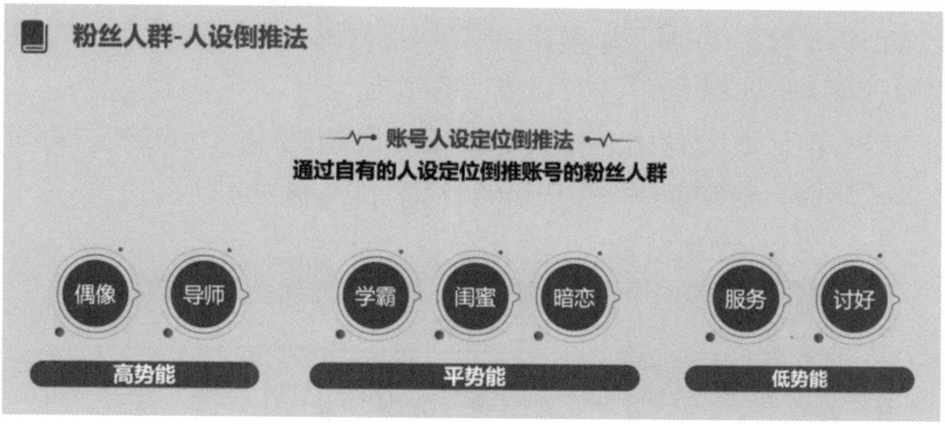

图 9-6 “粉丝人群 - 人设倒推法”的相关介绍

9.1.4 通过内容设定倒推粉丝人群

除了人设定位之外，运营者还可以通过内容设定倒推粉丝人群。通过内容设定倒推粉丝人群，就是通过账号中发布的内容来分析粉丝人群的相关信息。图 9-7 所示为“粉丝人群 - 内容倒推法”的相关介绍。例如，运营者发布的是教粉丝做菜的内容，吸引到的粉丝就是对美食感兴趣的人群。

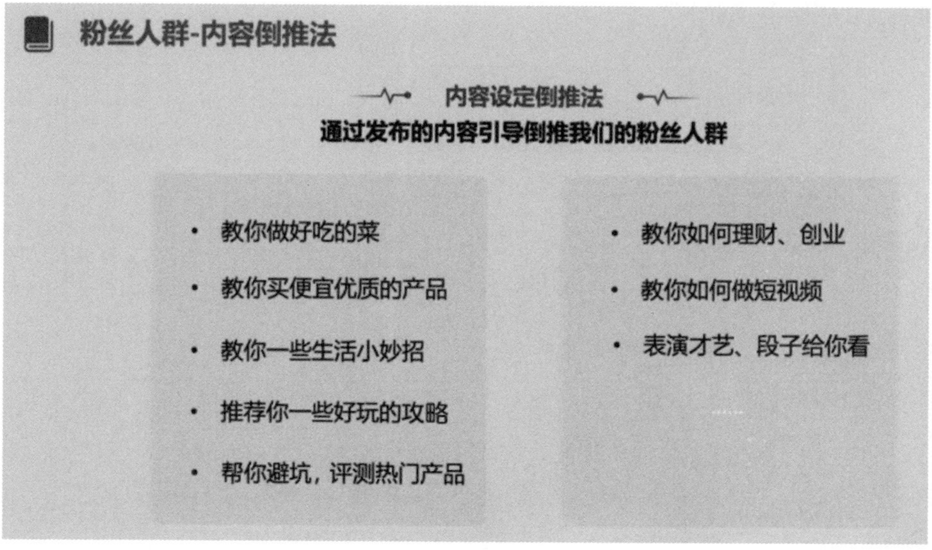

图 9-7 “粉丝人群 - 内容倒推法”的相关介绍

9.1.5　通过账号分析找准粉丝需求

很多数据分析平台中都可以看到抖音账号的相关分析，运营者可以通过账号分析来找准粉丝的需求。以蝉妈妈抖音版平台为例，运营者可以通过如下步骤对粉丝的相关信息进行分析，并找准粉丝的需求。

步骤 01　进入蝉妈妈抖音版平台，❶在搜索栏中输入抖音账号关键词；❷点击图标；❸选择搜索结果中的对应抖音号，如图 9-8 所示。

图 9-8　选择搜索结果中的对应抖音号

步骤 02　进入抖音号数据的“基础分析”页面，点击页面中的“粉丝分析”按钮，如图 9-9 所示。

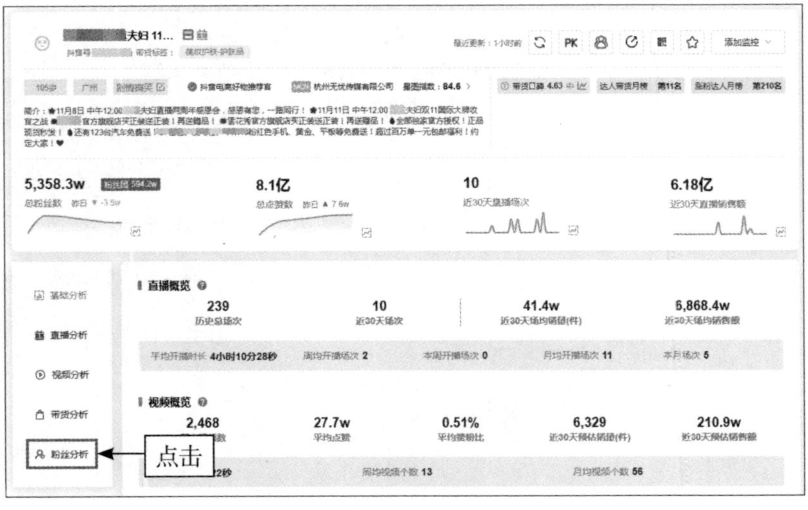

图 9-9　点击“粉丝分析”按钮

步骤 03　进入“粉丝分析”页面，查看“账号粉丝画像”，如图 9-10 所示。

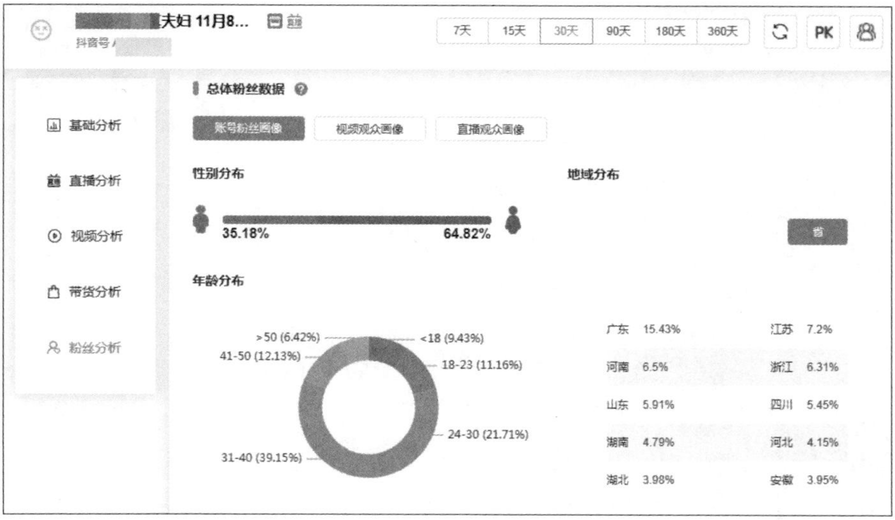

图 9-10　查看账号粉丝画像

步骤 04　点击页面中的对应按钮，即可查看视频或直播观众画像（这里可以将观众视为是账号粉丝，因为其中的绝大部分观众都是账号的粉丝）。例如，点击“直播观众画像”按钮，即可查看该抖音号观众的分布情况，如图 9-11 所示。除此之外，运营者还可以向上滑动页面，查看直播观众的购买意向和全部品类的价格偏好，如图 9-12 所示。

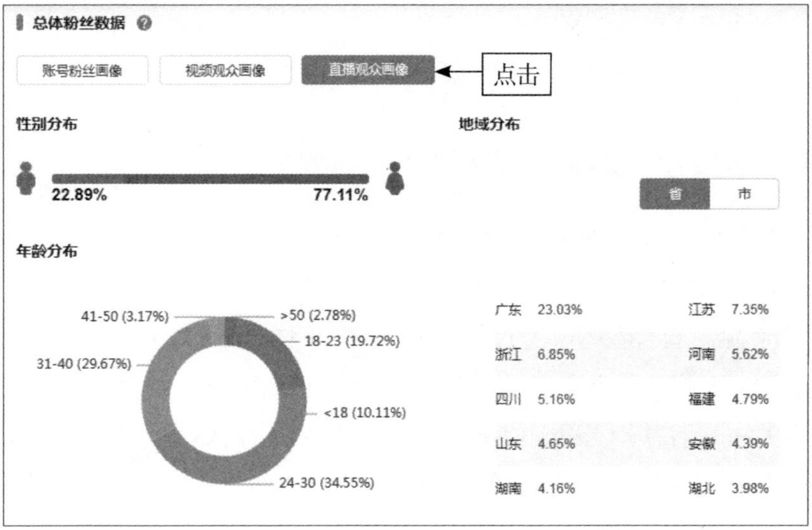

图 9-11　查看抖音号粉丝观众的发布情况

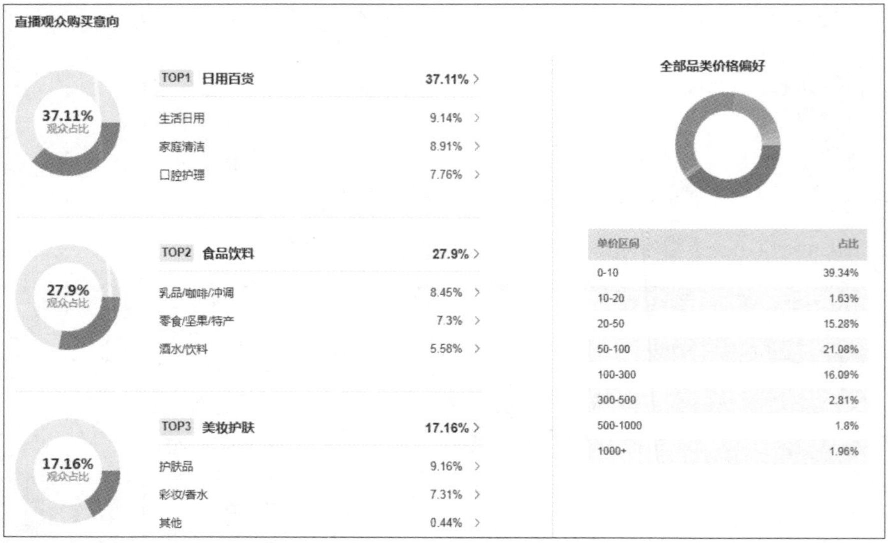

图 9-12　查看直播观众的购买意向和全部品类的价格偏好

了解了粉丝人群的基本信息和购买偏向之后，运营者便可以有针对性地为粉丝人群提供内容和商品，让更多普通用户成为粉丝，让更多粉丝愿意下单购买商品。

9.2　粉丝管理：让粉丝成为朋友的技巧

找准了粉丝人群之后，运营者还需要进行粉丝管理，让粉丝甚至是普通用户成为你的朋友。本节讲解粉丝管理的一些技巧，帮助运营者更好地培养出高黏性的铁粉。

9.2.1　掌握让“路人”变成粉丝的技巧

粉丝管理的关键一步就是让“路人”（即普通用户）变成粉丝。下面介绍让“路人”变成粉丝的技巧。

通常来说，运营者可以通过引导来让普通用户主动关注你的账号。例如，每个抖音号主页都有一个头图（主页界面上方的背景图），运营者可以在该图中添加引导关注的信息，让看到信息的用户主动关注你的账号。图 9-13 所示为某抖音号的主页，可以看到该账号便是通过在头图中添加“谢谢你这么好看还关注我”来吸引普通用户的关注。

除了抖音号头图之外，运营者还可以通过发布短视频来引导关注。当然，如果只是单纯地请求用户关注，很可能难以获得效果。此时，运营者便需要给用户一个关注的理由。

图 9-13 某抖音号的主页

例如，某运营者在发布引导关注短视频时，便给用户一个关注的理由——“关注我，方便您随时购物”，如图 9-14 所示。

图 9-14 给用户一个关注的理由

另外，为了提高用户的关注意愿，运营者还可以适当地为用户提供一些关注福利。图 9-15 所示为部分抖音号发布的短视频，可以看到这些短视频中便是通过关注赠送物品来吸引用户关注的。许多用户看到关注可以获得福利之后，自然就会更愿意点击关注了。

图 9-15　通过福利引导用户关注

9.2.2　让更多粉丝愿意停留在你的直播间

对于运营者来说，让更多粉丝愿意停留在你的直播间，不仅可以增加直播间的热度，还可以获得更高的销量。那么，怎样让更多粉丝愿意停留在你的直播间呢？下面介绍一些技巧。

运营者要让粉丝停留在直播间，先要将粉丝吸引进直播间。对此，运营者可以通过预热视频制作与传播来增加直播的曝光度。当然，在预热视频制作与传播的过程中，运营者需要把握三个要点，即内容方向、吸引点和传播技巧，如图 9-16 所示。

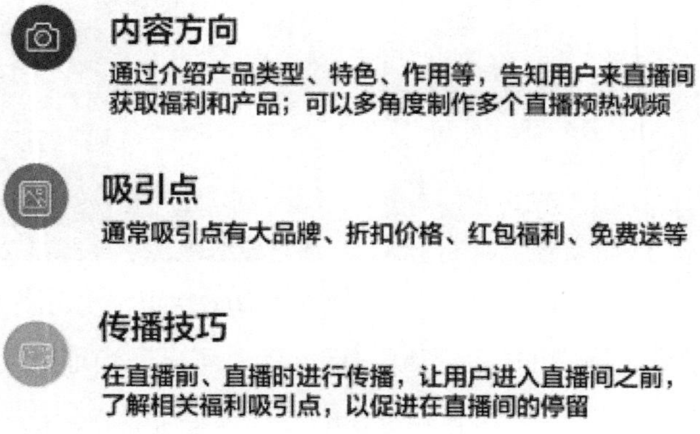

图 9-16　预热视频制作与传播的要点

用户通过预热短视频进入直播间之后，可能会根据直播间布置决定是否要停留。如果直播间比较杂乱，丝毫看不到专业性，用户可能会选择离开直播间。那么，要如何布置直播间呢？抖音电商学习中心认为需要把握三个要点，如图 9-17 所示。

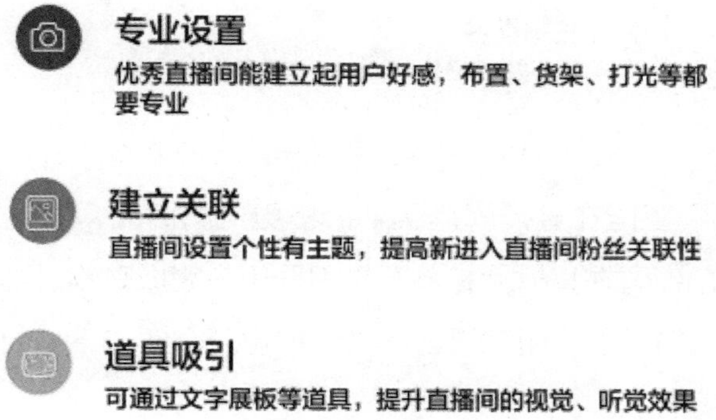

图 9-17　直播间设置的要点

进入直播间后，用户除了观看直播间布置之外，还会关注主播的形象。因此，运营者需要注重主播形象的打造，让用户觉得主播是专业的。具体来说，抖音电商学习中心给出了主播打造的要点，如图 9-18 所示。

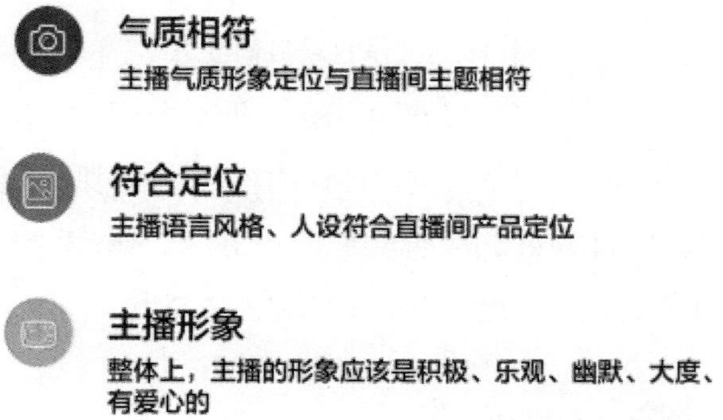

图 9-18　主播形象打造的要点

主播形象更多的是主播的外在条件，而主播说话技巧则是主播内在专业性的体现。主播的说话技巧不仅会影响用户的停留意愿，还会影响用户的购买需求。因此，运营者需要制作好主播说话技巧，提升主播的表达能力。具体来说，制作主播说话技巧主要有三个要点，如图 9-19 所示。

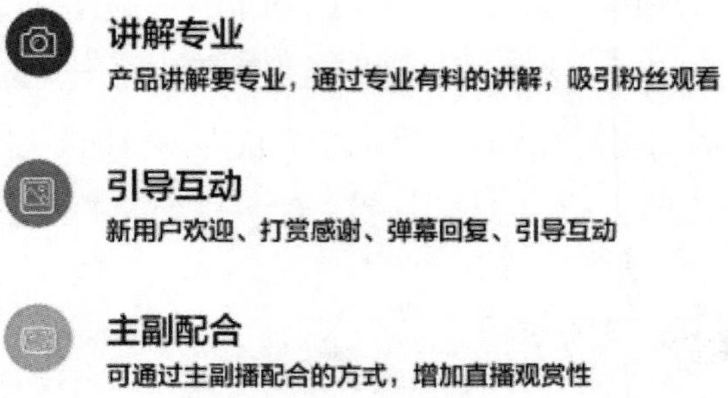

图 9-19　制作主播说话技巧的要点

很多粉丝都希望能在直播间购买到价格更低的商品，对此运营者可以通过福利吸引，让用户停留在直播间，甚至是引导用户完成购物。当然，运营者要想通过福利吸引增强粉丝的停留意愿，还需要把握三个要点，如图 9-20 所示。

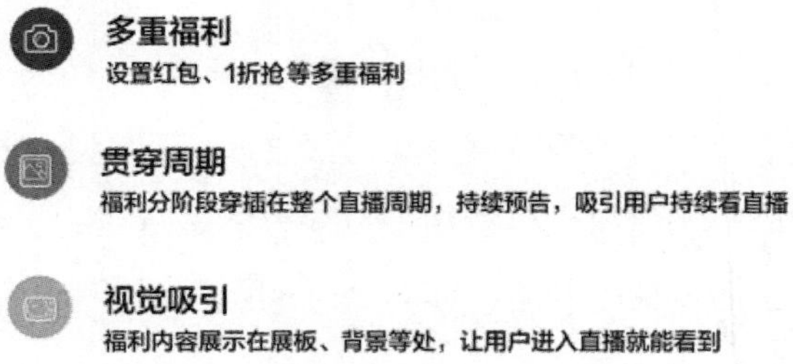

图 9-20　福利吸引的要点

有时候直播间的人比较多，又有很多粉丝喜欢通过评论来进行表达。因此，当部分粉丝进入直播间后，可能会觉得评论内容很乱。对此，运营者可以通过弹幕控评来为粉丝提供一个良好的沟通氛围，让粉丝愿意持续停留在直播间。具体来说，在弹幕控评的过程中，运营者需要把握三个要点，如图 9-21 所示。

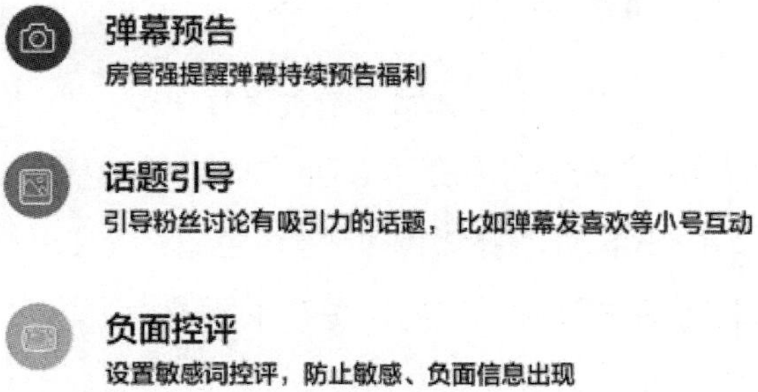

图 9-21　弹幕控评的要点

9.2.3 让更多粉丝准时观看你的直播

直播是提高运营者与粉丝亲密度的重要手段，为了让更多粉丝变成朋友，运营者需要告知直播时间，并让更多粉丝准时观看你的直播。下面介绍几个告知粉丝直播时间，提醒粉丝准时观看直播的技巧。

首先，运营者可以设置抖音号的名称，并在名称中写明直播时间，这样用户一看到账号的相关信息，就知道何时会进行直播了。图 9-22 所示为某抖音号的主页，可以看到该抖音号的名称中写明了直播时间。

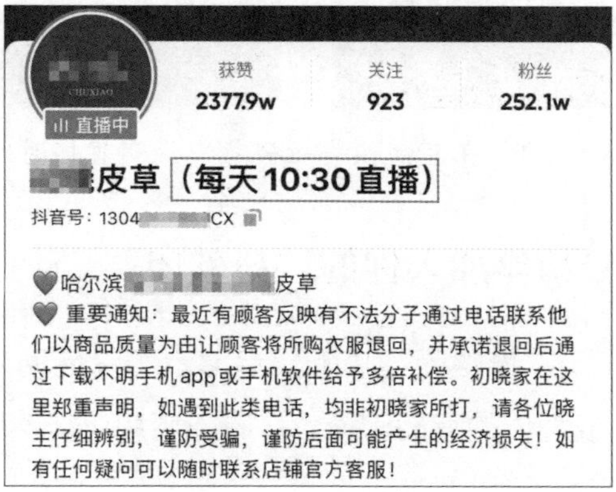

图 9-22 在抖音号名称中写明直播时间

其次，运营者还可以在抖音号简介中列出直播时间。图 9-23 所示为某抖音号的主页，可以看到该抖音号简介的第一行列出了直播时间。

图 9-23 在抖音号简介中列出直播时间

最后，运营者还可以发布直播预告短视频，在短视频中说明直播时间，如图 9-24 所示。

图 9-24　在直播预告短视频中说明直播时间

9.2.4　引导账号粉丝加入你的“粉丝团”

抖音直播中有一个“粉丝团”功能，运营者可以借助该功能，引导账号粉丝加入“粉丝团”，成为你的直播间粉丝。有的用户可能不知道如何加入直播间“粉丝团”，对此运营者可以对加入直播间“粉丝团”的步骤进行说明。具体来说，运营者可以在直播间中展示下面这些加入直播间“粉丝团”的步骤。

步骤 01　点击直播间界面上方的图标，如图 9-25 所示。

步骤 02　弹出一个面板，点击“加入粉丝团”按钮，如图 9-26 所示。

图 9-25　点击图标

图 9-26　点击“加入粉丝团”按钮

步骤 03　显示“加入成功”，如图 9-27 所示。返回直播界面，界面中会显示恭喜账号成为“粉丝团”成员的信息，如图 9-28 所示。

图 9-27　显示“加入成功”　图 9-28　显示恭喜账号成为“粉丝团”成员的信息

> 专家提醒：加入直播间“粉丝团”需要支付 1 抖币（抖音中的虚拟货币），如果粉丝账号中有足够的抖币，点击“加入粉丝团”按钮之后，可以直接加入抖音“粉丝团”；如果粉丝账号中的抖币不够，则需要先充值，才能加入直播间“粉丝团”。

9.2.5　给予不同等级的粉丝不同福利

为了获得粉丝的持续支持，运营者可以给予不同等级的粉丝不同福利，让粉丝获得继续支持你的动力。对此，运营者可以参考抖音的“粉丝团”功能，根据粉丝的等级开通新的直播礼物。图 9-29 所示为抖音“粉丝团”板块，可以看到部分直播礼物上面就显示了需要达到的等级。

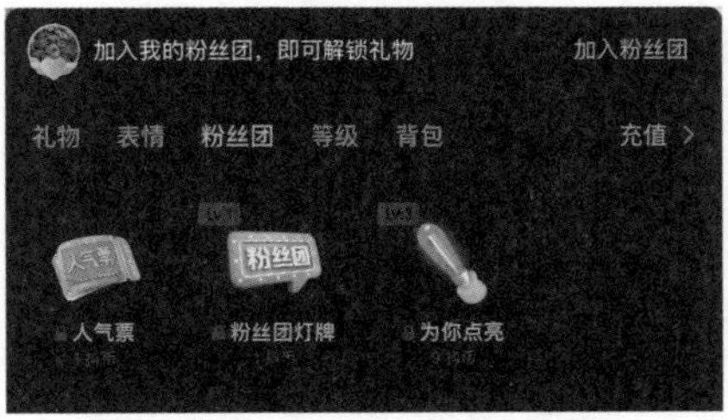

图 9-29　“粉丝团”板块

例如，运营者可以将粉丝分为三个等级，第一个等级是普通粉丝，该等级的粉丝没有特别的福利；第二个等级是高级粉丝，该等级的粉丝可以免费进入粉丝群；第三个等级是铁粉，该等级的粉丝可以免费获得干货内容或低价获得商品。

9.2.6 培养高黏性的直播粉丝人群

直播间观众大致可以分为四个层级，即路人、粉丝、粉丝团（成员）和超粉团（成员），每个层级的观众在直播间中的黏性不尽相同，如图 9-30 所示。

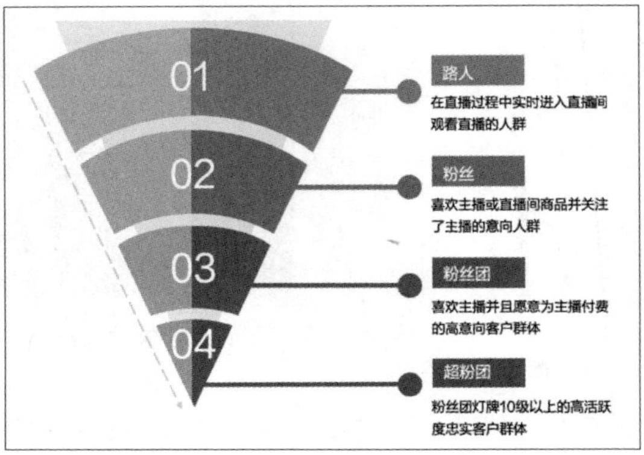

图 9-30 直播间观众的层级

通常来说，路人在直播间中的黏性最弱，超粉团（成员）在直播间中的黏性最强。而运营者需要做的就是培养高黏性的直播粉丝人群，让更多用户成为你的超粉团（成员）。

那么，什么是高黏性的粉丝呢？抖音电商学习中心认为，高黏性的粉丝主要有五个表现，具体如下。

（1）开播第一时间进入直播间。

（2）直播间发言活跃度极高。

（3）时刻维护主播利益。

（4）直播间停留时间长。

（5）复购率极高。

那么，运营者要如何将普通粉丝培养成高黏性的粉丝呢？抖音电商学习中心认为，关键就在于培养粉丝的“三感”，即存在感、归属感和专属权益感，如图 9-31 所示。

1 存在感（主播在直播间高频次点名粉丝增加粉丝的存在感）

2 归属感（引导粉丝在直播间找到兴趣相投的朋友）

3 专属权益感（给予粉丝在其他直播间享受不到的特权）

图 9-31　培养高黏性粉丝要培养的“三感”

另外，为了增强粉丝的黏性，运营者也需要在直播过程中多举办一些活动。当然，在举办活动时，运营者也要把握好一些要点。图 9-32 所示为直播间举办活动的要点。

1 活动参与门槛低（人人可参与、参与成本低）

2 活动互动性强（话题性、可辩论性）

3 在活动中将粉丝进行分组（地区分组、年龄分组、粉丝团级别分组）

4 在活动中强调粉丝团专属权益（粉丝团专属价、粉丝团专享款）

图 9-32　直播间举办活动的要点

9.3　粉丝存留：让粉丝持续关注你的直播

粉丝存留会直接影响抖音直播的热度和带货效果，因此运营者很有必要寻找策略提高粉丝存留，让粉丝持续关注你的直播。本节介绍提高粉丝存留的技巧。

9.3.1　预告直播内容

许多粉丝会根据直播内容，判断是否要进入直播间。如果运营者的直播内容足够有吸引力，可以预告直播内容，用内容吸引粉丝的关注。这不仅可以增加粉丝进入直播间的概率，而且还会让部分粉丝持续关注直播。因为粉丝是被预告内容吸引进入直播间的，所以如果预告内容还没出现，粉丝可能会一直在直播间等待。

图 9-33 所示为某抖音号发布的短视频，该短视频中便预告了直播内容。因为该预告中明确表示张姓明星会在直播中与粉丝一起设计“向往的家”，所以许多粉丝为了看该明星，会持续关注直播。

> 专家提醒：很多时候预告内容是吸引粉丝持续关注的一个关键，因此在有必要的情况下，运营者可以在直播的后半程再展示预告中的核心内容。

图 9-33　通过发布短视频预告直播内容

9.3.2　增加视觉吸引力

人是一种视觉动物，如果运营者能增加内容的视觉吸引力，那么便可以将粉丝吸引过来，获得粉丝的持续关注。

图 9-34 所示为某抖音直播间的画面，该直播间用较大的字号将商品的原价、直播价和降价幅度进行了展示。因此，粉丝进入直播间后，视觉就会被这些信息吸引，并长时间停留在直播间，等待购买降价力度大的商品。

图 9-34　通过视觉吸引获得粉丝的持续关注

> 专家提醒：图 9- 34 中的“米”字不是不小心写错的，而是因为部分直播平台中，“元”字是敏感字眼，因此许多运营者养成了将“米”字代替“元”字的习惯。

9.3.3　多提供干货内容

粉丝在观看直播时，对内容会有一定的要求，如果直播内容对自己没有价值，粉丝可能不会停留。因此，运营者要在直播中多提供一些干货内容，让粉丝觉得持续观看直播是值得的。

图 9-35 所示为某抖音直播的相关画面，该画面就是通过干货内容来吸引粉丝的持续关注。具体来说，该抖音直播中为粉丝分享了普通人在抖音上获得收益的方法，这让许多苦于无法提高抖音转化收益的粉丝看到了价值。

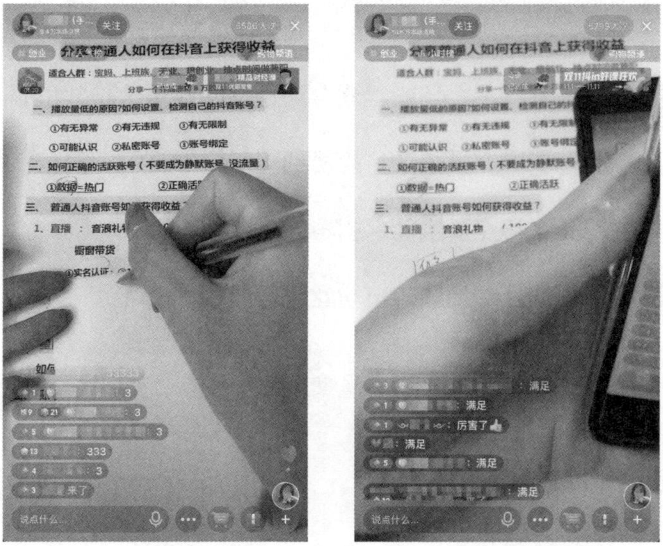

图 9-35　通过干货内容来吸引粉丝的持续关注

9.3.4 提升粉丝互动率

提升互动率是让粉丝持续关注直播的一种有效方法。通常来说，只要直播间的互动内容与自己有关，或者自己感兴趣，粉丝就会留下来持续关注直播。那么，运营者要如何提升直播间粉丝的互动率呢？抖音电商学习中心认为可以重点从三个方面进行把握，如图 9-36 所示。

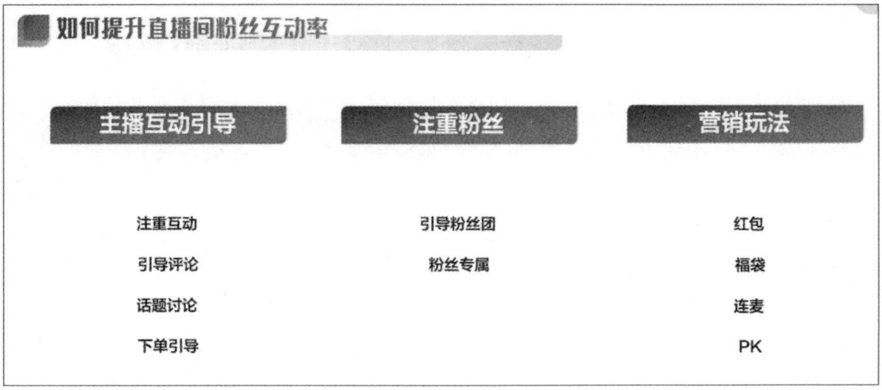

图 9-36　从三个方面提升直播间粉丝互动率

当然，运营者也可以对每个提升直播间粉丝互动率的要点进行思考，总结出对应的技巧。图 9-37 所示为注重互动的技巧。

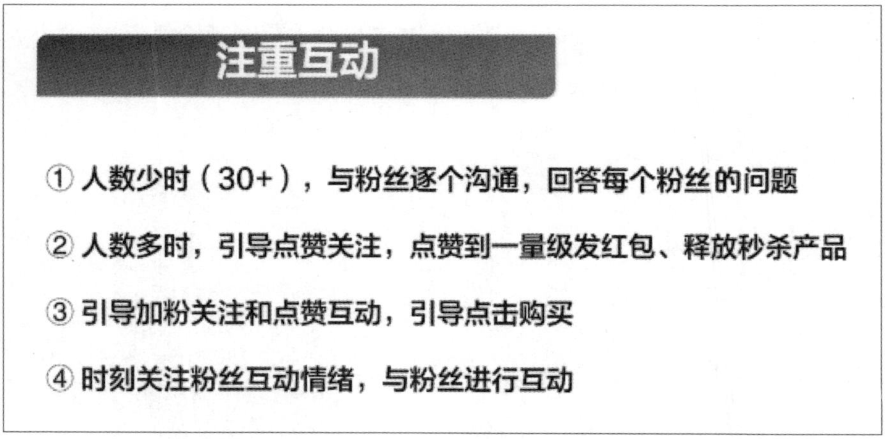

图 9-37　注重互动的技巧

9.3.5 粉丝的私域运营

粉丝的私域运营就是将平台流量转化为运营者的私域流量，让平台用户成为运营者的忠实粉丝。私域流量可以简单理解为不用付费便可随时触达用户的渠道。粉丝的私域运营，关键就在于为粉丝提供优质的内容或需求比较强烈的商品，从而增强粉丝的黏性。

例如，运营者可以通过发布优质内容促活粉丝，让粉丝持续关注你的账号。图 9-38 所示为发布优质内容进行粉丝私域运营的技巧。

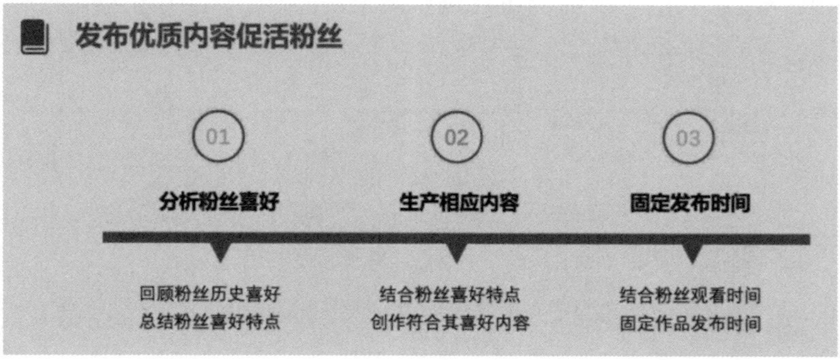

图 9-38　发布优质内容进行粉丝私域运营的技巧

又如，运营者可以通过数据分析了解粉丝需求较为强烈的商品有哪些，然后据此为粉丝提供商品。具体来说，运营者可以通过如下步骤查看账号直播的相关数据，了解粉丝的购买需求。

步骤 01　在蝉妈妈抖音版平台中，搜索对应的抖音号，进入“基础分析”页面，点击页面中的“直播分析”按钮，如图 9-39 所示。

图 9-39　点击“直播分析”按钮

步骤 02　进入“直播分析”页面，点击页面中对应直播场次后方的图标，如图 9-40 所示。

步骤 03　在“商品分析”板块中查看该场直播中各商品的相关数据，如图 9-41 所示。运营者可以通过销量、销售额和转化率等数据对商品进行分析，找出该场直播中比较受粉丝欢迎的商品，粉丝对这些商品的需求通常也是较为强烈的。当然，运营者也可以综合对几场直播进行分析，从中找出数据表现较好的商品，并将其提供给粉丝。

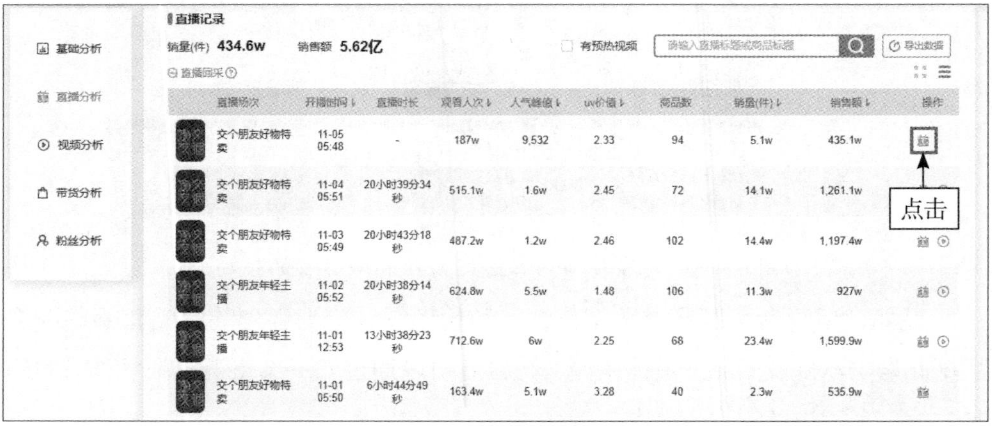

图 9-40　单击图标

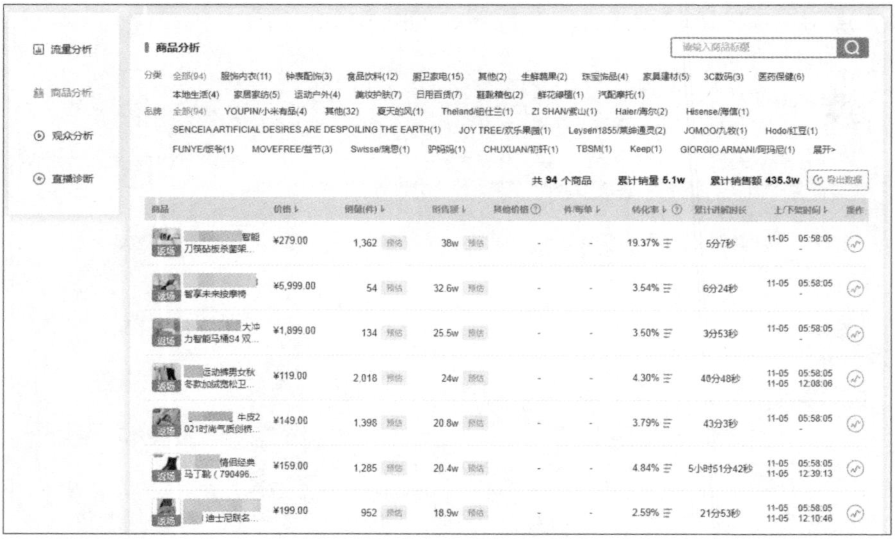

图 9-41　“商品分析”板块